教育部人文社会科学研究专项“新时代健康中国思想研究”阶段性成果
山东省高校思想政治工作十大建设计划创新重点项目成果

| 国 | 研 | 文 | 库 |

大学生时政教育教程

——健康中国

李笃武　刘建兰　朱宏晋 ———— 著

光明日报出版社

图书在版编目（CIP）数据

大学生时政教育教程：健康中国 / 李笃武，刘建兰，朱宏晋著．-- 北京：光明日报出版社，2021.5

ISBN 978－7－5194－5962－8

Ⅰ.①大… Ⅱ.①李… ②刘… ③朱… Ⅲ.①时事政策教育—高等学校—教材 Ⅳ.①G641.41

中国版本图书馆 CIP 数据核字（2021）第 068934 号

大学生时政教育教程：健康中国

DAXUESHENG SHIZHENG JIAOYU JIAOCHENG：JIANKANG ZHONGGUO

著　　者：李笃武　刘建兰　朱宏晋

责任编辑：杨　娜　　　　责任校对：傅泉泽

封面设计：中联华文　　　责任印制：曹　净

出版发行：光明日报出版社

地　　址：北京市西城区永安路 106 号，100050

电　　话：010－63169890（咨询），63131930（邮购）

传　　真：010－63131930

网　　址：http：//book.gmw.cn

E－mail：yangna@gmw.cn

法律顾问：北京德恒律师事务所龚柳方律师

印　　刷：三河市华东印刷有限公司

装　　订：三河市华东印刷有限公司

本书如有破损、缺页、装订错误，请与本社联系调换，电话：010－63131930

开　　本：170mm×240mm

字　　数：278 千字　　　印　　张：17

版　　次：2021 年 5 月第 1 版　　　印　　次：2021 年 5 月第 1 次印刷

书　　号：ISBN 978－7－5194－5962－8

定　　价：95.00 元

编　委　会

前　言

形势与政策课程是高校思想政治理论课的重要组成部分，是一门政策性、时效性、针对性、综合性都很强的高校思想政治理论课，是帮助大学生正确认识新时代国内外形势，深刻领会党的十八大以来党和国家事业发生的历史性变革、取得的历史性成就、面临的历史性机遇和挑战的重要课程，在大学生思想政治教育中担负着重要使命，具有不可替代的作用。

为进一步贯彻习总近平书记在全国高校思想政治工作会议、全国教育大会、学校思想政治理论课教师座谈会上发表的重要讲话精神，落实山东省委、山东省政府《关于加强和改进新形势下高校思想政治工作的实施意见》（鲁发〔2017〕19号），潍坊医学院申报的“健康中国”课程获山东省教育工委“形势与政策课改革项目”立项建设。为了拓展形势与政策课程的教育教学内容，凸显医学院校的形势与政策教育特点，依托潍坊医学院“健康山东”重大社会风险预测与治理协同创新中心、卫生发展研究中心、心理健康中心、公共事业管理专业群等研究平台，我们不断加强“健康中国”时政教育内容相关的教学和学术研究，最终形成了《大学生时政教育教程——健康中国》的主体内容。

“健康中国”教程涵盖中国卫生与健康发展的巨大成就、新时代国家卫生事业发展战略、当前中国卫生政策与制度、医院管理与医疗改革、医疗卫生前沿技术、食品安全、环境健康、心理健康、体育健身等内容，旨在引导大学生准确理解国家的重大健康政策，同时对当今社会的诸多健康问题进行深度思考，从而开阔形势与政策视野，真正增强民族自信心和责任感，积极投身到新时代健康建设的伟大事业中。

习近平总书记指出，健康是促进人的全面发展的必然要求，是经济社会发展的基础条件，是民族昌盛和国家富强的重要标志，也是广大人民群众的共同追求。作为医学院校的思政教育工作者，我们有责任回应和满足新时代大学生对健康的需求和期待，教程在编写时一直紧紧围绕习近平总书记全国卫生与健康大会上的重要论述和《“健康中国2030”规划纲要》提出的战略任务，同时紧密结合了医学院校的教育教学特点，教程全书以“承担历史使命，践行家国情怀”为主题，精心设计了健康中国与民族复兴、健康中国与医疗卫生、健康中国与疾病预防、健康中国与食品安全、健康中国与心理健康、健康中国与科学健身、健康中国与环境建设等内容模块，期望引领医学生树立新时代大健康理念，深入思考医学与人生、医学与道德、医学与健康、医学与社会等问题，培养医学生守护生命健康的使命担当，激发新时代大学生投身祖国医疗卫生事业的使命和责任。

《大学生时政教育教程——健康中国》内容体现时代特色，反映中国国情，直面社会问题，表达中国声音。教程总体框架结构设计分为九大专题，每个专题分为主体内容、教学案例、拓展阅读三个主要部分。教程的主体内容，以改革开放40余年健康中国取得的巨大成就为背景，以健康中国满足人民对美好生活的需要为主线，立足人民的健康关切和医学生的职业规划，以点带面，从微观到宏观，构建符合医学生认知特点的知识体系。教程主要以新时代青年大学生，尤其是医学生为读者对象，希望他们通过学习，全方位了解新中国成立以来健康中国建设的发展成就和新时代面对的挑战，认同并树立起“大时代、大健康”的理念，进而主动践行健康的学习方式和生活方式，切实增强新时代医学生为国民健康服务的意识，最终提高为健康中国服务的本领。

本书编委会

2020年10月

目　录

CONTENTS

专题一　健康中国与医学生的使命担当

健康是促进人的全面发展的必然要求，是经济社会发展的基础条件。实现国民健康长寿，是国家富强、民族振兴的重要标志，也是全国各族人民的共同愿望。党和国家历来高度重视人民健康，我国健康领域改革发展取得了显著成就，城乡环境面貌明显改善，全民健身运动蓬勃发展，医疗卫生服务体系日益健全，人民健康水平和身体素质持续提高。近年来，随着工业化、城镇化不断推进，疾病谱、生态环境及生活方式等都发生了明显变化，守护人民群众的生命健康任务面临一系列新的挑战，需要从国家战略层面统筹解决关系人民健康的重大和长远问题。为推进健康中国建设，提高人民健康水平，根据党的十八届五中全会部署，“健康中国”战略正式启动。该战略以提高人民健康水平为核心，以体制机制改革创新为动力，以普及健康生活、优化健康服务、完善健康保障、建设健康环境、发展健康产业为重点，把健康理念融入所有政策，力求加快转变健康领域发展方式，全方位、全周期维护和保障人民健康，大幅提高健康水平，显著改善健康公平，为实现“两个一百年”奋斗目标和中华民族伟大复兴的中国梦提供坚实健康基础。“健康所系，性命相托”，医学生是推进“健康中国”战略实施、守护人民健康的后备力量。我们必须竭尽全力除人类之病痛，助健康之完美，维护医疗行业的圣洁和荣誉，发扬救死扶伤、不辞艰辛、执着追求的精神，为祖国医药卫生事业的发展和人类身心健康奋斗终生。

一、健康中国战略的形成和发展

（一）健康中国战略的形成及发展脉络

“健康中国”战略在正式提出前，已酝酿多年。早在 2007 年 9 月 8 日中国科协年会开幕式上，时任卫生部部长陈竺提出了“健康护小康，小康看健康”的三步走战略，是卫生部制订、实施卫生科技中长期发展规划的内容之一。

党和国家领导人非常重视人民健康问题，在“健康中国”战略的形成过程中起到了重要作用。2007 年 10 月 15 日至 21 日，胡锦涛总书记在中国共产党第十七次全国代表大会报告中首次提出，“健康是人全面发展的基础，关系千家万户的幸福”。2012 年 8 月，卫生部组织四百多位专家学者，由韩启德、桑国卫两位副委员长领衔，历时三年，最终形成《“健康中国 2020”战略研究报告》，对实现 2020 年国民健康发展所面临的机遇和挑战，提出了发展目标、战略重点、行动计划及政策措施。2012 年 11 月 8 日，胡锦涛总书记在中国共产党第十八次全国代表大会上进一步指出，“健康是促进人的全面发展的必然要求”。

2014 年 12 月 13 日，习近平总书记在江苏调研时首次提出“没有全民健康，就没有全面小康”。2015 年 3 月 5 日在第十二届全国人民代表大会第三次会议上，李克强总理在政府工作报告中强调“健康是群众的基本需求，要不断提高医疗卫生水平，打造健康中国”。2015 年 9 月，国家卫计委全面启动《健康中国建设规划（2016—2020 年）》编制工作。该战略规划从大健康、大卫生、大医学的高度出发，突出强调以人的健康为中心，实施“健康中国”战略并融入经济社会发展当中。2015 年 10 月 26 日至 29 日召开的中国共产党十八届五中全会进一步提出了“推进健康中国建设”的任务要求。随后，《中共中央关于制定国民经济和社会发展第十三个五年规划的建议》中明确提出建设“健康中国”，由此正式列入国家战略。

2016 年 8 月 19 日至 20 日在全国卫生与健康大会上，习近平主席再次强调：“没有全民健康，就没有全面小康”，“全民健康是全面小康的基础，也是全面建设小康的目标”。2016 年 10 月 25 日，中共中央、国务院印发了《“健康中国 2030”规划纲要》，并发出通知，要求各地区各部门结合实际认真贯彻落实。至此，“健康中国 2030”战略规划制订完成。2017 年 10 月 18 日，习近平同志在党的十九大报告中提出“实施健康中国战略”，这是以习近平同志为核心的党中央从长远发展和时代前沿出发，坚持和发展新时代中国特色社会主义的一项重要战略安排，必将为全面建成小康社会和把我国建成富强、民主、文明、和谐、美丽的社会主义现代化强国打下坚实健康根基。我们要坚决贯彻中央决策部署，凝心聚力，扎实推进，一步一步把美好愿景变为现实。

2019 年 7 月 25 日，全国推进健康中国行动电视电话会议在京召开。中共中央政治局常委、国务院总理李克强做出重要批示。批示指出：实施健康中国行动，提升全民健康素质，功在日常，利国利民。近年来，各地区、各部门在完善国民健康政策、深化医药卫生体制改革、实施疾病预防和健康促进等方面做了大量工作，人民健康水平大幅提高。要坚持以习近平新时代中国特色社会主义思想为指导，认真贯彻党中央、国务院决策部署，进一步落实大卫生、大健康理念和预防为主的方针，加强政策统筹和部门协同，推动健康中国行动不断取得新成效。要大力倡导每个人是自己健康第一责任人观念，广泛普及健康知识，鼓励个人、家庭积极参与健康行动，促进“以治病为中心”向“以健康为中心”转变，有效提升健康素养，在全社会加快形成更健康的生活方式，不断提升人民群众的健康获得感、幸福感和生活质量。

（二）健康中国战略的指导思想和主要原则

1. 指导思想

推进健康中国建设，必须高举中国特色社会主义伟大旗帜，全面贯彻党的十八大和十八届三中、四中、五中全会精神，以马克思列宁主义、毛泽东思想、邓小平理论、“三个代表”重要思想、科学发展观为指导，深入学习贯彻习近平总书记系列重要讲话精神，紧紧围绕统筹推进“五位一体”总体布局和协调推进“四个全面”战略布局，认真落实党中央、国务院决策部署，坚持以人民为中心的发展思想，牢固树立和贯彻落实新发展理念，坚持正确的卫生与健康工作方针，以提高人民健康水平为核心，以体制机制改革创新为动力，以普及健康生活、优化健康服务、完善健康保障、建设健康环境、发展健康产业为重点，把健康融入所有政策，加快转变健康领域发展方式，全方位、全周期维护和保障人民健康，大幅提高健康水平，显著改善健康公平，为实现“两个一百年”奋斗目标和中华民族伟大复兴的中国梦提供坚实健康基础。

2. 主要原则

（1）坚持健康优先发展战略。“要把人民健康放在优先发展的战略地位，以普及健康生活、优化健康服务、完善健康保障、建设健康环境、发展健康产业为重点，加快推进健康中国建设，努力全方位、全周期保障人民健康，为实现‘两个一百年’奋斗目标、实现中华民族伟大复兴的中国梦打下坚实健康基础。”把健康摆在优先发展的战略地位，就是把促进健康的理念融入国家公共政策制定实施的全过程，加快形成有利于健康的生活方式、生态环境和经济社会发展模式，实现健康与经济社会和谐发展。

（2）坚持改革创新精神。坚持政府主导，发挥市场机制作用，加快卫生健康事业关键环节改革步伐，冲破思想观念束缚。“坚定不移破除利益固化的藩篱、破除妨碍发展的体制机制弊端”，发挥科技创新和信息化的引领支撑作用，形成具有中国特色、促进全民健康的制度体系。

（3）坚持卫生健康事业科学发展。把握健康领域发展规律，“贯彻预防为主方针，坚持防治结合、联防联控、群防群控，努力为人民群众提供全生命周期的卫生与健康服务”。转变服务模式，构建整合型医疗卫生服务体系，推动健康服务从规模扩张的粗放型发展转变到质量效益提升的绿色集约式发展，推动中医药和西医药相互补充、协调发展，提升健康服务水平。

（4）推进卫生健康服务公平公正。以农村和基层为重点，推动健康领域基本公共服务均等化，维护基本医疗卫生服务的公益性，逐步缩小城乡、地区、人群间基本健康服务和健康水平的差异，实现全民健康覆盖，促进社会公平。

（三）健康中国战略的战略主题和根本目的

1. 战略主题

“共建共享、全民健康”，是建设健康中国的战略主题。核心是以人民健康为中心，坚持以基层为重点，以改革创新为动力，预防为主，中西医并重，把健康融入所有政策，人民共建共享的卫生与健康工作方针。针对生活行为方式、生产生活环境以及医疗卫生服务等健康影响因素，坚持政府主导与调动社会、个人的积极性相结合，推动人人参与、人人尽力、人人享有，落实预防为主。推行健康生活方式，减少疾病发生，强化早诊断、早治疗、早康复，实现全民健康。

共建共享是建设健康中国的基本路径。从供给侧和需求侧两端发力，统筹社会、行业和个人三个层面，形成维护和促进健康的强大合力。要促进全社会广泛参与，强化跨部门协作，深化军民融合发展，调动社会力量的积极性和创造性，加强环境治理，保障食品药品安全，预防和减少伤害，有效控制影响健康的生态和社会环境危险因素，形成多层次、多元化的社会共治格局。要推动健康服务供给侧结构性改革，卫生计生、体育等行业要主动适应人民健康需求，深化体制机制改革，优化要素配置和服务供给，补齐发展短板，推动健康产业转型升级，满足人民群众不断增长的健康需求。要强化个人健康责任，提高全民健康素养，引导形成自主自律、符合自身特点的健康生活方式，有效控制影响健康的生活行为因素，形成热爱健康、追求健康、促进健康的社会氛围。

2. 根本目的

全民健康是建设健康中国的根本目的。立足全人群和全生命周期两个着力点，提供公平可及、系统连续的健康服务，实现更高水平的全民健康。要惠及全人群，不断完善制度、扩展服务、提高质量，使全体人民享有所需要的、有质量的、可负担的预防、治疗、康复、健康促进等健康服务，突出解决好妇女、儿童、老年人、残疾人、低收入人群等重点人群的健康问题。要覆盖全生命周期，针对生命不同阶段的主要健康问题及主要影响因素，确定若干优先领域，强化干预，实现从胎儿到生命终点的全程健康服务和健康保障，全面维护人民健康。

（四）战略目标和主要指标

1. 战略目标

到 2020 年，建立覆盖城乡居民的中国特色基本医疗卫生制度，人民健康素养水平持续提高，健康服务体系完善高效，人人享有基本医疗卫生服务和基本体育健身服务，基本形成内涵丰富、结构合理的健康产业体系，主要健康指标居于中高收入国家前列。

到 2030 年，促进全民健康的制度体系更加完善，健康领域发展更加协调，健康生活方式得到普及，健康服务质量和健康保障水平不断提高，健康产业繁荣发展，基本实现健康公平，主要健康指标进入高收入国家行列。到 2050 年，建成与社会主义现代化国家相适应的健康国家。

到 2030 年具体实现以下目标：

（1）人民健康水平持续提升。人民身体素质明显增强，2030 年人均预期寿命达到 79.0 岁，人均健康预期寿命显著提高。

（2）主要健康危险因素得到有效控制。全民健康素养大幅提高，健康生活方式得到全面普及，有利于健康的生产生活环境基本形成，食品药品安全得到有效保障，消除一批重大疾病危害。

（3）健康服务能力大幅提升。优质高效的整合型医疗卫生服务体系和完善的全民健身公共服务体系全面建立，健康保障体系进一步完善，健康科技创新整体实力位居世界前列，健康服务质量和水平明显提高。

（4）健康产业规模显著扩大。建立起体系完整、结构优化的健康产业体系，形成一批具有较强创新能力和国际竞争力的大型企业，成为国民经济支柱性产业。

（5）促进健康的制度体系更加完善。有利于健康的政策法律法规体系进一步健全，健康领域治理体系和治理能力基本实现现代化。

2. 主要指标

表1－1 健康中国建设主要指标

领域	指标	年度目标		
		2015 年	2020 年	2030 年
健康水平	人均预期寿命（岁）	76.34	77.3	79.0
	婴儿死亡率（‰）	8.1	7.5	5.0
	5 岁以下儿童死亡率（‰）	10.7	9.5	6.0
	孕产妇死亡率（1/10 万）	20.1	18.0	12.0
	城乡居民达到《国民体质测定标准》合格以上的人数比率（%）	89.6（2014 年）	90.6	92.2
健康生活	居民健康素养水平（%）	10	20	30
	经常参加体育锻炼人数（亿人）	3.6（2014 年）	4.35	5.3
健康服务与保障	重大慢性病过早死亡率（%）	19.1（2013 年）	比 2015 年降低 10%	比 2015 年降低 30%
	每千人常住人口执业（助理）医师数（人）	2.2	2.5	3.0
	个人卫生支出占卫生总费用的比重（%）	29.3	28 左右	25 左右

续表

领域	指标	年度目标		
		2015 年	2020 年	2030 年
健康环境	地级及以上城市空气质量优良天数比率（%）	76.7	>80	持续改善
	地表水质量达到或好于Ⅲ类水体比率（%）	66	>70	持续改善
健康产业	健康服务业总规模（万亿元）	—	>816	

注：数据后面带有年份的为当年的统计数据，—表示无相关统计数据。

数据来源：中共中央、国务院．“健康中国 2030”规划纲要［Z］．2016－10－25.

二、建设健康中国的战略意义

国民健康不仅是民生问题，也是重大的政治、经济和社会问题。健康中国建设不仅直接关乎民生福祉，而且关乎国家全局与长远发展、社会稳定和经济可持续发展，从而具有重大的战略意义。

（一）政治意义

体现以人民为中心的发展取向、治国理念和目标的升华。习近平指出：“我们的人民热爱生活，期盼有更好的教育、更稳定的工作、更满意的收入、更可靠的社会保障、更高水平的医疗卫生服务、更舒适的居住条件、更优美的环境，期盼孩子们能成长得更好、工作得更好、生活得更好。人民对美好生活的向往，就是我们的奋斗目标。”党和国家把人民健康作为“民族昌盛和国家富强的重要标志”，并置于优先发展的战略地位，扭转了一段时期以来侧重经济增长，而忽视环境污染、生态恶化和为之付出巨大健康代价的倾向。经济增长并不必然带来国民健康水平的提升，而是需要以民为本的领导决心和全局性、前瞻性的健康规划，以实现健康与经济社会良性协调发展。健康中国建设体现着国家以人民为中心的发展理念和增进民生福祉的发展取向，指明了未来政策和资源的倾斜方向，是国家治理理念与国家发展目标的升华。

（二）经济意义

1. 健康是最大的生产力

李克强指出："关注民生不仅要保就业、增收入，还要推动环保，保障人民健康。健康也是生产力。"中国已进入通过提高人力资本提升全社会劳动生产率，实现人口红利从数量型向质量型转换，并助力经济和综合国力持续健康发展的新阶段。鉴于中国近14亿的庞大人口规模，个体健康指标的改善将汇集为全社会巨大的健康人力资本提升。微观层面，对于企业而言，维护员工的职业安全和健康也是有效的人力资本投资手段，有助于提升企业生产力和核心竞争力。

2. 健康产业是我国经济新增长点

健康产业是一种涉及医药产品、保健用品、营养食品、医疗器械、保健器具、休闲健身、健康管理、健康咨询等多个与人类健康紧密相关的生产和服务领域的有巨大市场潜力的新兴产业。21世纪，健康产业必将得到长足发展。据统计，截至2017年，我国大健康产业规模为6.2万亿元。初步测算2018年我国大健康产业规模突破7万亿元，达到7.01万亿元。规划2019年我国大健康产业规模达到8.78万亿元，2020年突破10万亿元。预计五年（2019—2023）年均复合增长率约为12.55%，并预测在2023年我国大健康产业规模将达到14.09万亿元。作为规模相当可观、覆盖范围广、产业链长且在不断增长的新型产业，健康产业培育了国民经济新增长点，有助于推进供给侧结构性改革，优化服务业供给结构，创造就业并拉动经济的健康可持续增长。

（三）社会意义

健康中国的建设关乎社会和谐安定。发展社会保障顺应的是民生诉求，解决的是民生疾苦，化解的是社会矛盾与经济危机，促进的是国家认同、社会公正与全面发展，维系的是社会安定与国家安全。从本质上说，健康中国建设也是保障民生福祉之策，同样关乎社会和谐安定。例如，若看病难、看病贵，因病致贫、返贫现象突出，健康不公平现象普遍，则会酝酿社会矛盾甚至危机；若慢性病、职业病、失眠抑郁等精神障碍高发，则会降低民众的生活质量，使其难以安居乐业，社会更失安定之基；若突发公共卫生事件得不到及时处置，则会人心惶惶，危及社会和谐稳定；若食品药品安全、环境污染等主要健康危害因素未能加以有效控制，则易引发公众的担忧、不满和社会氛围的趋紧。

（四）政策意义

1. 凝聚共识，激发国家、社会、个人的共建共享

在健康中国建设的过程中，关注健康、促进健康将成为国家、社会、个人的共同责任与行动。在国家层面战略性的统筹规划下，凝聚全社会对建设健康中国的共识，跨部门、跨行业、跨所有制的各相关方协同施策，对包括行为和环境的健康影响因素持续发力，才能在全球人口最多的国家实现公众健康状况的持续改善。

2. 标志着健康观和相应政策的优化

从疾病治疗到健康促进。“健康不仅为疾病或羸弱之消除，而系体格、精神与社会之完全健康状态。”过去一段时期，中国健康领域实际上以疾病治疗为中心，相关制度安排与资源投入亦将重点置于解除疾病的医疗问题上。然而，医学治疗对健康的影响有限，个人行为、生活和社会环境等才是健康更关键的决定因素，以疾病治疗为中心的策略失之偏颇。健康中国战略下由疾病治疗全面向健康促进发展，寓健康于万策，发挥中国政治制度的优势，从健康影响因素的广泛性、社会性、整体性出发进行综合治理，无疑是健康观和相应政策的优化。

三、医学生的使命担当

习近平指出：“时间之河川流不息，每一代青年都有自己的际遇和机缘，都要在自己所处的时代条件下谋划人生、创造历史。青年是标志时代的最灵敏的晴雨表，时代的责任赋予青年，时代的光荣属于青年。”青年大学生尤其是医学大学生要勇于承担时代赋予的使命，勇挑健康中国建设的重担。

（一）树立献身祖国医学事业的远大理想

青年的理想信念关乎国家未来。青年理想远大、信念坚定，是一个国家、一个民族无坚不摧的前进动力。习近平指出：“青年兴则国家兴，青年强则国家强。青年一代有理想、有本领、有担当，国家就有前途，民族就有希望。”志向有多高，决定着前程有多远、成就有多大。个人的志向一旦与国家和民族的前途命运紧密相连，理想就获得了张力，格局与气度就得到了

拓展，人生的价值就拥有了无限可能。离开了祖国需要、人民利益，任何孤芳自赏都会陷入越走越窄的狭小天地。

广大青年医学生是实现健康中国战略的生力军和突击队。当你们步入神圣医学学府的时刻，曾庄严宣誓过："健康所系，性命相托。当我步入神圣医学学府的时刻，谨庄严宣誓：我志愿献身医学，热爱祖国，忠于人民，恪守医德，尊师守纪，刻苦钻研，孜孜不倦，精益求精，全面发展。我决心竭尽全力除人类之病痛，助健康之完美，维护医术的圣洁和荣誉，救死扶伤，不辞艰辛，执着追求，为祖国医药卫生事业的发展和人类身心健康奋斗终生。"广大青年医学生的健康成长，离不开远大理想和崇高信念的支撑和指引，要把好理想信念"总开关"。广大青年医学生要紧紧围绕健康中国这个中心进行学习和工作，发挥生力军和突击队作用，推动我国卫生健康事业高质量发展，为推进健康中国战略、实现人人健康而努力学习奋斗。

（二）勇担治病救人、救死扶伤的时代重任

时代呼唤担当，使命引领未来。习近平指出："国家的前途，民族的命运，人民的幸福，是当代中国青年必须和必将承担的重任。"在实现中华民族伟大复兴的新征程上，新时代健康中国建设面对人口老龄化加速发展的趋势，慢性疾病成为影响人民群众健康的头号杀手的重大挑战。由于疾病谱、生态环境、生活方式不断变化，我国仍然面临多重疾病威胁并存、多种健康影响因素交织的复杂局面。如果这些问题不能得到有效解决，必然会严重影响人民健康，制约经济发展，影响社会和谐稳定。

当前我国社会主义已进入新时代，人民群众对健康的需求更突出、更迫切。为人民群众提供优质的医疗服务，保障人民群众的身心健康，提高全民健康水平和健康素养，为民族永续发展提供不竭健康资源支撑，是我国医疗卫生部门和高等医学院校的一项战略任务，也是新时代医学生的使命担当和责任担当。

（三）练就过硬本领，勇攀医学科学技术高峰

习近平总书记在 2018 年五四青年节前夕在北京大学同青年大学生座谈时，勉励青年学生要"爱国、励志、求真、力行"。求真就是要求真知识，练就真本领。当今时代，知识更新不断加快，社会分工日益细化，新技术新模式新业态层出不穷。

青年大学生要增强知识更新的紧迫感，不能满足于碎片化的信息、快餐化的知识，要不断提高与时代发展和事业要求相适应的素质和能力，把学习作为一种责任、一种精神追求、一种生活方式。树立梦想从学习开始、事业靠本领成就的观念，让勤奋学习成为青春飞扬的动力，让增长本领成为青春搏击的能量。

奋斗是青春最亮丽的底色。千百年来，中华民族历经苦难，但没有任何一次苦难能够打垮我们，最后都推动了我们民族精神、意志、力量的一次次升华。今天，我们的生活条件好了，但奋斗精神一点都不能少，中国青年努力奋斗的好传统一点都不能丢。

习近平同志与青年座谈时讲道："人的一生只有一次青春。现在，青春是用来奋斗的；将来，青春是用来回忆的。青年面临的选择很多，关键是要以正确的世界观、人生观、价值观来指导自己的选择。无数人生成功的事实表明，青年时代，选择吃苦也就选择了收获，选择奉献也就选择了高尚……只有进行了激情奋斗的青春，只有进行了顽强拼搏的青春，只有为人民做出了奉献的青春，才会留下充实、温暖、持久、无悔的青春回忆。"同人民一起奋斗，青春才能亮丽；同人民一起前进，青春才能昂扬；同人民一起梦想，青春才能无悔！

医学是研究人类健康和疾病规律，预防治疗疾病，保护和增进人类健康的科学。医学是一门科学，是关于人类健康和疾病的规律、防治疾病、增进健康的知识体系。医学也是一门技术，是在医学研究和临床实践中应用并发展起来的技术体系，包括医疗设备、操作规范、技能手法等构成的技术体系。医学又是一项实践，即渗透在实验研究、临床诊治、卫生保健等各个方面的实践活动。所以当代青年医学生要认真学习医学知识，掌握诊疗标准，积极参加临床实践，练就过硬的诊疗技术，救死扶伤、治病救人，为祖国的卫生事业和人民健康贡献青春和智慧。

（四）加强医德修为，提升医学人文素养

习近平指出："国无德不兴，人无德不立。"品德是为人之本。止于至善，是中华民族始终不变的人格追求。青年要把正确的道德认知、自觉的道德养成、积极的道德实践紧密结合起来，不断修身立德，打牢道德根基，才会在人生道路上走得更正，走得更远。

要锤炼坚强的意志和品格，培养奋勇争先的进取精神，历练不怕失败的

心理素质，保持乐观向上的人生态度，敢于面对各种困难和挫折。新时代中国青年要自觉树立和践行社会主义核心价值观，善于从中华民族传统美德中汲取道德滋养，从英雄人物和时代楷模的身上感受道德风范，从自身内省中提升道德修为。

医学活动既是医治人的身体疾病，以达到治病救人、济世苍生之目的的人类伟大活动；同时，医学活动也是沟通人的精神世界、传递人的价值观念的人类伟大活动。在医学活动中，因包含有人的关怀、人的同情、人的情愫、人的力量与医学的结合而蕴函了丰富的人文精神，即医学人文精神。

医术重要，医德更重要！习近平指出："长期以来，我国广大医务人员响应党的号召，弘扬敬佑生命、救死扶伤、甘于奉献、大爱无疆的精神，全心全意为人民健康服务，在疾病预防治疗、医学人才培养、医学科技发展等方面发挥了重要作用并取得了丰硕成果，涌现出一大批医学大家和人民好医生。"而实践中，二者可以说是合二为一、缺一不可的。医术高明的人往往有更好的医德，因为有良好的医德，他们才潜心研究医术，二者是相辅相成的关系。医学人文精神经常会给人们启迪医学思想、指导医学实践及升华医学人格。医学人文精神是医学活动的魂魄，没有医学人文精神的医学无疑是失魂的、落魄的。正因为如此，医学人文精神自古以来就在医学活动中占有重要地位，相应地，医学人文精神孕育的历史也源远流长，有坚实的历史基础和实践基础。明朝医学家裴一中指出："学不贯今古，不通天人，才不近仙，心不近佛者，宁耕田织布取衣食耳，断不可作医。"这就表明，医学生要实现人生价值必须全面提高个人素质，坚持医学科学文化修养和思想道德修养的统一。医学泰斗裘法祖院士将其概括为"才不近仙不可以为医，德不近佛不可以为医"。医德是做医生的基本职业道德，而医术则是治病救人的专业水平，在通向健康中国的征程中，两者一个都不能少。

【教学案例】

模范医学专家——吴孟超

曾经创立了我国肝胆外科的学科体系，主刀完成包括我国第一台中肝叶切除术在内的14000多台肝脏手术，先后获得国家和军队科技进步奖21项，救死扶伤，用全部精力践行一名医务工作者的仁爱情怀，被誉为中国肝胆外科之父——吴孟超先生。他把自己的一生献给了祖国的医疗卫生事业，把肝病防治作为自己毕生追求的工作。在被人问到："你这一辈子不停地看门诊、做手术，会不会觉得很累，有没有感到很枯燥?"吴老的体会是："一个人全神贯注地做他愿意做、喜爱做的事情，是很愉快的。我从拿起手术刀、走上手术台的那天起，看到一个个肝癌病人被救治，看到一个个肝病治疗禁区被突破，看到一个个康复者露出久违的笑容，常常情不自禁地喜悦，发自内心地高兴。在医生这个岗位上，我感悟到了生命的可贵，责任的崇高，人生的意义。我曾反复表达过个人的心愿，如果有一天我真的倒下，就让我倒在手术室里，那将是我一生最大的幸福!"

吴孟超院士的事迹，诠释着他对医学事业的热爱和理想人生的追求。正是源于这种理想与使命，才涌现出许许多多"医者仁心，大爱无疆"医学大家、医学教育家，护佑着人们的生命与健康，推动着祖国的医学事业的快速发展。

（资料来源：吴孟超院士简介．外科研究与新技术，2019 年第 1 期）

中国医学圣母——林巧稚

百年前的 1921 年夏天，北京协和医院招生，当时招生名额很少，其中一个考场在上海。福建的一个小女孩立志要当医生，去了上海考试，最后一科考英文。协和对英文要求极高，她答了几道题后，考场里面的一个女生晕倒了，被抬了出去，没想到这个考生放弃了自己的考试，出去救助这个女生。等她救助完该女生，考试已经结束了。她没有任何怨言，准备明年再考，走了。但是监考老师看到了这个过程，把这个过程写给了协和，协和调看了她前几科的成绩，最后决定招收她，因为她拥有当一个好医生没法教的最重要的一个素质："德行"。她拥有宁可牺牲自己，也要照料别人的高尚品德。这个福建女孩的名字叫——林巧稚。林巧稚的学生，中国妇产科保健专家严仁英讲过林巧稚的一个细节：她说林大夫查房前，由于病人情况比较严重，产科病房里常常充荡着哀号，伴随着不安、凄凉的景象。但是林大夫来了之后，一边治疗一边跟患者聊天，突然一瞬间，病房呈现出极其温暖安宁的氛围。这是超越技能的，需要我们思考的东西。

毛泽东指出："读书是学习，使用也是学习，而且是更重要的学习。"林巧稚的事迹告诉我们，除了向书本学习，还要向实践学习，更要向病人学习，把理论和实践紧密联系起来，下苦功夫，将学习进行到底。

（资料来源：医德医风模范人物——林巧稚［EB/OL］. 搜狐网，2019－11－04）

【拓展阅读】

习近平：把人民健康放在优先发展战略地位

全国卫生与健康大会2016年8月19日至20日在北京召开。中共中央总书记、国家主席、中央军委主席习近平出席会议并发表重要讲话。他强调，没有全民健康，就没有全面小康。要把人民健康放在优先发展的战略地位，以普及健康生活、优化健康服务、完善健康保障、建设健康环境、发展健康产业为重点，加快推进健康中国建设，努力全方位、全周期保障人民健康，为实现"两个一百年"奋斗目标，实现中华民族伟大复兴的中国梦打下坚实健康基础。

中共中央政治局常委、国务院总理李克强在会上讲话。中共中央政治局常委张德江、俞正声、刘云山、王岐山、张高丽出席会议。

习近平在讲话中强调，健康是促进人的全面发展的必然要求，是经济社会发展的基础条件，是民族昌盛和国家富强的重要标志，也是广大人民群众的共同追求。我们党从成立起就把保障人民健康同争取民族独立、人民解放的事业紧紧联系在一起。改革开放以来，我国卫生与健康事业加快发展，医疗卫生服务体系不断完善，基本公共卫生服务均等化水平稳步提高，公共卫生整体实力和疾病防控能力上了一个大台阶。经过长期努力，我们不仅显著提高了人民健康水平，而且开辟了一条符合我国国情的卫生与健康发展道路。

习近平指出，长期以来，我国广大卫生与健康工作者弘扬"敬佑生命、救死扶伤、甘于奉献、大爱无疆"的精神，全心全意为人民服务，特别是在面对重大传染病威胁、抗击重大自然灾害时，广大卫生与健康工作者临危不惧、义无反顾、勇往直前、舍己救人，赢得了全社会赞誉。习近平代表党中央，向长期奋战在卫生与健康战线的广大干部职工和医务工作者，致以崇高的敬意和衷心的感谢。

习近平强调，当前，由于工业化、城镇化、人口老龄化，以及疾病谱、生态环境和生活方式不断变化，我国仍然面临多重疾病威胁并存、多种健康影响因素交织的复杂局面。我们既面对着发达国家面临的卫生与健康问题，也面对着发展中国家面临的卫生与健康问题。如果这些问题不能得到有效解决，必然会严重影响人民健康，制约经济发展，影响社会和谐稳定。

习近平指出，在推进健康中国建设的过程中，我们要坚持中国特色卫生与健康发展道路，把握好一些重大问题。要坚持正确的卫生与健康工作方针，以基层为重点，以改革创新为动力，预防为主，中西医并重，将健康融入所有政策，人民共建共享。要坚持基本医疗卫生事业的公益性，不断完善制度、扩展服务、提高质量，让广大人民群众享有公平可及、系统连续的预防、治疗、康复、健康促进等健康服务。要坚持提高医疗卫生服务质量和水平，让全体人民公平获得。要坚持正确处理政府和市场关系，在基本医疗卫生服务领域政府要有所为，在非基本医疗卫生服务领域市场要有活力。

习近平强调，要坚定不移贯彻预防为主方针，坚持防治结合、联防联控、群防群控，努力为人民群众提供全生命周期的卫生与健康服务。要重视重大疾病防控，优化防治策略，最大程度减少人群患病。要重视少年儿童健康，全面加强幼儿园、中小学的卫生与健康工作，加强健康知识宣传力度，提高学生主动防病意识，有针对性地实施贫困地区学生营养餐或营养包行动，保障学生生长发育的需要。要重视重点人群健康，保障妇幼健康，为老年人提供连续的健康管理服务和医疗服务，努力实现残疾人“人人享有康复服务”的目标，关注流动人口健康问题，深入实施健康扶贫工程。要倡导健康文明的生活方式，树立大卫生、大健康的观念，把以治病为中心转变为以人民健康为中心，建立健全健康教育体系，提升全民健康素养，推动全民健身和全民健康深度融合。要加大心理健康问题基础性研究，做好心理健康知识和心理疾病科普工作，规范发展心理治疗、心理咨询等心理健康服务。

习近平指出，良好的生态环境是人类生存与健康的基础。要按照绿色发展理念，实行最严格的生态环境保护制度，建立健全环境与健康监测、调查、风险评估制度，重点抓好空气、土壤、水污染的防治，加快推进国土绿化，切实解决影响人民群众健康的突出环境问题。要继承和发扬爱国卫生运动优良传统，持续开展城乡环境卫生整洁行动，加大农村人居环境治理力度，建设健康、宜居、美丽家园。要贯彻《食品安全法》，完善食品安全体系，加强食品安全监管，严把从农田到餐桌的每一道防线。要牢固树立安全发展理念，健全公共安全体系，努力减少公共安全事件对人民生命健康的威胁。

习近平强调，当前，医药卫生体制改革已进入深水区，到了啃硬骨头的攻坚期。要加快把党的十八届三中全会确定的医药卫生体制改革任务落到实处。要着力推进基本医疗卫生制度建设，努力在分级诊疗制度、现代医院管理制度、全民医保制度、药品供应保障制度、综合监管制度5项基本医疗卫生制度建设上取得突破。要着力推动中医药振兴发展，坚持中西医并重，推动中医药和西医药相互补充、协调发展，努力实现中医药健康养生文化的创造性转化、创新性发展。要着力发挥广大医务人员积极性，从提升薪酬待遇、发展空间、执业环境、社会地位等方面入手，关心爱护医务人员身心健康，通过多种形式增强医务人员的职业荣誉感，营造全社会尊医重卫的良好风气。我国广大卫生与健康工作者要弘扬和践行社会主义核心价值观，强化医德医风建设和行业自律，为人民提供最好的卫生与健康服务。要严厉依法打击涉医违法犯罪行为，特别是伤害医务人员的暴力犯罪行为，保护医务人员安全。

习近平指出，推进健康中国建设，是我们党对人民的郑重承诺。各级党委和政府要把这项重大民心工程摆上重要日程，强化责任担当，狠抓推动落实。要把医药卫生体制改革纳入全面深化改革中，同部署、同要求、同考核，支持地方因地制宜、差别化探索。要全面建立健康影响评价评估制度，系统评估各项经济社会发展规划和政策、重大工程项目对健康的影响。要完善人口健康信息服务体系建设，推进健康医疗大数据应用。

习近平强调，长期以来，我国在履行国际义务、参与全球健康治理方面取得重要进展，全面展示了我国国际人道主义和负责任大国形象，国际社会也给予广泛好评。我们要积极参与健康相关领域国际标准、规范等的研究和谈判，完善我国参与国际重特大突发公共卫生事件应对的紧急援外工作机制，加强同“一带一路”建设沿线国家卫生与健康领域的合作。

（资料来源：习近平：把人民健康放在优先发展战略地位［EB/OL］.新华网，2016－08－19）

课后思考题

1. 健康中国提出的背景是什么？这一提出有何意义？

2. 医学生在健康中国战略推进中承担的使命是什么？

推荐书目

1. 习近平关于社会主义生态文明建设论述摘编［M］. 北京：中央文献出版社，2017.

2. 习近平关于社会主义社会建设论述摘编［M］. 北京：中央文献出版社，2017.

专题二　健康中国建设成就与面临挑战

中华人民共和国成立以来特别是改革开放以来，中国医疗卫生健康事业经过长期建设和发展，获得了举世瞩目的成就，居民主要健康指标总体优于中高收入国家平均水平。与此同时，人民群众的疾病谱系由传染病为主向慢性疾病为主转化，广大人民群众对健康的需求日趋多元化。正是在此背景下，以习近平同志为核心的中央领导集体提出了健康中国思想，并在全国积极实施健康中国战略。

一、健康中国建设取得的伟大成就

健康是我国人民群众永恒的追求。新中国成立以来特别是改革开放以来，中国卫生健康事业经过长期建设和发展，获得了举世瞩目的伟大成就，为实现“人人享有基本医疗卫生服务”的目标奠定了坚实基础。

（一）人均预期寿命大幅度提高

中华人民共和国成立以来，尤其是改革开放以来，中国居民的人均预期寿命大幅度提高，取得了举世瞩目的成就。

1. 衡量人均预期寿命的三大指标

在世界医疗卫生统计方法上，衡量一个国家或地区居民健康水平的首要指标是人均预期寿命指标，主要包括三大指标，分别是人均预期寿命指标、婴儿死亡率指标和孕产妇死亡率指标。

人均预期寿命，或称作生命期望（Life Expectancy），指社会群体中衡量单个人存活平均时间长度的统计数据。人均预期寿命最常用的统计测量方法是自出生之日开始计算（Life Expectancy at Birth，LEB）。世界卫生组织等国际组织通常把它作为衡量一个国家或地区个人生活质量和医疗卫生水平高低的一个重要指标。

婴儿死亡率（Infant Mortality Rate，IMR）是指婴儿出生后在1周岁前的死亡人数与同一时间出生婴儿总数的比率。婴儿死亡率（通常以千分比表示）是衡量一个国家健康水平的重要指标之一。由于婴儿死亡率只统计1岁以下婴儿的数据，而统计5岁以下儿童的死亡率也是一个重要的统计数据。2018年联合国的报告给出的世界平均婴儿死亡率为30‰，而5岁以下儿童死亡率为39‰。

孕产妇死亡率（Maternal Mortality Rate，MMR）即每10万例活产中孕产妇的死亡数为孕产妇死亡率。从妊娠开始到产后42天内，因孕期、怀孕护理等各种原因（意外事故除外）造成的孕产妇死亡均计算在内。由于数值比例较小，因而多以10万分比来计算。

2. 中国人均预期寿命取得的成就

中华人民共和国成立前，由于常年战争破坏（1840—1949年，断断续续经历了100多年的战乱），国民经济几乎完全崩溃，广大人民群众生活在水深火热当中，饥寒交迫，可以用“一穷二白、一贫如洗”来形容当时的生活状况。再加上缺医少药，人均预期寿命指标非常落后。

中华人民共和国成立70周年来，中国大陆居民人均预期寿命由1949年的35岁提高到2018年的77岁。70年来，中国妇幼健康事业取得了辉煌成就。中华人民共和国成立前，中国孕产妇死亡率为1500/10万，婴儿死亡率为200‰。经过大力发展妇幼保健事业，2018年中国孕产妇死亡率降至18.3/10万，婴儿死亡率降至6.1‰。中华人民共和国成立70多年来，经过广大人民和医务卫生工作人员的共同努力，我国衡量人均寿命的三大主要健康指标优于中高收入国家平均水平。

（二）构建全世界最大的全民基本医保网

医疗保险（Medical Insurance），是常见的保险之一，主要为投保人提供应付无法预测的疾病医疗服务需求及财务风险的一种保险服务。医疗保险分为基本（全民）医疗保险和商业保险两大类。基本医疗保险制度通常由国家立法并强制实施，建立医疗保险基金制度，基金费用来源于用人单位缴纳、个人缴纳和国家财政补助。医疗保险金由医疗保险机构支付，以解决劳动者因患病或受伤害带来的医疗风险。

目前，我国的全民医疗保险体系由城镇职工医疗保险、城镇居民医疗保险和新型农村合作医疗保险三部分组成。

城镇职工医疗保险的适用人群为城镇所有用人单位的职工，包括企业（国有企业、乡镇企业、外商投资企业、港澳台商投资企业、私营企业等）、机关、事业单位、社会团体、民办非企业等单位的职工。城镇职工医疗保险是根据单位的职工工资总额按一定的缴费比例，由单位统一缴纳；其中单位要承担职工工资总额的6%，个人承担本人缴费工资基数的2%。参加城镇职工医疗保险的职工可享受住院费用报销，统筹病种门诊费用报销，以及用于支付门诊医疗费的个人账户待遇，其报销比例较城镇居民医疗保险高一些。

城镇居民医疗保险的适用人群为城镇职工基本医疗保险和新型农村合作医疗覆盖范围以外的城镇居民，主要包括未成年居民，指中小学阶段学生（含职业高中、中专、技校学生）、学龄前儿童及其他未满18周岁的未成年居民，老年居民，指男满60周岁、女满55周岁以上的城镇居民，以及其他非从业的城镇成年居民。大学生将来也要纳入城镇居民医疗保险范围。城镇居民医疗保险是个人通过所在居委会或学校（幼儿园）缴费，同时政府在个人和家庭缴费的基础上给予补助。

新型农村合作医疗简称新农合，是指由政府组织、引导、支持，农民自愿参加，个人、集体和政府多方筹资，以大病统筹为主的农民医疗互助共济制度。采取个人缴费、集体扶持和政府资助的方式筹集资金。新型农村合作医疗制度在保障农民获得基本卫生服务、缓解农民因病致贫和因病返贫方面发挥了重要的作用。

国家医疗保障局统计数据显示，截至2018年年底，全国参加基本医疗保险人数超过13.5亿人，参保率约为97%。“职工医保和居民医保基金最高支付限额分别为当地职工年平均工资和当地居民年人均可支配收入的6倍，政策范围内住院医疗费用报销比例分别达到80%和70%左右。居民医保财政补助标准从2007年的人均40元增长到2018年的490元。大病保险实现城乡居民医保参保人员全覆盖，政策范围内费用报销比例超过50%，有效缓解了大病患者和困难群体的医疗费用负担。”中国是世界上人口最多的国家，参加全民医疗保险的人数有13亿多，是世界上参保人数最多的国家，构建了全世界最大的全民基本医保网。

十八大以来，我们国家不断完善城镇职工医疗保险制度，扩大新农合和城镇居民医保覆盖面，建立大病保险制度、疾病应急救治制度，健全医疗救助制度，形成了覆盖城乡、相互衔接、多层次的基本医疗保障网。城乡居民参保率稳定在97%以上，保障水平大幅提升，居民住院费用政策范围内报销比例稳步提高，8亿人民群众看病的个人花销比例降至30%以下，为实现人人病有所医提供了坚实的制度保障。

（三）医疗服务体系进一步健全

中华人民共和国刚刚成立的时候，全国上下只有医疗卫生机构3670个、医疗床位8.5万张、卫生技术人员50.5万人，医疗设备简陋（一次性注射器都没有，使用的是能重复使用的注射器，容易造成交叉感染）、医疗技术水平低下，广大人民群众得不到基本的医疗卫生保障，医疗服务体系很不健全。

70多年来，经过不断建设和发展，我国基本结束了缺医少药看病难的局面，医疗卫生事业蓬勃发展，取得以下成就。

一是医疗卫生资源总量继续增加。70多年来，全国医疗卫生机构从1949年的3670个增加到2018年的997434个。医疗卫生技术人员队伍不断壮大，执业医师和注册护士等从1949年的50.5万人增加到2018年的952.9万人，增长了大约19倍。

二是医疗卫生服务设施条件明显改善。长期以来，农村地区的医疗服务能力较差，随着国家不断加大资金、人力等投入，农村的医疗卫生服务体系逐渐健全。现在，村村设有卫生室，每个乡镇都建立了卫生院，县县有达标县医院。覆盖城乡的基层医疗卫生服务体系基本建成，医疗服务提供能力和水平得到加强，农民得了小病基本不用出乡村。

三是医疗卫生服务可及性进一步增强。医疗卫生服务可及性是指人们能够以可以承受的价格，方便地、快捷地获得适当、质量较高以及可接受的医疗卫生服务。2013年，我国城镇居民15分钟内能够到达最近医疗点的比例为84%，农村地区为80.2%。基层群众看病就医的设施和条件得到明显改善。

四是基本公共卫生服务均等化扎实推进。基本公共卫生服务均等化是指每个中华人民共和国公民，无论其性别、年龄、民族、居住地域、职业、收入水平有何差别，都能平等地享有和获得基本公共卫生服务。由于各个年龄段人们的身体健康素质不同，因此，均等化并不等于平均化。从2017年开始，国家基本公共卫生服务项目扩大到14项内容：“城乡居民健康档案管理、健康教育、预防接种、0～6岁儿童健康管理、孕产妇健康管理、老年人健康管理、慢性病患者健康管理（高血压、糖尿病）、重性精神疾病患者管理、结核病患者健康管理、传染病及突发公共卫生事件报告和处理服务、中医药健康管理、卫生计生监督协管服务、免费提供避孕药具、健康素养促进。”基本公共卫生服务财政补助标准由2009年的人均15元提高到2019年的69元，其中国家免疫规划疫苗从4种扩大到14种，可预防的传染病从6种扩大到15种。

实现基本公共卫生服务均等化，目标是保障我国城乡居民获得最基本、最有效的基本公共卫生服务，缩小城乡居民基本公共卫生服务的差距，使大家都能享受到基本公共卫生服务，最终使老百姓不得病、少得病、晚得病、不得大病。

（四）妇幼健康状况极大改善

妇女儿童健康是全民健康的基石。妇女儿童人数约占我国人口总数三分之二，妇女儿童健康是实现中华民族复兴的基础，妇女儿童健康水平的提高是社会文明进步和卫生健康事业发展的标志。中国高度重视发展妇幼保健事业，将保障妇女儿童健康纳入国家战略，为妇女儿童提供全生命周期的卫生健康服务，不断提高妇幼卫生服务的公平性、均等化，妇女儿童健康状况极大改善。

1. 妇幼健康法律法规和政策体系不断完善

1949年以前，妇女和儿童的地位极端低下，碰到饥荒年代，买卖妇女和儿童的现象比比皆是。新中国成立之初，妇女翻身得到了解放，我国把妇幼健康作为卫生健康事业重要内容，积极推进妇幼保健工作。1949年9月，中国人民政治协商会议通过的《共同纲领》中明确提出：“注意保护母亲、婴儿和儿童的健康。”1994年10月，全国人大常委会审议通过了《中华人民共和国母婴保健法》，形成了“以保健为中心，以保障生殖健康为目的，实行保健和临床相结合，面向群体、面向基层和预防为主”的工作方针，标志着妇幼健康制度迈入了法治化轨道。改革开放40多年来，中国颁布实施了一系列关于母婴健康的法律法规，将妇幼健康事业纳入经济社会发展总体规划。《中国妇女发展纲要》和《中国儿童发展纲要》每隔10年制定一次，各个省市都制定了关于妇幼健康的地方法律法规，将妇幼健康核心指标纳入各级政府发展目标并加以考核，强化了政府主体责任和担当。

2. 中国特色妇幼健康服务网络不断加强

中国致力于加强妇幼卫生机构建设。自1950年起，在城乡逐步建立以妇幼保健机构为核心，以基层医疗卫生机构为基础，以大中型综合医院、专科医院和相关科研教学机构为支撑，具有中国特色的妇幼健康服务网络。改革开放40多年来，中国持续加大基层妇幼保健网络投入，不断完善妇幼保健服务体系，建立了妇幼卫生年报系统和世界上规模最大的妇幼卫生监测网络。党的十八大以来，妇幼保健网络逐步嵌入覆盖14亿人口的医疗保障网和覆盖城乡的三级医疗保健网，妇幼健康信息化建设不断加强。截止到2018年年底，全国共有妇幼保健机构3080家、妇产医院807家、儿童专科医院228家，妇幼保健工作者近64万人，被世界卫生组织列为妇幼健康高绩效的十个国家之一。我国各类医疗卫生机构中妇产科和儿科床位数年年增加，中国特色妇幼健康服务网络不断健全，妇幼健康服务质量也逐年提高。

3. 妇幼健康服务公平性、可及性逐步提升

新中国重视保障母婴安全，积极推广新法接生，积极防治危害妇女身心健康的严重疾病。改革开放40多年来，中国积极推广婚前医学检查，提供全方位孕期保健服务，全面推广普及住院分娩，积极推进产后保健服务，加强孕产妇系统管理，逐步建立起系统规范的孕产妇管理制度和服务模式，有效保障了孕产妇健康。从2000年起，相继实施降低孕产妇死亡率和消除新生儿破伤风，农村孕产妇住院分娩补助，预防艾滋病梅毒乙肝母婴传播，农村妇女“两癌”检查，免费孕前优生健康检查等妇幼重大公共卫生服务项目。2009年起，实施国家基本公共卫生服务项目，人均补助经费由最初的15元提高到2018年的55元，免费提供包括孕产妇健康管理在内的14类基本公共卫生服务。2018年，全国孕产妇住院分娩率为99.9%。截至2018年年底，农村妇女“两癌”检查项目为超过8500万名妇女免费提供宫颈癌检查，为2000万名妇女免费提供乳腺癌检查，仅妇联系统救助贫困患病妇女10.22万人。

4. 妇女生殖保健服务不断加强

我国陆续制定出台法规政策和规划，实施妇幼生殖健康项目，不断提高妇女生殖健康水平。20世纪90年代，积极开展以人为本的计划生育优质服务，推进避孕方法知情选择，尊重和保护妇女生殖健康权益。党的十八大以来，中国调整完善计划生育政策，全面放开二胎生育，强化计划生育优质服

务。2016年发布《“十三五”卫生与健康规划》，实施“免费计划生育技术服务基本项目，普及避孕节育、优生优育和生殖健康知识，提高药具服务的可及性和便捷性，做好再生育技术指导服务，提高生殖健康水平”。2018年印发《母婴安全行动计划》，开展“妊娠风险防范、危急重症救治、质量安全提升、专科能力建设、便民优质服务五大行动，特别是为农村计划怀孕夫妇免费提供健康教育、健康检查等孕前优生服务。开展流动人口计划生育基本公共服务均等化试点，为流动妇女提供孕产妇保健服务”。

妇女健康水平持续提高。2015年，妇女平均预期寿命为79.4岁，比1981年提高了10.1岁，比新中国成立时提高了42.7岁。孕产妇死亡率持续降低，提前实现联合国千年发展目标。2018年，全国孕产妇死亡率为18.3/10万，比1990年的88.8/10万大幅下降了79.4%。城乡差距不断缩小，城市与农村孕产妇死亡率之比从1990年的1∶2.2下降到2018年的1∶1.3。

毛泽东提出：“妇女能顶半边天。”妇女的健康不仅是下一代健康成长的基石，而且在健康中国战略的实施中，妇女是顶梁柱和参与者，所以妇女的健康至关重要。儿童是祖国的未来，将担负“中国梦”的继承和开拓，所以，妇女和儿童的健康是健康中国事业的“半边天”。

（五）爱国卫生运动成效显著

爱国卫生运动，是自1950年起在中国共产党领导下开展的群众性卫生运动，是中国卫生工作的重要组成部分。

1. “爱国卫生运动”的由来

在1949—1952年，为了改变旧中国不卫生状况和传染病严重流行的现实，党和政府在全国普遍开展了群众性爱国卫生防疫运动。自1952年1月美帝国主义在朝鲜和我国进行细菌战以来，全国人民在中央人民政府和毛主席的号召下，开展了轰轰烈烈的爱国卫生防疫运动。1952年3月14日，中央人民政府政务院决定成立中央防疫委员会，任务是领导反细菌战，开展爱国卫生运动。1952年3月19日，中央防疫委员会向各省、自治区、直辖市发布反细菌战指示，要求各地搞好灭蝇、灭蚊、灭蚤、灭鼠、消灭其他病媒昆虫的工作。1952年12月，中央人民政府政务院发出《关于1953年开展爱国卫生运动的指示》，各级“防疫委员会”改称“爱国卫生运动委员会”（简称爱卫会），其中中央防疫委员会改称“中央爱国卫生运动委员会”（简称中央爱卫会）。

在抗美援朝战争期间，全国各地迅速掀起了爱国卫生运动的新高潮，即“除四害运动”。1955 年冬，毛泽东在为中共中央起草的通知中就爱国卫生运动和卫生工作提出除四害和消灭疾病的任务，全国爱国卫生运动开始向讲究卫生、除害灭病的方向深入发展。1956 年 1 月，中共中央《一九五六年到一九六七年全国农业发展纲要（草案）》除了提出“基本上消灭危害人民最严重的疾病”外，也提出了除四害：“从 1956 年开始，分别在 5 年、7 年或者 12 年内，在一切可能的地方，基本上消灭老鼠、麻雀、苍蝇、蚊子。”除四害运动最开始对四害的定义为老鼠、麻雀、苍蝇和蚊子，遭到动物学家一致反对后，1960 年四害被重新定义为老鼠、臭虫（南方为蟑螂）、苍蝇和蚊子。对此，毛泽东做出指示：“再有一事，麻雀不要打了，代之以臭虫，口号是‘除掉老鼠、臭虫、苍蝇、蚊子’。”除四害运动规模之大，参加人数之多，收效之显著，都是空前的。仅半年时间，清除了垃圾 7400 余万担（1500 多万吨），疏通沟渠 28 万余公里，新建与改建厕所 490 多万个，改建水井 130 万眼。消灭了大量的苍蝇等害虫，共捕鼠 4400 多万只，消灭蚊、蝇、蚤共 200 多万斤。控制了鼠疫等烈性传染病的流行。广大城乡的卫生面貌有了不同程度的改善。

2. 爱国卫生工作必须坚持的四项原则

1952 年 12 月 11 日，周恩来在第二届全国卫生工作会议做报告时强调：“对于卫生工作，我们不能有丝毫的松懈，必须把爱国卫生运动坚持下去，达到普遍深入和经常化。卫生工作必须与群众运动结合，才能将成绩巩固起来并向前发展。如果不与群众运动结合，卫生工作的‘面向工农兵’‘预防为主’‘团结中西医’的三大原则就不可能很好地贯彻。”周恩来为此建议卫生工作方针增加一条，即“卫生工作与群众运动相结合”。这次会议接受了这个建议，并将其作为今后全国卫生工作努力的方向。“面向工农兵”就是指卫生工作要坚持为占全国人口绝大多数的工农兵服务。“预防为主”就是指对待各种疾病坚持“预防为主、治疗为辅”的原则。“团结中西医”就是指新中国成立初期，全国西医人数仅有 2 万人，而中医人数多达 50 万。现实告诉我们党和人民，西医人数这么少是无法改善新中国的医疗条件和卫生状况的，必须团结中西医，共克时艰。“卫生工作与群众运动相结合”就是指卫生工作要坚持群众路线，依靠群众，发动群众，卫生工作要为广大群众服务。

“文化大革命”期间，中央爱国卫生运动委员会被撤销。地方各级爱卫会和下属办事机构被撤并，人员有的被辞退，有的被迫改行，相当一部分爱国卫生工作被迫处于停顿状态。

3. 改革开放以来，爱国卫生运动蓬勃发展

1978 年 4 月，经中共中央批准，重新成立了中央爱国卫生运动委员会。1979 年 6 月 11 日，中央爱国卫生运动委员会、中华人民共和国卫生部发出通知，要求迅速建立健全各级爱国卫生运动委员会办公室，配备专职干部。1982 年《中华人民共和国宪法》第二十一条规定，“开展群众性的卫生活动，保护人民健康”，这是中国宪法首次规定有关内容。1988 年 8 月 11 日，国务院将中央爱国卫生运动委员会改名为全国爱国卫生运动委员会（简称“全国爱卫会”），作为国务院议事协调机构。1988 年，全国爱国卫生运动委员会第八次委员会扩大会议提出，从 1989 年起，在开展群众性爱国卫生活动的同时，要建立“爱国卫生月”制度。“爱国卫生月”为每年的 4 月。开展爱国卫生月的目的是：“强化大卫生观念，动员和依靠全社会力量，解决一两个社会性的卫生问题，同时提高群众自我保健和共同改善生存环境的意识。”

总之，爱国卫生运动自 1950 年开展以来，主要内容一直是解决人民生产生活中的突出卫生问题，先后开展了“两管五改”、“五讲四美”、全国城市卫生检查、卫生城镇创建、九亿农民健康教育行动、“讲文明、讲卫生、讲科学、树新风”活动、城乡环境卫生整洁行动等。总之，新中国成立 70 年来，在中国共产党的领导下，充分发挥群众运动的优势，通过开展上述这些不同内容的爱国卫生运动，使城乡环境卫生条件明显改善，影响人民身体健康的主要环境危害因素得到有效治理，人民群众文明卫生素质显著提升，重点公共卫生问题防控干预取得明显成效，城乡居民健康水平得到明显提高。

二、健康中国建设面临的形势与挑战

新中国成立 70 年来，健康中国建设取得了令国人骄傲的伟大成就，但是，实事求是地讲，健康中国建设面临的形势日趋复杂，各种健康挑战也需要我们采取措施妥善应对。

（一）人口快速老龄化带来的挑战

1. 人口老龄化的含义

人口老龄化又称人口结构高龄化或老龄化社会，是指因出生率降低或人均预期寿命延长而导致一个国家或地区中老年人口数增加的现象。大多数发达国家人口长寿，老龄人群变多，但世纪交替之际部分发展中国家也出现类似现象，而在21世纪全世界普遍出现了这一现象。现在，世界各国老龄人口为人类历史之最。联合国预期21世纪人口老龄化比率会超过上一世纪。自1950年来，世界人口中超过60岁的人数增加了三倍，2000年达到六亿，2006年超过七亿。预期到2050年，老龄人口会达21亿。世界各国在人口老龄化程度和速度上不一致，一些采取措施应对老龄化较晚的国家会措手不及。人口老龄化是国家或地区人口分布向较高年龄倾斜的现象。这通常反映在人口年龄结构上，儿童人口所占比例下降，老龄人口比例上升。人口老龄化是世界性的，在发达国家出现得多，但进入21世纪这一趋势在发展中地区增速加快，这意味着老年人口将会集中在发展中国家和地区。

2. 中国人口老龄化现状

在古代历史上，中国人口在世界人口中一直占据较大比例。19世纪上半叶，清朝人口占世界人口的三分之一。此后，由于战乱等因素，中国人口占世界比例大幅下降。

新中国成立时，中国（不包括中国香港、澳门、台湾地区）人口约5.4亿，占世界人口的22%。从1950年开始，由于社会较为稳定，死亡率下降，预期寿命逐渐延长，人口因此迅速增长。除了1959—1961年由于三年困难时期发生的饥荒导致人口下降外，直至20世纪70年代中期，中国（不包括中国香港、澳门、台湾地区）人口保持每年2%以上高增长的态势。1981年中国（不包括中国香港、澳门、台湾地区）人口达到10亿，占世界人口比例维持在22%。新中国成立之后先后出现过三次婴儿潮。

第一次出现在1949—1961年，为全球战后婴儿潮的组成部分之一，当时国家采取鼓励生育政策，人口增长率将近300%。但因当时人口基数小（只有5亿），故此次婴儿潮增加的人口绝对数量不大。

第二次出现在1962—1979年，当时由于度过了三年困难时期，国民经济情况逐渐好转，补偿性生育来势很猛，人口出生率为30‰~40‰，平均达到33‰，十年全国共出生2.5亿多人，是中国历史上出生人口最多、对后来经济影响最大的主力婴儿潮。

第三次出现在 1986—1991 年，是因为第二次婴儿潮出生的人成家立业，进入生育年龄而产生，称作回声婴儿潮。由于计划生育政策，此次婴儿潮出生人口总量虽不及主力婴儿潮，但也有 1.3 亿。

造成人口老龄化的因素有两个：人均预期寿命增加和生育率下降。老人延年益寿导致人口平均年龄增高，少生孩子导致年轻人数量降低。在这两个因素中，生育减少是如今全球人口老龄化的主要致因。2020 年 1 月 17 日，中华人民共和国国家统计局发布数据显示："2019 年年末，中国大陆总人口（包括 31 个省、自治区、直辖市和中国人民解放军现役军人，不包括香港、澳门特别行政区和台湾省以及海外华侨人数）140005 万人，比上年末增加 467 万人。2019 年出生人口 1465 万人，人口出生率为 10.48‰；死亡人口 998 万人，人口死亡率为 7.14‰；人口自然增长率为 3.34‰。"表面上看，中国出生人口依然很多，但是减去死亡人口，中国每年新增人口只有 400 多万，这又从一个侧面反映了中国的人口老龄化不容小觑。由于受自 1978 年开始实行严格的计划生育政策的影响，中国人口生育率逐年下降，再加上第一、二次婴儿潮出生的人口步入老年期，造成中国人口老龄化呈现出加速度趋势（见图 2 - 1）。最新统计数据显示，截至 2019 年年底，"中国 60 周岁及以上人口 25388 万人，占总人口的 18.1%，其中 65 周岁及以上人口 17603 万人，占总人口的 12.6%"。

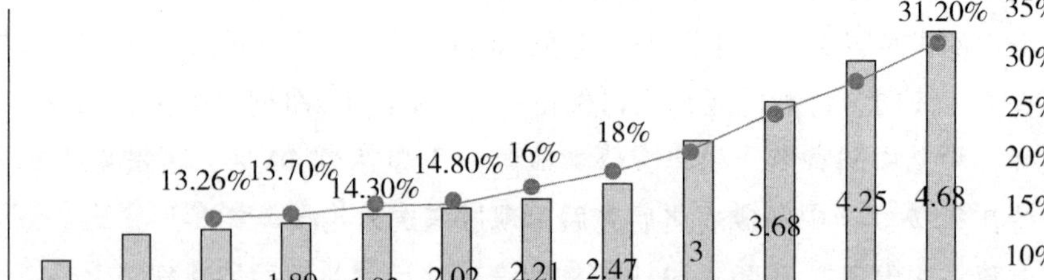

图 2 - 1　中国人口老龄化趋势图

3. 中国人口老龄化带来的挑战

（1）医疗卫生公共财政支出大幅度增加。国家公共财政最大的开支部分将是医疗卫生，卫生保健费用将会随着人口老龄化增长而大幅增加。这导致政府面临艰难抉择：要么提高税收，包括可能对从收入到消费的税收税率进行再调整，要么减少政府对医疗卫生保健的支出。

（2）社会福利保障系统也会遇到挑战。由于寿命延长，早期预备的社会福利退休金系统会出现入不敷出的困难。老人领取退休金年份延长，但劳动时间和缴纳金额跟不上，导致社会福利保障系统捉襟见肘。例如，东北地区社会福利保障系统已经出现了收入和支出不平衡的现象。

（3）养老压力逐渐增大。过去，我国绝大多数老年人依靠家庭养老，由于计划生育政策的影响，独生子女越来越多，大大削弱了家庭养老功能，家庭养老压力正逐步增加。一方面，老年人家庭、独居家庭和空巢老年人家庭的数量快速增加。另一方面，社会养老院和福利院的增长速度跟不上老年人增加的速度，社会化养老风险凸显。

（4）影响经济转型发展。人口老龄化导致劳动力人口下降，出现了用工荒现象，从而致使平均工资水平升高，削弱了经济竞争力。人口快速老龄化问题若得不到解决，则可能阻碍产业转型升级过程，而这一过程是迈向更高收入水平发达国家所需要的。中国在收入水平还较低时即遭遇老龄化问题，增加了经济转型发展挑战的复杂性。

（5）增加社会治理难度。老年人的日常活动主要在社区，这就要求社会治理体系重心向基层转移，增加了社会治理难度。第一，越来越多的退休老年人成为长期脱离单位的自由群体，增加了社会治理的压力。第二，跟随子女迁移到城镇的老年流动人口数量呈增加态势，流动人口的管理一直是社会治理的难点。第三，老年人群体不断壮大，对医疗保障、社会服务、公共安全、权益维护、平等参与、文化娱乐等方面的特殊诉求越来越强烈，社会利益诉求格局将发生深刻变化。因此，管理和服务好广大老年人，正日益成为我国社会治理的重中之重。第四，世界上有的国家开始实施延迟退休的制度，中国也在开始“研究制定渐进式延迟退休年龄政策”。由于老年人的就业能力不如年轻人，有的老年人很难再就业，这都给社会治理增加了难度。

（二）慢性疾病成为健康头号杀手

慢性病是一种持续时间较长、无法彻底痊愈或需要长期康复治疗的疾病。美国国家卫生统计中心的定义为持续超过一年或以上的病症，或者是因疾病或先天因素造成的永久性伤害的疾病。常见慢性病包括恶性肿瘤、脑血管疾病、心脏病、高血压、高血脂、糖尿病、慢性肝病及肝硬化、肾炎、肾病症候群及肾性病变、关节炎、哮喘、慢性阻塞性肺病和艾滋病等。

1. 中国慢性疾病现状

随着我国人口老龄化进程不断加速，人们生活方式、生态环境、食品安全状况等对健康的影响逐步显现，慢性病发病率、患病率和死亡率呈现出上升态势。

（1）我国慢性病患病率上升。根据统计数字显示：2012 年全国 18 岁及以上成人高血压患病率为 25.2%，糖尿病患病率为 9.7%，与 2002 年相比，患病率呈上升趋势。40 岁及以上人群慢性阻塞性肺病患病率为 9.9%。根据 2013 年全国肿瘤登记结果分析，我国癌症发病率为 235/10 万，肺癌和乳腺癌分别位居男、女性发病首位，十年来我国癌症发病率呈上升趋势。

（2）慢性病已经是中国居民的死亡主因。根据统计数字显示：2012 年全国居民慢性病死亡率为 533/10 万，占总死亡人数的 86.6%。心脑血管病、癌症和慢性呼吸系统疾病为主要死因，占总死亡人数的 79.4%，其中心脑血管病死亡率为 271.8/10 万，癌症死亡率为 144.3/10 万（前五位分别是肺癌、肝癌、胃癌、食道癌、结直肠癌），慢性呼吸系统疾病死亡率为 68/10 万。经过标化处理后，除冠心病、肺癌等少数疾病死亡率有所上升外，多数慢性病死亡率呈下降趋势。

（3）中国潜在慢性病患者众多。老年人是慢性病的易发和高发人群。中国是世界上老年人口最多的国家，有 2.5 亿多老年人，这比巴西的人口总数还多 4000 多万，相当于俄罗斯与菲律宾的人口总和，是 10 个澳大利亚人口总和。

2. 慢性病带来的挑战

（1）慢性病疾病负担日益沉重。当前我国已经进入慢性病的高负担期，慢性病疾病负担（费用支出）在所有疾病医疗费用中的占比达到了 70%。据世界银行预测，到 2030 年，我国老龄化加速带来的慢性病疾病负担将增加 40%。慢性病的人均医疗费用支出普遍占据家庭收入的很大一部分，导致人民大众对健康管理与慢性病医疗卫生服务的需求不断增长，国家慢性疾病管理的压力进一步加大。

（2）慢性病带来劳动力减少。2008 年我国卫生服务调查研究显示，各年龄阶段人群慢性病患病率均比 2003 年的调查结果有较明显增长，慢性病患病的人群呈现年轻化趋势。不仅老年人容易患上慢性病疾病，而且愈来愈多的中青年患上慢性病疾病，这导致有相当一部分人要退出劳动力大军。我国一方面是全球人口最多的国家，一方面却出现企业招不到工人的现象。慢性病年轻化将进一步加剧用工荒（用工短缺）现象。

（三）影响健康的危险因素依然存在

伴随中国快速工业化而来的是空气、水、土壤等生态环境污染，以及食品、药品安全问题。这些问题构成了影响人民健康的重大隐患。

1. 影响健康的环境污染因素

环境污染指自然的原因（火山爆发等）或人为的原因向环境中排放某种物质，超过环境的自我洁净能力而产生的危害生态系统和人的健康的行为。有的污染当时不造成危害，但日积月累，后来造成了更加严重的危害。比如洛杉矶光化学烟雾事件，虽然汽车尾气排放当时并不具有危害，但在阳光长时间照耀下与自由基等物质发生化学反应，会转化成光化学烟雾，并对人类造成极大危害，并对建筑物造成腐蚀。

（1）大气污染呈现出不均衡现象。空气污染（或大气污染）指一些危害人体健康及周边环境的物质对大气层所造成的污染。

中国是世界上最大的煤炭生产国，也是煤炭消费量最大的国家。2018 年最新数据显示，全国原煤产量完成 36.8 亿吨，同比增长 4.5%。长期以来，中国煤炭消耗量占能源消费总量的 70% 左右。煤炭燃烧会产生大量的粉尘、二氧化碳、二氧化硫等空气污染物，这就造成中国的大气污染主要属于煤烟型污染。我国大气污染呈现出地区不均衡分布现象。

第一，北方重于南方。由于产煤地区集中在北方，便于发展钢铁等空气污染较大的重工业，再加上气候干燥少雨，北方大气污染明显高于南方。第二，中小城市污染势头甚于大城市。由于大城市重视环保，许多高污染企业开始向中小城市转移；中小城市受制于财力物力，对大气污染防控措施不是很到位。第三，产煤区重于非产煤区。煤炭开采过程中会释放出瓦斯（主要成分为甲烷）；煤炭运输中因为震动等原因造成煤尘飞扬，又污染了周围的空气；煤炭中含有一定比例的废矿——煤矸石，煤矸石丢弃不用，经过日晒雨淋后，容易产生粉尘和有害气体。第四，冬季重于夏季。由于冬季北方地区气候寒冷，需要烧煤供暖；再加上许多植物落叶，不进行光合作用，不吸收二氧化碳等污染物。出现了雾霾天气主要集中在冬季，又集中出现在北方的情形。

世界上普遍采用空气质量指数（Air Quality Index，AQI）来表示大气污染程度。通过测量每立方米空气中含有的悬浮颗粒［或称大气微粒物质（Particulate Matter，PM）］，是悬浮在空气中微小的固态或液态粒子，表示空气质量的好坏。其中可吸入人体的悬浮粒子则会影响人体健康。悬浮颗粒当中，直径小于或等于10微米的被称为PM10，直径小于或等于2.5微米的被称为PM2.5。这两种颗粒不能被身体的防御机制阻挡，可以直达肺部，严重危害呼吸系统健康。由空气污染所导致的健康问题包括呼吸困难、哮喘、咳嗽、气喘、甚至是加重原有的呼吸和心肺疾病，导致死亡率提升。最新研究显示，持续暴露在污染空气下会影响中枢神经系统（特别是在儿童生长发育阶段）。根据2014年世界卫生组织报告，2012年空气污染导致全球700万人死亡。中国卫生和健康事业的确已经取得了令人瞩目的成就，但在控制大气污染，特别是颗粒污染物PM2.5及其带来的严重健康问题等方面还有较大的提升空间。

（2）水污染问题。长期以来，我国都是一个极度缺水的国家，人均水资源占有量不及世界平均水平的四分之一。水资源本来先天不足，还要遭受后天不良的水污染侵蚀。我国的水污染来源主要有：工业废水，生活污水，废弃物堆放、倾倒等。

水污染进一步加剧了水资源短缺的情况，我国的水环境正面临水污染、干旱缺水和洪涝灾害的三重压力。从整体上看，“西北诸河和西南诸河水质为优，长江、珠江流域和浙闽片河流水质良好，黄河、松花江和淮河流域为轻度污染，海河和辽河流域为中度污染”。黄河由于水量小，自净能力不高，黄河流域水环境基本上长期处于不容乐观的状态之中。长江流域由于沿江经济发达，人口密集，水污染问题日益严重。中国的城市化（城镇化）率已经由2000年的35.39%，提升到2019年的60.0%。与城市化率迅速提高相伴随的是城市人口的迅速增加，导致城市生活污水排放逐年增加。另外我国污水处理设施建设滞后。长期以来，城市污水处理设施的发展与人口、环境和工业建设不同步，导致污水处理等基础设施长期超载。我国大部分城市的污水处理能力跟不上实际需要，生活污水随意排放的数量显著增加。与此同时，污水处理厂虽然也向居民收取污水处理费，但是不少厂子处于亏损状态，由于一些地方财政无力给予补贴，污水处理设施无法满负荷运行，无法有效发挥环境保护效益。

水环境保护事关人民群众切身利益，事关全面建成小康社会，事关实现中华民族伟大复兴中国梦。当前，我国一些地区水环境质量差、水生态受损重、环境隐患多等问题十分突出，影响和损害群众健康，不利于经济社会持续发展。

(3) 土壤污染问题严重。土壤污染是指土壤中包含的有害物质过多，超过土壤的自净能力，引起土壤的原有成分和功能发生变化，有害物质或其衍生产物再通过“土壤→植物→人体”被人体吸收，进而危害人体健康。土壤是经济社会可持续发展的物质基础，关系人民群众身体健康，关系美丽中国建设，保护好土壤环境是推进生态文明建设和维护国家生态安全的重要内容。

2005 年 4 月至 2013 年 12 月，我国开展了首次全国土壤污染状况调查。调查结果显示：“全国土壤环境状况总体不容乐观，部分地区土壤污染较重，耕地土壤环境质量堪忧，工矿业废弃地土壤环境问题突出。工矿业、农业等人为活动以及土壤环境背景值高是造成土壤污染或超标的主要原因。”调查结果进一步显示：“全国土壤总的超标率为 16.1%，其中轻微、轻度、中度和重度污染点位比例分别为 11.2%、2.3%、1.5% 和 1.1%。污染类型以无机型为主，有机型次之，复合型污染比重较小，无机污染物超标点位数占全部超标点位的 82.8%。”可能有人觉得中国土壤污染不是很厉害，超标率才 16.1%。但是要清醒地看到，中国虽然耕地总面积世界第三，但人口众多致使人均耕地面积远低于世界人均耕地面积。尽管部分地区的沙漠化得到遏制，但是真正做到“人进沙退”还有很长的路要走。

土壤污染分布与工业化和经济发展密切相关。统计数据显示：“从污染分布情况看，南方土壤污染重于北方；长江三角洲、珠江三角洲、东北老工业基地等部分区域土壤污染问题较为突出；西南、中南地区土壤重金属超标范围较大；镉、汞、砷、铅四种无机污染物含量分布呈现从西北到东南、从东北到西南方向逐渐升高的态势。”出现土壤污染的地方主要集中在经济发达地区或者工业化开展较早的东北地区，西南和中南地区由于大规模开采金属矿产，也造成土壤重金属污染严重。土壤污染一旦发生，往往需要很长的时间才能恢复原状。被重金属污染的土壤，恢复时间有的需要大概100年。

当前，我国土壤环境总体状况堪忧，部分地区污染较为严重，已成为全面建成小康社会的突出短板之一。

（4）环境污染向农村蔓延。改革开放以前，农村环境污染主要是化肥和农药超标施用带来的污染，因其污染面积广，污染源是农药化肥，已经扩散到农村广大地区，所以被称为农业“面源污染”。这不仅造成了土壤污染，还通过雨水径流加重了乡村水体有机污染和富营养化污染，有的甚至影响到地下水。

改革开放后，开办乡镇企业迅速发展成为农村发家致富的重要方向，加上农村很长一段时间对环保要求低，乡镇企业异军突起，工业废水、废气、废渣的排放成为农村主要污染源。大量的乡镇企业给农村带来生态环境更大范围和更高强度的污染。

因为环保基础设施的缺失，农村的生活污水几乎没有经过任何处理就全部直排，加剧了水体污染。生活垃圾更是直接倾倒，造成严重的“脏乱差”现象。由于农村面积广大，良好的生态环境是农村最大的优势和宝贵财富，农村污染防治攻坚战必须长久坚持下去。

综上所述，生态环境是一种特殊的资产和财富。生态破坏、环境污染本身就构成经济损失和财富流失，生态环境恶化已经直接并明显地影响了人们的身体健康。

（四）医疗资源不能完全满足群众健康需求

医疗资源（Medical Resources）是指为人们提供医疗服务的各种要素的总称，通常包括医疗卫生人员、医疗卫生费用、医疗机构（医院、卫生所等）、医疗床位（包括医院、养老、疗养床位）、医疗设备、知识技能和信息等。简单地讲，医疗资源由硬件和软件构成。

1. 医疗资源分配不均衡

医疗资源配置是指医疗资源在医疗卫生行业（或部门）内的分配和流动，它包括了医疗资源两方面的分配，即增量配置与存量调整。增量配置是指新建医疗卫生机构，增加医护人员等；存量调整是指将现有的医疗资源进行再配置，例如将医院搬到乡下或医疗卫生人员下乡等。

目前全国医疗资源配置不平衡的现象十分显著，出现了城乡二元结构，也成为了看病难问题的重要因素。无论是从数量还是质量上来说，我国医疗资源配置呈倒三角形。占全国总人口近70%的农村拥有全国医疗资源的30%，而占全国总人口30%的城市却拥有全国医疗资源的70%。城乡医疗资源质量差异更大，优质医疗资源集中分布在城市，尤其是大城市。从数量到质量，医疗资源的配置在大城市、中小城市和农村分层明显。在我国广大农村地区看病难、看病贵问题表现尤其突出，尤其是看病难问题。由于农村医生、医疗机构、医疗设施不足，再加上农民居住地方的交通条件的影响，农民到质量高的大医院就医远不及城市居民方便。截至2018年年底，全国共有三级甲等医院1442个，主要集中在北京、上海、广州等大城市。我国医师队伍培养和建设虽然取得了显著的进步，但依然存在着不平衡、不充分的城乡二元结构问题，我国医师数量过度集中在大城市三甲医院，城乡基层特别是农村和偏远山区医师数量十分有限（见表2－1）。这就出现了优质医疗卫生资源又大多集中在三甲等大中型医院的局面。

这种医疗卫生资源的二元结构造成农村、乡镇和社区医疗资源严重短缺，医疗设施落后，医务人员水平低下。尤其是医师资源紧缺，导致出现村镇、医院看病，甚至无人问津的现象。某些农村、贫困边远地区的人民群众对改善医疗资源分配的需求和愿望更大，出现了医疗卫生资源不能满足农村人民群众日益增长的医疗健康服务需求的情况。

表2－1　城市医疗资源排行（三甲医院20家以上）

城市	三甲医院数量（个）	执业医师（人）	病床数量（张）
北京	78	101000	118000
上海	66	65500	127385
广州	62	47000	88000
天津	49	61800	65800
沈阳	49	24850	63908
西安	41	27900	56300
南京	38	25300	49900
哈尔滨	38	24000	71000
武汉	36	34684	87408
郑州	35	33000	81000
太原	32	20835	37897

续表

城市	三甲医院数量（个）	执业医师（人）	病床数量（张）
成都	29	55000	121000
济南	28	34400	52100
长春	27	21799	48700
重庆	27	64700	190900
长沙	24	27300	73100
福州	24	18841	33877
石家庄	24	31781	53357
昆明	22	26000	57800
青岛	21	28000	51000
乌鲁木齐	20	14400	29400
杭州	20	38200	67700

2. 医疗资源增长速度不能满足群众健康需求

尽管我国医疗卫生事业发展取得了非常了不起的成绩，但是医疗资源增长速度和广大人民群众日益增长的健康服务需求之间还存在不小的差距。2015 年全国住院总量 2.1 亿多人，住院总量比上年增长 3.0%。而 2015 年全国医疗卫生机构拥有的床位数 701.5 万张，一张床位对应着 30 位病人。

2018 年，全国医疗卫生机构总门诊量达 83.1 亿人次，比上年增加1.3 亿人次，比上年增长 1.6%。2018 年年底全国卫生技术人员总数为 952.9 万人，卫生技术人员中，执业（助理）医师 360.7 万人，注册护士 409.9 万人。每千人口执业（助理）医师 2.59 人，平均每个卫生技术人员要为 872 个人提供门诊服务。排队三小时，看病五分钟，这是目前中国很多医院尤其是著名三甲医院患者看病的现状。卫生技术人员数量和人民群众不断增长的健康需求之间有不小的差距。

总而言之，优质医疗卫生资源的建设、分配和发展，是增强广大人民群众获得感、幸福感的重要举措。我们国家要以改革创新为动力，促进医疗卫生资源均衡化发展，不断满足群众日益增长的医疗健康需求。

综上所述，健康中国建设面临的形势是：“机遇前所未有，挑战也前所未有，机遇大于挑战。”每个医务工作者、每个人都要增强责任感、使命感，在各自岗位上为健康中国战略的顺利实现做出更大贡献。

【拓展阅读】

赤脚医生，乡村里的向阳花

“赤脚医生向阳花，贫下中农人人夸，一根银针治百病，一颗红心暖万家。”

“出诊愿翻千层岭，采药敢登万丈崖，迎着斗争风和雨，革命路上铺彩霞。”

这段歌颂赤脚医生的歌词，出自20世纪70年代一部著名影片《红雨》的主题曲，它生动地概括了当时农村基层医务工作者——赤脚医生的工作状况和社会影响。这是一支背着红十字药箱，行走在田间地头的医疗队伍，他们在特殊的历史时期，守护着农民的健康，更给人们带来温暖和希望。

一、要把医疗卫生重点放到农村

新中国成立初期，人才匮乏，百废待兴，医疗人才更是紧缺，有限的医疗资源大都集中在城市。毛泽东主席一向对农村医疗卫生工作非常重视，1945年，他就在《论联合政府》中指出：“所谓国民卫生，离开三亿六千万农民，岂非大半成了空话。”

中华人民共和国成立后，毛主席反复强调要密切关注农民。他说：“中国的主要人口是农民，革命靠了农民的援助才取得了胜利，国家工业化又需靠农民的援助才能成功。”

1949年，中国人均预期寿命只有35岁。1952年12月13日，在第二届全国卫生会议上，中央政府提出了卫生体系的四大方针——面向工农兵、预防为主、团结中西医、卫生工作与群众运动相结合。1954年11月，毛主席在对医疗卫生工作的指示中说：“（医疗卫生工作）要管的是五亿人口的生老病死，真是一件大事，极其重要。”

1955年，毛主席提出“一定要消灭血吸虫病”，并把除四害、讲卫生、消灭危害人民健康最严重的疾病，列入了《全国农业发展纲要》。这一阶段，部分地区以农业生产合作社为单位建立起卫生保健站，培训不脱产的卫生员、接生员，发挥了农村医疗保障作用，但推广范围十分有限。

1965年6月26日，卫生部部长钱信忠在关于农村医疗现状的报告中说：

“1965年，中国有140多万名卫生技术人员，高级医务人员80%在城市，其中70%在大城市，20%在县城，只有10%在农村，医疗经费的使用农村只占25%，城市则占了75%。”

毛主席听完这个报告后说：“应该把医疗卫生工作的重点放到农村去！”“培养一大批‘农村也养得起’的医生，由他们来为农民看病服务。”这就是毛主席要求重点关注农村医疗的“六二六”指示。

二、赤脚医生就是好

在毛主席发出指示后，1965年8月，卫生部邀请了一批农村基层卫生人员参加座谈。他们从实践中体会到，在农村，伤风感冒、沙眼和肠道疾病、疖子、脓肿和小外伤等容易预防治疗的常见疾病，占发病率的80%以上，真正的急重病症并不多，农民迫切需要简便、有效、不误工、少花钱等简易治疗方法替他们治病。当时，一位叫程震山的老医生说，我们应该把祖国医学宝库里的经济简便、行之有效的治疗方法和民间流传的单方验方，及时收集，加以整理，推广应用。

对农村有一点文化的青年进行医学培训，上海市动手较早。赤脚医生的叫法，首次在上海市川沙县江镇公社出现。1965年夏，这个公社开始办医学速成培训班，学期4个月，学的是一般的医学常识，以及对常见病的简单治疗方法。绝大部分学员都是贫下中农子弟，只有小学或初中文化程度。学员学成后，便回公社当卫生员。

在第一批学员中，有一个叫王桂珍的女社员，由于她在班上学得认真，很快就初步掌握了医学知识。在经过短短4个月的培训后，她被安排在江镇公社当卫生员，是该公社第一批卫生员之一。可她没有选择待在卫生院等农民上门治病，而是背起药箱，走村串户甚至到田间地头为农民们治病。农忙时，她也参加农业劳动。

开始，一些农民不相信王桂珍能治病，但王桂珍治好的病人越来越多，口碑流传开来，找她看病的人越来越多。王桂珍的这种工作方式，开始并没有引起当地党政领导机关和卫生部门的重视，当地只是把她的事迹作为学雷锋的事例来宣传。

当地农民因多种植水稻，平时劳动时是赤脚下水田的，所以当地早就有一个朴素的观念——“赤脚”和“劳动”是一个意思。赤脚医生没有固定的薪金，有的只是每月拿生产大队一些补贴，有的只是以生产队记工分代酬。

这微薄的补贴和工分，根本上解决不了他们的生活支出，因而，他们白天还得赤着脚参加生产队劳动，夜晚还要挑灯自学医学知识。王桂珍在为农民看病之余也经常参加一些农事劳动，大家就称她为赤脚医生。所以，赤脚医生就是不脱离生产劳动，同时也行医的意思。

1968 年，上海市派出记者前往川沙县江镇去调查、采访。采访中，记者们敏感地意识到，王桂珍的这种做法，与毛主席几年前做出的指示，以及他所提倡的方式是符合的。于是他们写成了一篇调查报告，题目最后定为《从"赤脚医生"的成长看医学教育革命的方向》。这篇文章，第一次把农村半医半农的卫生员称为赤脚医生。

1968 年夏天，《文汇报》在重要位置发表了这篇调查报告。该文发表后，立即引起北京宣传部门的重视。当年 9 月出版的《红旗》杂志第三期和 9 月 14 日出版的《人民日报》全文转载了这篇调查报告。

这篇文章还引起了毛主席的关注。毛主席仔细阅读了《人民日报》上发表的这篇文章，并且在他阅读过的《人民日报》上批示："赤脚医生就是好。"从此，赤脚医生作为半农半医的乡村医生的特定称谓走向了全国。王桂珍则被看作赤脚医生第一人，她的形象还被印在了 1977 年上海发行的粮票上。

赤脚医生的主要身份仍是农民，并未脱产，平时有一半甚至更长的时间参加农业生产劳动，所以是"贫下中农养得起"的医生。他们的收入保持在农村一般同等劳动力的水平，在江镇公社，"平均每个贫下中农一年补贴'赤脚医生'四五分钱"。除去政策号召的因素，赤脚医生的工作以工分计，这也在很大程度上保证了赤脚医生的工作积极性。

除去缺乏医护人员，农村面临的另一大问题是严重缺乏药物和医疗设备。"治疗靠银针，药物山里寻。"银针和草药是赤脚医生的两件宝。

当时普遍流行"三土四自"的诊疗方式，即土医、土药、土办法，自种、自采、自制、自用。这些中草药和针灸等诊疗技术，极大降低了医疗成本，能在很大程度上满足农民的医疗需求。

三、赤脚医生和合作医疗的"协奏"

农村合作医疗的推广，促进了一大批赤脚医生的产生，赤脚医生和合作医疗的"协奏"，在短期内改善了中国农村的医疗状况。

新中国合作医疗的典型是一个叫覃祥官的人在鄂西长阳土家山寨创造

的。1966 年 8 月 10 日，中国历史上第一个农村合作医疗试点——“乐园公社杜家村大队卫生室”挂牌了。

覃祥官主动辞去公社卫生所的“铁饭碗”，在大队卫生室当起了记工分、吃农村口粮的赤脚医生。农民每人每年交一元合作医疗费，大队再从集体公益金中人均提留五角钱作为合作医疗基金。除个别痼疾需要常年吃药的以外，群众每次看病只交五分钱的挂号费，看病吃药就不要钱了。1968 年 12 月 5 日，《人民日报》头版头条发表了反映乐园公社创办合作医疗的调查报告——《深受贫下中农欢迎的合作医疗制度》。

在大办合作医疗的过程中，培养了大批会接生的赤脚医生，并狠抓“新法接生”，提高新生儿成活率。“解放前中国婴儿死亡率在 200‰左右，到 1981 年降低到 37. 4‰，下降了 165. 3‰；人均期望寿命也由解放前的 35 岁提高到 1981 年的 67. 9 岁，增长了 32. 9 岁。”由于新法接生质量的提高，新生儿患破伤风的比率也大幅度下降。

1974 年，上海的王桂珍代表中国上百万赤脚医生参加了第二十七届世界卫生组织大会。20 世纪 70 年代末，世界卫生组织高级官员到中国农村实地考察，把中国农村的合作医疗称为“发展中国家解决卫生经费的唯一典范”。联合国妇女儿童基金会在 1980—1981 年年报中称：“中国的赤脚医生制度在落后的农村地区提供了初级护理，为不发达国家提高医疗水平提供了样板。”世界卫生组织、世界银行等机构赞誉中国只用了世界上 1% 的卫生资源，解决了世界上 22% 人口的卫生保健问题。中国独特的医疗卫生体系创建，深刻地影响了其他国家的医疗改革，启发那些改革者们订立适合自己的医疗卫生制度。

1985 年 1 月 25 日，《人民日报》发表《不再使用“赤脚医生”名称，巩固发展乡村医生队伍》一文，到此，赤脚医生作为一种医疗制度安排宣告结束。2004 年 1 月 1 日起施行的《乡村医生从业管理条例》规定：“乡村医生经过相应的注册及培训考试后，以正式的名义执照开业。”这标志着“赤脚医生”历史的结束。

随着社会的进步、医学教育的发展，各个乡镇都建立了卫生院，医生培养教育都规范化了，赤脚医生渐渐地被学习医科专业的毕业生取而代之了。这既是我国医疗卫生事业的进步，又是人类文明的一项进步。

（资料来源：侯楠楠．赤脚医生，乡村里的向阳花．文摘报，2019 - 04 - 13）

课后思考题

1. 健康中国建设取得的伟大成就有哪些？

2. 健康中国建设面临的挑战有哪些？

3. 如何应对我国人口老龄化带来的挑战？

推荐书目

1. 卫生健康委员会妇幼健康司．中国妇幼健康事业发展报告（2019）．2019.

2. 杨念群．再造“病人”——中西医冲突下的空间政治［M］．北京：中国人民大学出版社，2013.

3. 国家卫生和计划生育委员会．中国居民营养与慢性病状况报告（2015年）．2015.

4. 中华人民共和国国务院．国务院关于进一步加强新时期爱国卫生工作的意见［M］．北京：人民出版社，2015.

专题三　健康中国与医疗前沿技术

医疗技术对于促进卫生事业发展、满足人民医疗卫生需要具有至关重要的作用。医疗前沿技术发展和突破是国家技术创新体系战略的重要内容，同时医疗技术进步深刻影响着人们的行为模式和医患关系范式。生物技术、基因技术和信息技术日趋融合，为全科医学、精准医学模式提供了技术支持，成为健康中国战略技术普惠大众，医疗为民众服务的重要载体。

一、医疗前沿技术对生命健康的贡献

医疗技术，是指医疗机构及其医务人员以诊断和治疗疾病为目的，对疾病做出判断和消除疾病、缓解病情、减轻痛苦、改善功能、延长生命、帮助患者恢复健康而采取的诊断、治疗措施。

医疗技术分为以下三类。

第一类医疗技术是指安全性、有效性确切，医疗机构通过常规管理在临床应用中能确保其安全性、有效性的技术。

第二类医疗技术是指安全性、有效性确切，涉及一定伦理问题或者风险较高，卫生行政部门应当加以控制管理的医疗技术。

第三类医疗技术是指具有下列情形之一，需要卫生行政部门加以严格控制管理的医疗技术：

①涉及重大伦理问题；

②高风险；

③安全性、有效性尚需经规范的临床试验研究进一步验证；

④需要使用稀缺资源；

⑤卫生部规定的其他需要特殊管理的医疗技术。

前沿技术是高技术领域中具有前瞻性、先导性和探索性的重大技术，是未来高技术更新换代和新兴产业发展的重要基础，是国家高技术创新能力的综合体现。

（一）医学技术的进步

在过去的一百年里，卫生保健的巨大变化是生物医学科学和医疗技术突飞猛进的结果。19 世纪末 20 世纪初细胞病理学、细菌理论、遗传学、实验生理学等一系列医学基础学科的建立，成为现代医学发展的显著标志。而医学与各门自然科学和技术的结合越来越紧密是现代医学技术发展的另一个标志。

20 世纪医学进步给人印象最深刻的就是庞大的现代化医院内令人目不暇接的各种诊断治疗仪器和设备。从 20 世纪初应用于临床的 X 射线、心电图，到中期的电镜、内窥镜、示踪仪、超声诊断仪，再到 CT 扫描、正电子摄影（PET）、核磁共振成像（MRI）等，使诊断学发生了革命性的变化。准确化、精密化、动态化、微量化、自动化、无伤害化已成为现代临床诊断的特点。

此外，铁肺、肾透析机、起搏器、人工脏器等，显示出新技术、新材料在临床治疗中发挥着重要作用。药物学的迅猛发展也为临床治疗提供了强大动力。

（二）医疗前沿技术是个历史概念

外科学在 19 世纪末 20 世纪初突破了疼痛、感染、失血三大难题后迅速发展。20 世纪中叶以后，以心脏外科和移植外科为标志，显示了外科学的日益繁荣。1944 年对出生时患有先天性心脏病的“蓝婴”成功进行外科手术，是心脏外科发展的里程碑。1954 年第一例肾移植手术的成功开创了器官移植的时代。1967 年，南非的巴纳德医生成功地将一位妇女的心脏移植到一个 54 岁的男性体内。

随着人类对免疫系统的进一步理解，通过解决排异问题，发展免疫抑制剂，为移植外科开拓了宽广的新领域。

在过去的一百年里，外科不仅发展迅速，而且性质也发生了转变。20 世纪初期，外科基本上是缝合和摘除，而现在已转变为精确的修复和替代。随着腔肠镜外科的出现，手术也向着精细化、微创化方向发展。

20 世纪 50 年代以后，随着分子生物学的建立，人们从分子水平上阐明人体结构和功能的工作日益深入，为解决医学的重大问题，比如肿瘤、免疫、遗传、组织再生、抗衰老、药物开发等提供了理论指导。

基础医学研究改变了人们对机体及其与疾病斗争的理解，进一步从本质上证实了基因是决定人类生、老、病、死和一切生命现象的物质基础。不少遗传病的致病基因，一些疾病的相关基因和病毒致病基因陆续被确定。基因工程也促进了新药物和新疗法的涌现。

1986 年，美国科学家提出了测定人类基因组全部系列，从整体上破译人类遗传信息，使人类在分子水平上全面认识了自我的人类基因组计划（Human Genome Project，HGP），并在 1990 年正式启动，如今已经取得辉煌成就，将成为现代生物学、医学发展的基础和源泉。

免疫理论与技术也渗透和影响到整个医学领域，并通过揭示免疫系统与神经系统、内分泌系统之间的相互作用，促进了对人体整体性和有机联系的深入理解。

神经科学的发展为治疗帕金森综合征和其他中枢神经系统的紊乱带来了新希望。

20 世纪 70 年代末发展起来的膜片钳位技术和分子生物学方法使我们对神经递质的合成、维持、释放与受体的相互作用的研究都取得了很大的进展。

20 世纪 90 年代后人们更加重视脑科学研究中整体性观点的重要性，即认识到神经活动的多侧面、多层次性。

分子生物学、神经科学、免疫学、内分泌学等学科的发展，不仅深化了对人体基本结构和功能的认识，而且从不同侧面揭示出机体的整体性和有机联系。现代医学已开始注意从生命物质运动各层次及层次间的关系与整体方面去探索生命的奥秘，并极大地促进了临床医学的进步。

人口健康是重要的社会民生问题，关乎国家经济发展和社会进步。科技是健康管理的有力保障，医疗前沿技术的发展、跨学科技术的深度融合、学科会聚正在改变生命科学和医学研究范式、疾病诊疗模式、健康产业业态。

（三）我国医疗技术的提升

近年来，国家卫生健康委员会按照“抓重点、补短板、强弱项”的思路，从医疗服务供给侧改革入手，不断加大资金投入，努力提升以医疗技术水平为核心的专科服务能力，增加优质医疗资源总量。一方面，打造了一批综合实力强、技术优势明显的“国家队”，代表我国医学发展的最高水平，充分发挥行业示范、引领、带动作用；另一方面，加大对基层和中西部地区支持倾斜力度，平衡优质资源区域布局，通过专科建设发挥横向联动、纵向带动作用，提升了常见、多发疾病和重大疾病诊疗能力。仅“十二五”期间，国家财政累计投入60亿元，支持了79个专业、314家医院的1231个临床重点专科建设。各省也加大省域内和县级医疗机构临床专科建设的投入力度。通过持续的支持和建设，我国专科发展和医疗技术能力呈现“两平衡、四提升”的良性态势。

区域协同能力得到增强，专科优质医疗资源有序有效下沉，中西部地区和县级医院技术能力得到较大提升，并填补了多项区域内技术空白。据不完全统计，城市三级医院扶助县级医院开展新技术、新项目近15000项，50%的县医院已能开展颅脑肿瘤手术、颈椎手术、肺叶及全肺切除术和内镜治疗技术等复杂手术。

麻醉、重症医学、病理等平台专业和儿科、急诊、精神、康复等薄弱专业快速发展，专科间技术能力差距明显缩小，专科协调发展局面逐步形成。以儿科为例，“十二五”期间国家财政共投入2.85亿元，我国儿科重症、小儿消化、小儿呼吸、新生儿、儿童口腔和小儿外科等相对薄弱专业的专科能力得到有效提升。

相关专科开展医疗服务覆盖的病种数量有所增加，治疗病例的平均技术难度水平普遍升高。疼痛科、口腔颌面外科、康复医学和器官移植等专业病种数量平均增幅超过10%，其中康复医学和器官移植专业平均增幅超过20%。神经外科、感染性疾病科、烧伤科和疼痛科等专业的病例组合指数（Case Mix Index，CMI，代表收治病种难度）平均增幅超过10%，其中烧伤科和疼痛科平均增幅超过20%。

技术创新与转化能力得到进一步增强，产生了一批达到或引领国际先进水平、在国际上具有示范和带动作用的优势医疗技术。据不完全统计，各专科共申请各类专利7789项，产生了一批代表我国甚至国际最高水平的优势医疗技术。如中国医学科学院阜外医院自主研发心室辅助装置的临床应用，解决了我国中长期心室辅助“无泵可用”的困难局面，填补了国内心室辅助研发领域的技术空白。北京大学第三医院创立子宫内膜容受性评估和治疗新方法，改进卵母细胞及胚胎冷冻技术，显著提高了妊娠成功率。心、肝、肺、肾等大器官移植临床服务也逐年呈现量质双升的态势，2017年我国完成器官移植手术超过 1.6 万例，占当年世界器官移植总量的 12.3%，位居世界第二位，移植受者生存率等质量指标也位居世界前列。我国部分医院患者心脏移植一年、三年、五年后的生存率可达 93%、90%、85%，高于世界平均水平（85%、79%、73%）；肝脏移植患者术后一年、三年、五年生存率分别为 84%、75%、71%，与世界平均水平持平。

医疗行业的“中国声音”不断得到国际同行的认可，据不完全统计，有 3812 人次现任或曾任主要国际学术组织委员或担任期刊编委以上职务，340 人次牵头或参与制定了国际指南、规范、行业标准。如上海交通大学仁济医院消化道血管病变相关研究成果成为 2015 年美国胃肠病学会指南相关内容制定的唯一依据。

感染性疾病、重症医学、急诊、烧伤等参与历次重大传染病疫情或突发灾害性事件医疗救治的主力专科能力得到增强，在近年发生的重大事件医疗救治工作中发挥重要作用。

（四）我国居民疾病谱系已经发生变化

疾病谱是指将疾病按其患病率高低而排列的顺序，疾病谱可以用来描述一个国家或特定地区人群的患病状况，分析疾病的流行特点和某些因素与疾病的关系，以获得居民的患病规律，为采取综合防治措施提供依据。

20 世纪 90 年代以来，我国重大疾病谱悄然发生变化，已从以急性传染病为主变化为以慢性病为主，具有较高的发病率、死亡率特征，并呈现出年轻化的趋势。

疾病谱变化影响因素，一是我国经济和卫生政策取得巨大成就。1949 年前后，我国居民预期寿命只有 35 岁，威胁居民健康的疾病主要是天花、霍乱、血吸虫病、结核病等急慢性传染病和寄生虫病、地方病，以及营养不良间接引发的疾病。20 世纪 50 年代我国在消灭传染病方面曾被誉为“发展中国家的典范”。

二是人口年龄结构变化。我国自 1999 年开始步入人口老龄化社会，到 2015 年年底，全国 60 周岁以上老年人口达 2.22 亿，约占总人口的 16.1%，其中 65 周岁以上老年人 1.44 亿，占总人口的 10.5%。据预测，到 2025 年，我国老年人口将达到 3 亿，2033 年突破 4 亿，到 2053 年，老年人口规模将达到峰值 4.87 亿，占比达到 34.9%。老龄化持续发展，将成为贯穿我国 21 世纪的基本国情。2012 年修订的《中华人民共和国老年人权益保障法》明确规定:“积极应对人口老龄化是国家的一项长期战略任务。”

三是生活方式变化。20 世纪 70 年代，加拿大学者提出影响健康的四大因素：行为与生活方式因素（在美国，对健康的影响占 70%；在我国，对健康的影响占 45% 以上，这个比例仍然呈上升趋势）、环境因素（自然环境如环境污染，社会环境如战争等）、生物学因素（如致病因子，如艾滋病以及过去的一些像性病、结核等死灰复燃的致病因素）和遗传因素。世界心脏联合会曾发布一个报告，世界每死亡三个人中就有一人死于心血管疾病，80% 是在中低收入国家和地区（中低收入国家人口 30 亿，占全球人口 40% 左右），因为这些国家和地区有庞大的肥胖和吸烟群体。不良生活方式对健康的影响具有潜伏期长（如吸烟行为，从一个人开始学会吸烟到发病一般要 20 年左右的时间）、特异性差（至今没有专门的疫苗、药物针对这些疾病，只能是“对症处理”）、相互协同作用强、变异性比较大的特点。1992 年国际医疗保健会议上提出健康的四大基石：合理膳食、适量运动、戒烟限酒、心理健康。

（五）医疗技术是实现健康中国目标的重要保障

2019 年 7 月 15 日，国务院印发《国务院关于实施健康中国行动的意见》，提出健康中国的具体行动目标，医疗技术在实现行动目标中将扮演重要角色。

实施心脑血管疾病防治行动。心脑血管疾病是我国居民第一死亡原因，引导居民学习掌握心肺复苏等自救互救知识技能，对高危人群和患者开展生活方式指导，全面落实 35 岁以上人群首诊测血压制度，加强高血压、高血糖、血脂异常的规范管理。预计到 2022 年和 2030 年，心脑血管疾病死亡率分别下降到 209.7/10 万及以下和 190.7/10 万及以下。

实施癌症防治行动。倡导积极预防癌症，推进早筛查、早诊断、早治疗，降低癌症发病率和死亡率，提高患者生存质量；有序扩大癌症筛查范围，推广应用常见癌症诊疗规范。提升中西部地区及基层癌症诊疗能力；加强癌症防治科技攻关；加快临床急需药物审评审批。预计到 2022 年和 2030 年，总体癌症五年生存率分别不低于 43.3% 和 46.6%。

实施慢性呼吸系统疾病防治行动。引导重点人群早期发现疾病，控制危险因素，预防疾病发生发展；落实高危人群首诊测量肺功能、40 岁及以上人群体检检测肺功能制度；加强慢阻肺患者健康管理，提高基层医疗卫生机构肺功能检查能力。预计到2022年和2030年，70岁及以下人群慢性呼吸系统疾病死亡率下降到9/10万及以下和8.1/10万及以下。

实施糖尿病防治行动。我国是糖尿病患病率增长较快的国家之一。提示居民关注血糖水平，引导糖尿病前期人群科学降低发病风险，指导糖尿病患者加强健康管理，延迟或预防糖尿病的发生发展；加强对糖尿病患者和高危人群的健康管理，促进基层糖尿病及并发症筛查标准化和诊疗规范化。计划到2022年和2030年，糖尿病患者规范管理率分别达到60%及以上和70%及以上。

实施传染病及地方病防控行动。传染病和地方病是重大公共卫生问题。充分认识疫苗对预防疾病的重要作用；倡导高危人群在流感流行季节前接种流感疫苗；加强艾滋病、病毒性肝炎、结核病等重大传染病防控，努力控制和降低传染病流行水平；强化寄生虫病，饮水型燃煤型氟砷中毒、大骨节病、氟骨症等地方病防治，控制和消除重点地方病。计划到2022年和2030年，以乡（镇、街道）为单位，适龄儿童免疫规划疫苗接种率保持在90%以上。

二、医疗前沿技术的进展与发展趋势

（一）大数据、人工智能深刻影响生命科学研究，全面赋能健康与医疗

随着大数据技术的快速发展，生命科学研究正向基于数据的科学发现范式转变。这种范式表现为通过开展生命组学、图谱绘制、大型队列等研究解析生命体，并产生大量数据；利用计算生物学、生物信息学、大数据、人工智能等技术进行数据分析，继而进行建模和预测；在解析生命体的基础上，通过合成生物学、脑机接口技术、组织工程、3D打印等技术完成对生命体的仿制和创制。

在健康和医疗领域，大数据、互联网、可穿戴设备、人工智能的结合带来了全新的智慧医疗模式，正在改善医疗供给模式，重构健康服务体系。以市场化应用最为突出的IBM Watson为代表，人工智能已经快速渗透医疗健康领域，用于疾病诊疗和病理分析，在脑癌、皮肤癌、肺癌、乳腺癌、胃癌等癌症的分析诊断与辅助治疗，以及心脏病发病风险预测中表现出应用潜力。

（二）生物技术的突破提高人类系统认识和解析生命的能力

物理学、材料学、计算科学等对学科与生命科学交叉融合的发展，推动了生物成像、基因编辑技术、单细胞技术、生命组学等技术不断变革，大大提高了人类认识和解析生命的能力。生命科学正逐渐走向成熟，其标志为逐渐走向数字化、平台化、过程化发展。

生物成像技术正在向精确、深度、实时、活体方向发展。

基因编辑技术大大提高了操控和改造生命的效率和准确性，正在生命科学全领域中进行应用研究。

单细胞测序新技术不断改进，北京大学与哈佛大学开发的通过转座子的线性放大技术，美国俄勒冈健康与科技大学开发的 SCI - seq，奥地利科学院等机构开发的 CROP - seq 技术提高了通量、保真性、基因覆盖率等技术性能。多重组学单细胞测序技术也是开发重点。

新一代生命组学技术水平进一步提高。基因组测序技术和设备向高精度、低成本、便携式方向发展，助力高质量基因组图谱的绘制，为解析生命铺平道路。单细胞 RNA 测序技术、表观转录组、空间转录组等转录组分析技术的进步，为绘制更为精确的转录组图谱奠定基础。蛋白质组学研究从单纯提高覆盖率的定性研究向更加真实描述生物体本质的定量研究和空间分布研究发展。代谢组分析技术向超灵敏、高覆盖、原位化方向发展，代谢产物成为疾病筛查的重要标志物。与此同时，多组学交叉、多维度分析正在推动系统生物学的深入发展，以更好地理解人类疾病的致病机理。

生命图谱绘制为解析生命、认识生命提供基础，正逐渐从分子图谱扩展到细胞图谱。瑞典皇家理工学院等机构合作绘制了人类癌症病理图谱，北京大学联合美国安进公司等机构合作构建了单细胞水平癌症微观环境免疫图谱，为疾病发生机制研究提供重要启示。

（三）仿生与创制能力的发展提高人体机能和增进疾病防治诊治的水平

基因编辑、再生医学、3D 打印、合成生物学、脑机接口等技术的快速发展，进一步增强了仿生与生命创制的能力，提高人体机能和增进疾病防治诊治水平。

合成生物学在非天然碱基的合成与应用、生物大分子设计乃至全基因组的创制等领域取得了重大进展。

脑机接口技术是下一个科学前沿。美国凯斯西储大学实现了脊髓受损患者对自身肢体的意念控制；美国斯坦福大学通过脑机接口完成了脑电波控制的电脑字符快速精准输入。

组织工程、3D 打印、类器官构建、器官芯片等一系列技术的交叉融合和快速突破，成为组织、器官制造领域的“助推剂”。科研人员利用体外构建的组织实现了对脊髓损伤、软骨损伤、视网膜损伤等多种疾病的替代修复治疗，而体外构建的肺、肠、胃等多种类器官或器官芯片为药物研发和疾病研究提供了更加优化的模型，未来有可能实现具有完整功能的器官再造，为器官移植提供更多供体。

（四）精准医学成为临床实践新方向，疾病防治手段更加多样化

以生物组学、大数据技术、大队列为核心的精准医学正在成为医学研究的主要模式，目标是疾病的精准分类、预防、诊断和治疗。近年来，乳腺癌、卵巢癌、宫颈癌、食管癌与结直肠癌及脑神经胶质瘤的精准分型均有新突破。基因检测、液体活检等为早诊提供了重要技术手段，已经开发出高通量无创检测新技术；联合应用液体活检和蛋白质肿瘤标志物检测，实现一次检测八种不同早期肿瘤。

科学发展产生了大量的新技术、新突破，为疾病预防诊治提供更为多样化的手段。免疫疗法为癌症治疗提供新手段，免疫检查点抑制剂和细胞免疫疗法是当前免疫疗法研究热点。多项临床试验揭示免疫检查点抑制剂联合化疗疗效显著，将成为医药研发的又一个风口。基因疗法入选《科学》杂志评选的 2017 年度十大突破，“矫正型”基因疗法也已用于治疗遗传性视网膜病变。

干细胞的应用前景日趋明朗，在代谢性疾病、神经疾病、生殖疾病、眼部疾病、心血管疾病等多种疾病中显示出治愈潜力。美国波士顿儿童医院及康奈尔大学维尔医学院分别实现了体外构建出造血干细胞，有望突破白血病治疗的细胞来源瓶颈；美国华盛顿大学首次在成年小鼠眼中再生出功能正常的视网膜细胞。

人体微生物的研究证明其与健康和疾病发生密切相关。美国国立卫生研究院“人体微生物组计划”的第二阶段成果揭示了人体微生物组的时空多样性。人体微生物组与疾病关系研究进入机制研究阶段，揭示了微生物组调控多种疾病进程的因果机制，证实其影响癌症免疫疗法、化疗药物的疗效。人

类微生物组药物研发正处于药物发现/临床试验阶段并持续推进。

（五）脑科学研究的规划和布局仍在升温

国际脑科学计划会议倡导成立国际大脑联盟，并在数据共享、数据标准化，以及伦理和隐私保护等领域共同合作，共同应对挑战。中国国家重点研究计划“精准医学研究”重点专项有序推进，2016—2017 年国拨经费超过 12 亿元，围绕五大任务开展研究，为我国精准医学的长期发展搭建框架，夯实发展基础。

健康是人类自身最根本的需求，科技创新为健康提供了有力保障。针对我国健康需求，结合健康科技未来发展趋势，着力布局大数据、人工智能、可穿戴设备等技术，以及这些技术交叉形成的新方向，发展数字医疗、移动医疗、远程医疗，解决老龄化、医疗资源不足、城市和边远地区医疗资源不均衡等问题，提高我国健康管理水平。大力发展再生医学、合成医学、干细胞、基因编辑技术、组织工程、3D 打印、器官芯片、脑机接口等技术，以提高人体机能和机体再造能力；持续支持精准医学、人类表型组学等重点领域，发展分子影像、分子诊断、细胞疗法、免疫疗法等新型诊断与治疗方法，制订个体化的预防诊治方案，实现早预防、早干预、精准治疗的目标，从而提高生命质量、降低医疗支出。

三、医疗技术发展的制约因素

党的十九大报告指出，我国社会主要矛盾已经转变为人民日益增长的美好生活需要与不平衡不充分发展之间的矛盾。人民对美好生活的向往和需要呈现出多层次、多样化特征，包括医疗卫生等诸多方面。为更好地满足人民群众对医疗保健及健康的需求，需要加大医疗技术研发投入，不断提高医疗技术水平。

（一）医疗技术发展是双刃剑

20 世纪医学技术的发展在为人类健康造福的同时，也带来了日益增加的难题，卫生资源分配问题也日渐突出。

随着消费者权利要求的增加，病人权利运动开始影响到卫生保健方面。人们对那种家长式、独断的医疗行为方式越来越不满。作为运动的结果，美国医院协会 1973 年出版了《病人权利法》。1973 年初，欧洲议会发表《关于病人和死亡权利的报告》。

20 世纪 60 年代，随着女权运动的发展，生育控制和流产成为人们关注的中心，包括妇女控制她们自己身体的权利、胎儿生命的权利等诸多问题，在生命伦理领域激起了医学、哲学和宗教多方面的争论。

20 世纪 70 年代以后，随着遗传学、生殖技术的进步，克隆、试管婴儿可能造成的社会后果等伦理问题引起了更广泛的讨论。

随着生命维持技术的发展，人们在医院里的非人格化技术下，经历他们的死亡已成为新的日常，这重新唤起了对死亡、濒死和安乐死的讨论。

器官移植技术的建立也迫切需要解决确实死亡的伦理学问题。

（二）医疗技术水平受研发投入、政府支持等诸多因素影响

21 世纪以来，中国医疗技术取得了巨大进步。从医疗设备和药品专利申请数两个医疗技术进步的常用衡量指标来看，中国医疗设备专利申请数从 1999 年的 8 件增加到 2015 年的 341 件，增长了 42. 63 倍；药品专利申请数从 17 件增加到 439 件，增长 25. 82 倍。

同期相比，全球医疗设备专利申请数和药品专利申请数增长缓慢，甚至有所下降：医疗设备专利申请数从 1999 年的 8115 件增长到 2015 年的 12794 件，仅增长 1. 47 倍；药品专利申请数从 9925 件减少到 8297 件，下降了 16. 40%。在全球医疗技术进步比较缓慢的情况下，中国医疗技术为何会取得如此巨大进步？其背后的原因是什么？

药品或医疗设备研发具有资金密集型特点，大量资金投入对医疗技术进步具有显著影响，以 2013 年价格计，开发一款新药的平均成本高达 28. 7 亿美元。政府对企业研发活动的补助和支持，对医疗技术进步具有刺激作用，而价格管制政策则会阻碍医疗技术进步。越来越多的研究注意到医疗保险对医疗技术进步的影响，医疗保险报销比例提高，覆盖范围扩大等都对医疗技术进步具有刺激作用。

（三）医疗保险对中国医疗技术进步及其发展趋势的影响

中国医疗技术快速提升的过程，也是中国基本医疗保险制度日趋完善、保障程度不断提高的过程，同时中国医疗费用也快速上升。《中国卫生健康统计年鉴》显示，中国卫生总费用从 1999 年的 4047. 50 亿元增长到 2017 年的 52598. 28 亿元，增长了近 13 倍，卫生总费用占 GDP 的比重也从 4. 47% 增

长到6.63%。医疗技术进步是导致医疗费用上涨的主要原因，这已成为卫生经济学界的共识。在这种情况下，研究中国医疗技术进步趋势及背后原因，对更好地满足人民群众对美好生活的需要、控制医疗费用快速增长具有重要现实意义。

从药品专利申请量和医疗设备专利申请量这两个方面，考察中国医疗技术进步现状及发展趋势，可以看到中国医疗技术进步并不是平稳增长的，药品专利申请数和医疗设备专利申请数在2005年、2009年和2013年出现跳跃式增长。这种跳跃式增长主要是新型农村合作医疗、城镇居民基本医疗保险和城乡居民大病医疗保险等医疗保险政策出台的结果。这说明医疗保险政策的出台刺激了厂商加大研发投入，而医疗保险政策对医疗技术进步的影响具有滞后性，一般会滞后1~2年。

进一步考察医疗保险对医疗技术进步的影响机制发现：一方面，医疗保险降低了患者对药品价格的敏感度，刺激患者消费更多药品，这使得药品厂商能够通过提高药品价格获取更多利润，从而加大药品研发力度；另一方面，医疗保险降低了患者对医疗设备使用价格的敏感度，刺激患者使用更多医疗设备，鼓励医院引进更多、更先进的医疗设备，进而调动厂商研发积极性。这使得患者更关注医疗服务质量，使得医院从价格竞争转向质量竞争，加剧医院引进先进医疗设备的“军备竞赛”，刺激厂商研发先进医疗设备。美国的经验也证实，医疗保险的确促进了医疗技术进步。

为更好地满足人民的健康保障需求，控制医疗费用快速上涨，中国应该通过基本医疗保险药品目录和支付方式调整等，引导和鼓励成本节约型医疗技术进步：一方面，将治疗效果好、使用范围广的药品纳入基本医疗保险药品目录，以更好地满足人民群众的健康保障需求；另一方面，调整医保支付方式，鼓励医院引进成本节约型医疗设备和医疗技术。

四、正确认识医疗技术的作用

（一）医疗技术不能完全解决医疗不足和过度医疗等问题

在疾病诊疗过程中，医生的专业知识、经验和责任担当永远是第一位的，技术在任何时候都是医生做出判断的辅助手段。2019年9月《生命时报》登载原卫生部副部长曹泽毅接诊经历。一个患者经过多家医院诊断患有卵巢癌晚期，但曹泽毅坚持通过肛门指检，判断并非恶性晚期，原因是恶性卵巢癌后期一般呈多点分布状，但该患者腹部肿瘤只是一个光滑整体。这次诊疗曹泽毅总结出以下几条经验：一，先进仪器不能完全代替人工检查。该患者正是经过多家医院仪器检查被确诊为恶性肿瘤晚期。二，诊疗技术都有局限性。该患者此前治疗过程中，多次穿刺和超声刀导致肿瘤液体外流，造成多器官粘连；如果是恶性肿瘤，还会因液体外流造成肿瘤加速扩散。超声刀只适用于6cm以下的肿瘤，之前的医治单位对患者如此巨大的肿瘤使用超声刀，明显是经济利益动机使然。三，医生要具有责任意识和担当精神。该患者奔走多家医院，都被拒收。曹泽毅在给患者做粘连后的小肠剥离时，有医生建议在器官之间放置纱布，待器官恢复后二次手术取出纱布。曹泽毅考虑到患者身体虚弱，以及腹部多器官粘连存在感染的风险极大，毅然决定不使用纱布。

在医疗实践中，很多技术手段都可能造成假阳性诊断和假阴性诊断。假阳性诊断会带来患者心理上的焦虑，以及进行后续的检查和治疗；假阴性诊断可能导致患者不能及时寻求治疗。一些正确的诊断也可能造成过度诊断，比如在癌症筛查中即便正确诊断出了肿瘤，有些肿瘤的生长非常缓慢，在患者生命周期内不会产生危害；还有一些患者肿瘤可能永远不会产生症状，并且在一定时间后就停止生长，这时癌症筛查确诊肿瘤反而会影响患者生命质量。曾有学者撰文，认为一些癌症筛查并没有降低死亡率，比如用前列腺特异性抗原（PSA）对前列腺癌进行筛查，每筛选1409人，将多检出49例病患，其中却有48例属于过度诊断。

肿瘤有三种类型，第一类发展极快，一旦发现即使立刻治疗往往也难以逆转；第二类进展比较缓慢，症状出现以前还有相当长一段时间可以被检出，而且病理上还属于早期，通过治疗可以减缓或者中断其病程；第三类属于停滞型，发展非常缓慢，直到人的生命终结时还不会出现症状或引起死亡，有些甚至自动消失。

每种恶性肿瘤都包含这三种类型，只是不同肿瘤包含某一种类型的概率不同，如食管癌、胰腺癌多数为第一种类型；结肠癌、子宫颈癌含第二种类型较多；前列腺癌、甲状腺癌多数为第三种类型。近些年在乳腺癌、肺癌和黑色素瘤中也发现越来越多的第三种类型患者。

（二）医疗技术发展应在技术成本和生命不可逆之间寻求平衡

医疗技术作用是为疾病防治提供更多选择工具而非延长人类寿命。医疗技术发展的早期正是人类平均寿命比较短的时期，这时医疗技术对提高平均期望寿命作用明显。但随着人均寿命增加，医疗技术所能产生的效果却逐渐减少，因为人类的寿命是有限的，因此，医疗技术在延年益寿方面所发挥的作用有自身限度。在过去两百年里，人类经历了从急性传染病、寄生虫病、营养缺乏性疾病为特征的疾病向慢性病、退行性疾病和行为等与生活方式相关疾病为主的疾病谱的转变，这种变化决定了我们不能寄望于医疗技术在克服慢性病、退行性疾病方面发挥类似于克服前期急性传染病、寄生虫病等方面所发挥的作用。

人们期待医学技术最终将解除人类所有的病痛，呈现给人类社会一个健康、长寿的世界，但生命的过程性却决定了每个人必将由健康走向衰弱并最终死亡。花费巨大的延长生命的技术成本与人的生命不可逆的过程注定是医疗技术面对的一个伦理问题。

（三）医疗前沿技术并非都是尖端技术

患者长期卧床会导致健康状况恶化，当他们想站起来走路时，由于缺乏力量和难以掌握平衡，非常容易摔倒和受伤。一般情况下，患者通常需要几周甚至几个月的时间恢复运动功能和稳定性，以回归正常生活。加利福尼亚大学洛杉矶分校（UCLA）无线医疗研究所（Wireless Health Institute）发明了一种十分简便的供卧病在床患者使用的室内脚踏车，患者可以在病床上每天反复使用这种脚踏车。脚踏车可以连接手机，患者能马上得到锻炼结果。据统计，使用这种设备的患者平均康复时间可以缩短至少三分之一。

（四）医疗技术创新不能忽视心理健康

幸福感是每个人经历的一种状态，它不仅涉及个人身体健康，还包括是否有孤独感或是否得到了家人或其他人的照顾和支持。已有研究证明，生活中更高的满足感与降低中风、心肌梗死和睡眠障碍等疾病的患病风险有关，还与减少看病次数和住院天数相关。还有一项研究持续近 30 年，发现患有相同慢性病的患者如果互相帮助扶持，他们的症状在 8 ~ 10 周内会得到明显改善。例如，患有关节炎的患者之间如果相互关心扶持，那么他们服用止痛药的剂量可以减少 50%，并且依据患者日常活动的局限性能够减缓 20% 的疾病进展。目前，研究人员正在开发应用医学信息学和计算机科学的解决方案，以帮助人们解决交流中的问题。这些方法可以像医学干预（如药物和手术）一样强有力地提升人们的健康水平和幸福感。日本科研人员已经研发出用于陪伴老年人的机器人，英国发明了一个非常简单的系统，该系统可以与那些感觉孤独或被孤立的成年人每周通话一个半小时。

（五）促进健康是一项系统工程

国民健康水平提升既依赖于医疗技术进步，更依赖经济政策和社会政策协同推进。研究表明，稳定居所的缺失与医疗保健服务的集约利用存在直接关联，提供住宅的投资显著降低了医疗保健服务支出，并且在 12 个月内就有投资回报；为孩子、老年人和残疾人提供简单的营养膳食支持是一项划算的投资；受教育程度和健康状态呈正相关，如果患者的受教育程度高并掌握一定医学知识，就能自我管理一些慢性病。

【教学案例】

疫苗与新冠疫苗

第 32 任美国总统罗斯福是小儿麻痹症患者，1938 年美国成立了小儿麻痹症国家基金会，开展一个叫“为几毛钱硬币而走遍全国”的募捐运动。许多美国儿童都寄来他们的零花钱，在总计 180 万美元的捐款中有 26.8 万元是 10 美分的硬币，因此又被叫作钢镚儿行动（March of Dimes）。

利用这些资金，约纳斯·沙克（Jonas Salk）在 1952 年研制出首个预防脊髓灰质炎的疫苗（沙克疫苗）。1954 年春天，小儿麻痹症国家基金会用这种疫苗进行了当时美国历史上规模最大的临床试验，在 180 万名学校儿童身上试验沙克疫苗。1955 年 4 月 12 日是试验结果正式公布的日子，证实这种疫苗临床有效。这是继天花疫苗、白喉疫苗和流感疫苗后，疫苗研究的又一次重大突破，为全人类做出巨大贡献。

新冠肺炎疫情在全球已呈蔓延之势，夺去了数十万生命。由于指挥有方万众一心，中国已经率先控制住了疫情，大踏步地进入恢复生产阶段。但目前还不是庆祝胜利的时候，我们仍然面临着输入病例以及病毒再次变异的风险，并且只有彻底消灭这个全人类共同的敌人，才能把人类命运共同体推向前进。所以，研发针对新型冠状病毒的疫苗，成为摆在全世界面前最紧迫的任务。

疫苗研发的大体流程和周期，包括两个阶段：第一个阶段是疫苗前期研发过程，包括获得免疫原［获得活病毒、分离相关亚单位、通过基因重组技术获得重组蛋白或者合成相关的DNA（RNA）］、免疫反应测试、动物保护测试、免疫原生产工艺（放大）优化、临床前毒理研究等环节。第二个阶段是疫苗研发及注册过程，包括临床前研究、申报临床、开展临床试验，最后才能实现疫苗上市。

2020年1月24日，中国疾控中心成功分离中国首株新型冠状病毒毒种。国家病原微生物资源库发布了这一株病毒（新型冠状病毒武汉株01）毒种信息和电镜照片，也公布了新型冠状病毒核酸检测引物和探针序列等重要权威信息。这些都为疫苗的研发奠定了基础。

2020年3月16日20时18分，由军事科学院军事医学研究院陈薇院士领衔的科研团队研制的重组新冠疫苗获批启动展开临床试验。

Ⅰ期试验需要的志愿者并不多，仅限武汉地区常住居民，武昌、洪山、东湖风景区户籍居民优先，年龄18～60周岁。志愿者会被分为低剂量组、中剂量组和高剂量组三组，每组36人。经过筛选和体检后，符合要求的志愿者可以接种疫苗。此后的14天，为集中隔离观察期。

2020年3月31日，首批接种重组新型冠状病毒疫苗（腺病毒载体）的志愿者已满14天医学观察期。截至4月2日，在武汉进行的新冠疫苗Ⅰ期临床试验的108位受试者均已完成接种，其中18位志愿者结束隔离。每一位志愿者解除隔离时都要拍CT，身体状况均良好。Ⅰ期临床研究募集少数受试者进行，主要评估疫苗的安全性，以及能否产生免疫应答。

2020年4月9日，新冠疫苗Ⅱ期临床研究启动志愿者招募。Ⅱ期临床研究选择了低中剂量的疫苗进行试验，研究分为三组，即中剂量疫苗组（250例）、低剂量疫苗组（125例）和安慰剂对照组（125例）。疫苗和安慰剂对照都由军事科学院军事医学研究院生物工程研究所和康希诺生物股份公司联合研制。按照研究方案要求，每位志愿者要于接种当天、第14天、第28天和第6个月完成一次研究访视，共需采血四次。Ⅱ期临床研究受试者数量适中，来调整和完善临床疫苗接种的程序和手续，并获得不良反应等统计数据。

Ⅲ期临床研究则主要评估疫苗的有效性，招募较大规模的受试者，来证实疫苗可以实现预期的预防感染或减轻症状的目的。

澳大利亚、美国、俄罗斯、德国、英国、法国、韩国等国家也都加紧投入新冠病毒疫苗研发，新华社华盛顿4月8日电介绍了美国新冠疫苗研发进展。一款名为INO-4800的新冠病毒疫苗开始进行Ⅰ期临床试验，至此美国已有两款新冠病毒疫苗开展Ⅰ期临床试验。美国官员和专家表示，美国从研发疫苗到开展Ⅰ期临床试验的速度创下纪录，但即便一切顺利，疫苗大规模投入使用可能也要等到2021年年底。

中国网财经4月11日讯，德国BioNTech公司和美国辉瑞公司共同公布了新冠病毒疫苗研究最新进展。两家公司计划最初在美国和欧洲的多个研发基地就新冠病毒候选疫苗联合开展临床试验，一旦获得监管部门的批准，BioNTech和辉瑞计划最早于2020年4月底首次进行临床试验。

一项关于新药研发成功率的报告显示，2003—2011年，所有新药从Ⅰ期试验到最终上市，总成功率仅10.4%。其中，Ⅰ期成功率64.5%，Ⅱ期32.4%。原因不难理解，因为Ⅰ期只是安全性评价，从Ⅱ期才开始有效性研究，属于药物临床试验的分水岭。研发新冠疫苗，这是一条正确的道路，也是一条艰难的道路。

智慧医疗

一、“脑补”MRI成像AI

美国纽约大学一组研究核磁共振加速方法的科研团队与Facebook达成合作，力图训练AI成像工具来缩短九成核磁共振扫描时间。这组科研人员研发的AI应用与在医疗成像领域常用的AI不同，不是利用图像识别技术分析X光或者核磁共振扫描结果来帮助医生快速和准确分析病情，而是从扫描过程入手，直接加快核磁共振成像的速度。

核磁共振成像耗时长的原因是因为机器本身需要拍摄大量平面图像或者切片，才能将其叠加起来组成3D图像。有些时候需要核磁共振成像的切片不多，但要是在需要非常精准且完整扫描的情况下（例如病人的脑瘤的情况），就需要拍摄大量切片了。据悉，纽约大学这组科研人员从2015年就启动了这个名为FastMRI的核磁共振加速项目，目的是探索如何在只扫描一部分数据的情况下，得到和传统成像质量相似的结果。

用一个直观的例子解释就是，假设扫描一张照片时，不扫描组成图的每条线，而是降采样扫描，这样，没有被扫描到的像素可以由人工智能来填补，可以节省一半时间，而且目前的机器学习系统已经可以胜任这样的任务了。原理就好像人脑一样，如果人眼因为盲点而看不到完整的某样物体，大脑便会通过视觉系统自动脑补看不到的地方。

使用人工智能来填补没扫描到的地方，可以大大缩减病人在核磁共振机里煎熬的时间，同时也能提高机器的效率，进而降低扫描成本、简化操作流程。

Facebook FAIR 实验室的 AI 成像技术追求的不是合理推测成像，而是要捕捉到传统核磁共振成像中也能得到的瑕疵，科研人员训练的计算机视觉技术不只需要识别成像的整体规律和结构，还要能保留甚至推敲出成像中的异常点，因为无法重现应有的异常点就会大大降低数据的准确性。核磁共振扫描仪的成像方式可以灵活更改，不仅可以将扫描次数降低，还可以设置人体每个部位扫描的次数多少，而 CT 和 PET 扫描仪就没有这么灵活。

二、预测心脏病风险

为了辅助医生，提前预测病人患心脏病的风险并制定预防措施，微软研发了一种利用 AI 预测心脏病风险的 API，在印度综合专科医院 Apollo 投入使用。这款工具会从21 个方面进行分析：饮食、烟草和吸烟习惯、日常活动等因素，还会通过呼吸频率、高血压、收缩压舒张压来判断心理压力与焦虑。

AI 在分析过后，会对患者以低、中、高三个级别打分，并指出一些通过改善可以降低心脏病风险的因素，它不仅可以为医生提供更全面的信息，还能建议病人改善生活习惯及时预防心脏病。

印度每年心脏病发病人数近300 万，患有冠心病的印度人有3000 万，据联邦卫生部统计，每八位印度人就有一人患有高血压。以往的 AI 模型都是以西方人的数据为基础建立的，此次微软与 Apollo 医院合作推出的 API，利用了 Apollo 医院共享的40 万印度人数据，可轻松准确地预测心脏病风险。

利用 AI 和机器学习技术，Apollo 医院有信心与微软可以一同从根本上预防印度人的心脏病。他们计划合作开发更多新工具来帮助医生治疗非传染性疾病，将这款风险预测 API 应用在多家私立和公立医疗系统中，未来还将推广到其他国家。

这个合作项目是基于微软的 AI Network for Healthcare 计划，这项计划的宗旨是利用 AI 和云计算技术加速医疗行业的创新，改善全世界人民的生活，与 Apollo 医院共同推出的 API 预示着计划向成功迈进了一大步。

三、通过谷歌开源诊断肺癌

纽约大学一组科研人员通过重新训练谷歌的 Inception v3（用于图像分析的开源卷积神经网络），研发了一种检测特定肺癌类型的 AI 技术，准确率达 97%。

美国癌症协会和癌症统计中心数据显示，美国每年确诊为肺癌的患者超过 20 万人，有 15 万以上的患者因为并发症去世，而这项技术将为他们带来福音。这组科研人员表示，AI 在例行检查和疑难肺癌案例中都可以对医生起到帮助，让医生有更多时间去解决更高级的问题，比如结合组织、分子和临床信息，为每个病人制订治疗计划。

经过重新训练后的 Inception v3，诊断纽约大学的癌症患者的独立样本准确率在 83% 到 97%，样本中还有一些它没有遇到过的元素，比如血凝、血管、发炎、坏死区和肺衰竭的部分。此外，这款模型平均检测时间为 20 秒，而且其用来计算癌症概率使用的 PC 只搭载了一块显卡。

据悉，这组科研人员不仅让 AI 去识别癌组织，还有组织内的基因突变，这款 AI 的算法能够通过颤噪效应识别出 LUAD 数据中的六种最常见的突变基因（STK11、EGFR、FAT1、SETBT1、KRAS、TP53），不过 AI 是如何区别这些突变基因的，科研人员还不清楚。

这款 AI 对于病理学家来说是一个很有用的工具，其提供的信息可帮助医生对每个肺癌患者专门定制治疗方案，打造更多样化的精准医疗。在未来，这组科研人员希望将该 AI 模型用于检测大细胞癌、坏疽、纤维化等症状上，而且据报道他们正在向美国食品及药物管理局申请将这项技术商业化。

四、测患者糖尿病水平

糖尿病是美国民众的高发疾病，一直威胁着美国人的健康与生命。据美国疾病防控中心数据显示，美国患有糖尿病或者前驱糖尿病的人数至少一亿人，每年会新增 140 万糖尿病人。虽然糖尿病治疗技术在飞速发展，但是很多人因为不会定期检测血糖，导致犯病，陷入昏迷甚至引发死亡。

近日，有一组科研人员在论文中阐述了一种 AI 技术，可在患者高血糖或低血糖病发之前预测其未来的血糖值趋势。在论文中，科研人员描述了一种基于长短期记忆模型的递归神经网络，这个神经网络能够学习长期的依赖关系。也就是说，长短期记忆模型中的存储单元可帮助神经网络将存储的记忆和数据结合，从而提高预测的准确性。而且因为他们使用的是双向长短期记忆模型，所以这款神经网络能够参考过去的数据、推理未来的数据，加速训练时间。

接下来，这组科研人员计划在该神经网络中加入更多功能、提高性能，还会加入“提醒机制”预测未来可能发生的高血糖/低血糖症状。

这并不是科研人员第一次利用机器学习技术进行糖尿病预测了，中国的第四范式公司曾研发过一款能够预测患者在15年内患糖尿病可能性的模型，准确率达88%；Klick Health 开发了一种能够预测30分钟内血糖值的算法；生物医学公司 One Drop 研发了一种支持 Apple Watch 的血糖监测系统，最近加入了一个能够预测血糖值和提供改善建议的功能。

另外还有一个叫 Sweetch 的应用，利用 AI 鼓励糖尿病患者运动和坚持饮食计划，据美国约翰·霍普金斯大学的内分泌、糖尿病和新陈代谢部门的研究显示，Sweetch 极大程度上帮助患者控制了血糖水平。

五、检测癌症扩散

一组由英国伦敦癌症研究所、英国伯明翰大学、伦敦大学玛丽皇后学院和美国斯坦福大学组成的科研人员开发了一款能够帮助医生诊断癌症阶段的 AI 系统。据悉，这款 AI 系统名为 Revolver（代表癌症反复的演化过程），它能够识别出癌症细胞演变、扩散和产生抗性的情况。

有了 Revolver，医生在未来就有可能了解肿瘤在什么时候会变成恶性，还有可能知道癌症对某种疗法的反应，找到适合患者的药疗方案。癌症研究所的一名科研人员 Andrea Sottoriva 博士表示：“这款 AI 工具能够识别深藏在复杂数据集中的肿瘤突变规律，并以此预测肿瘤未来的活动。”

目前，科研人员已经使用了来自178名病人的768份样本来测试 Revolver，这些数据包括肺癌、乳腺癌、肾癌和肠癌。

【拓展阅读】

2019年十大医疗技术危害

2018年10月1日，美国急救医学研究所（ECRI）发布了新一年度的《2019年十大医疗技术危害》，比往年早发布了一个月左右。在该报告中依然列出了2019年医疗机构应当重视的十个医疗技术危害问题，不仅医务人员应当注意到这些危害的存在，患者及家属也应对其有所了解，以共同管理这些风险，在最大程度上避免这些危害的发生，进而避免对患者造成伤害。

和以前的报告一样，这些医疗技术危害主要是通过调查不良事件，检测医疗器械，观察操作和使用实践、综述文献，以及和一些临床部门的人员沟通等获得，随后一些专家根据这些问题的严重性、发生频率、影响广度、隐匿性、负面性和可预防性，最终选出了报告中的十个问题，作为2019年医疗机构应当首先关注的事项。值得注意的是，报告中未提及的问题并不代表其不重要，也不代表其得到了根本解决，而实际上大部分往年历次报告中所提及的问题现在仍然存在。因此，各医疗机构应当根据自己的实际情况，对存在于本机构中的问题进行分析，以在最大程度上减小其发生的可能。

本份报告中列出的所有问题都是可预防的，因此医疗机构更应关注的是，通过制定改进措施并落实，预防这些事件的发生。

一、黑客可以利用远程访问医院信息系统，破坏医疗保健服务

网络安全攻击仍然是医疗保健信息系统正常运转的重大威胁之一。其可能利用连接在设备和系统上的远程访问功能或通过其他方式渗透网络，进而可能导致设备或系统无法运行，降低其性能，或使设备或系统中的数据遭受暴露或受损，这些都会严重阻碍患者的照护过程，并使患者处于危险之中。

远程访问系统成了一个共同的攻击对象，因为它们在本质上是可以公开访问的。远程访问系统的建立旨在满足合法的业务需求，如允许非现场的临床医生访问临床数据或允许供应商对设备中所安装系统的故障进行排除，但这些远程访问系统也可能被用于非法目的。

攻击者可以利用未经维护和易受攻击的远程访问系统渗入到医疗机构的网络中。一旦攻击者获得访问权限，无论是通过医疗还是非医疗设备或系统，他们都可以连接到其他设备或系统中，安装勒索软件或其他恶意软件，窃取数据或使其无法使用，或者为了其他目的而劫持计算资源，例如生成加密数字货币等。

针对这一问题的防护措施包括识别、保护并监控所有的远程访问点，遵守建议的网络安全实践，例如建立强密码策略、维护并更新系统，以及记录系统访问日志等。

二、“干净”的床垫可以将体液渗附到患者身上

清洁后的床垫、床单上面或里面残留有患者的血液和其他体液，可能会

接触到后来的患者，从而造成感染风险。已报告的事件包括患者躺在看起来干净的床或担架上时，被渗出床垫的前一名患者的血液所污染。

床单的使用旨在防止体液和其他污染物进入床垫，但如果所用的床单没有进行有效清洁和消毒，或其完整性不佳，就会使下面的床垫被污染，后面的患者就可能会接触到感染物（床垫本身不会在患者更替时进行清洁和消毒）。

医疗机构在对床单进行清洁和消毒时，要注意使用适宜的清洗消毒产品和流程规范，并定期检查床垫和床单是否有破损或污染迹象。

然而，一个关键的挑战是，并非所有的床单供应商都会推荐能够成功去除可能存在的表面污染物，同时又不会导致床单破损的清洗消毒产品和流程(这就导致了污染物可能渗漏的薄弱点)，这种情况需要注意。

三、尽管进行人工清点，手术遗留海绵（纱布等异物）仍然是一大手术并发症

在手术部位已经缝合完成后，无意中留在患者体内的手术海绵可能会导致感染和其他严重的并发症，包括需要进行二次手术等。

在手术完成之前对手术海绵进行人工清点是通行做法，即手术团队在手术结束前清点所有手术海绵，以确定其是否已经移出体外。但是，这种做法很容易出错，且如果此类错误导致海绵残留在体内的话，就会出现并发症，对患者和医疗机构都会产生影响。

关于手术海绵残留事件发生率的准确数据很难得到。一方面，除非（或直到）患者因疼痛或不适而再次入院，否则可能永远无法识别出这类事件。然而，我们知道这个问题仍然存在，现有数据表明，每年在美国有数千名患者体内可能有手术残留物品（RSI），而手术海绵是最常被残留的物品。

用于补充人工清点过程的技术已经可用，如果这些技术能够得到正确使用，会非常有效。ECRI 研究所认为，更广泛地采用这些技术可以进一步降低在手术过程中无意残留手术海绵的风险。

四、不正确设置呼吸机警报参数，置患者于缺氧性脑损伤或死亡的风险之中

如果用户可调节的呼吸机警报与患者的呼吸参数不匹配，则机械通气患者会处于危险之中。

与呼吸机耗材相关的气体泄漏、断开连接和其他故障是相当常见的，并

且如果不能得到及时识别和处理，可能很快就会导致伤害。呼吸机是一类生命支持类设备，用于为需要足够辅助呼吸的患者提供正压通气。这类设备需要依赖呼吸回路等医用耗材在呼吸机和患者之间传送呼吸的气体。但是，耗材和设备的连接松动、制造缺陷或这些耗材相关的其他问题都可能会阻碍充分的通气，几分钟内，通风不足就可能会导致缺氧性脑损伤甚至死亡。

正确设置呼吸机的警报参数可以预防此类后果。然而，ECRI 研究所却还在继续调查因呼吸管路断开却没有激活警报而导致的死亡事件。在2018 年年初的两例事件中，原因是都没有对分钟潮气量和低压警报等用于检测通气不足的警报进行合理设置。

医疗机构需要制定相关制度，用于用户可调节呼吸机的警报设置，并确保这些制度得以遵循，同时呼吸机与耗材的连接是安全的。

五、消毒后的软镜（内窥镜）操作不当会导致患者感染

众所周知，柔性内窥镜在多次使用期间的清洁和消毒是一个对患者安全充满挑战的环节。未能严格遵循清洗和消毒程序，可能导致患者出现风险，甚至是致命的感染。但鲜为人知的是，不正确的处理和存储也可能会重新污染以前消过毒的内窥镜，从而增加患者感染的风险。

如果内窥镜在经过严格消毒后却没有完全干燥，则任何残留的未灭活微生物都可能会快速增殖并定植在这些器械中。为使内窥镜完全干燥，ECRI 研究所和相关的专业学会都建议，在内窥镜清洗消毒结束时，使用清洁的空气吹洗内窥镜的通道。

使用不干净的手套进行操作时，内窥镜的消毒状态也会受到影响，然而这却是 ECRI 研究所观察到的一种常见做法。已经进行清洗但尚未进行严格消毒的内窥镜仍然可能被未灭活微生物所污染，因此，不得使用用于在该阶段处理内窥镜的手套将内窥镜从消毒设备上移开。

运输和储存内窥镜时也可能会发生再次污染，已经进行消毒和干燥的内窥镜应存放在专用的干净密闭容器中进行运输，并防止接触到可能不干净的任何物体。

六、将药物剂量率与流速混淆会导致输液泵给药错误

输液泵参数设置错误常会导致严重的患者安全事件。比如将错误的流速输入到输液泵的剂量率字段中，就可能导致严重的给药错误。临床医生告诉我们，这类字段输入错误相对频繁地发生（尽管这类错误通常都没有进行报

告）。即使配置有剂量误差减少系统的“智能输液泵”也可能出现此类错误，进而导致患者受到伤害。

输液泵设计用来以某一恒定的速率为患者输注药物或其他液体，但如果速率参数设置错误的话，输注入患者体内的液体要么太多，要么太少，而这两种情况都可能会产生严重的后果，具体取决于所输注的药物或液体。

导致参数输入错误的因素包括输液泵显示屏的布局、药物施用记录（MAR）中输液参数的排列顺序，以及用于确保输液泵参数输入准确性流程的缺乏。

消除手动输入错误的最可靠方法是实现输液泵的自动编程，其他建议还包括配置 MAR 以匹配输液泵参数输入的顺序，并进行适当的双重检查以确保输液泵参数输入的准确性。

七、不适当的生理监测仪警报个性化设置，可能导致警报遗漏生理监测系统上不适的警报

个性化设置可能会阻碍医务人员及时了解到警报状态的变化，而这些变化可能由患者生理状态的改变或医疗设备或系统中出现的问题所致。未能及时识别并应对此类情况可能会导致严重的患者伤害甚至死亡。

生理监测系统上的警报系统必须被设计并进行配置，以便在激活太多警报（特别是可能导致警报疲劳的烦扰警报）和激活太少警报（可能导致错过危险情况）之间取得适当平衡。警报的个性化设置是一种可以帮助实现这种平衡的做法。

警报的个性化设置需要根据照护区域的特定需求和患者的生理状况选择适宜的警报值或设置。正确地完成生理监测系统的个性化设置后，警报就不太可能在无须采取行动的条件下被激活，从而减少了激活的烦扰警报的数量。但如果设置不当，警报的个性化设置可能会导致警报遗漏，从而造成患者伤害。

制定周密的制度并培训员工最佳的警报个性化设置操作实践，可以帮助降低风险。此外，生理监测系统的供应商也应提供支持个性化设置的工具。

八、轨道式患者移位系统的伤害风险

患者头顶上方架设的移位系统本来是作为一项安全技术得以实施的，但其自身却存在着一定的安全隐患。如果患者移位系统的设计、安装、使用或维护不当，就可能会造成严重的患者伤害或其他损失。

患者头顶上方架设的移位系统是固定结构，设计用于抬起并移动患者，例如从病床上移动到轮椅上。使用时，需要将患者置于悬挂在提升机械装置中的吊带中。

大多数患者移位系统都使用机动吊运车，其沿着轨道行进，该轨道一般安装在天花板或墙壁上，或者是围绕病床或其他位置构建的独立框架的一部分。

在抬起并移动患者时，患者升降系统的安全挑战来源于以下两个方面：一是它们自身的安装要求；二是它们对承重和运动部件能够可靠运行并得以正确使用的依赖。

从上方落下的或在使用过程中失效的患者移位系统可能会伤害患者、医务人员及探访人员。

降低患者移位系统风险的措施包括让有资质的人员安装系统，在安装后对系统进行全面测试，并在每次使用之前和使用期间评估移位系统的状况，以及定期对其进行预防性维护，等等。

九、设备清洁液渗入电气元件可能导致设备损坏和火灾

对电器设备的过度或不当清洁都可能会导致设备故障、损坏或起火。医疗机构中使用的医疗设备和其他电器设备必须进行清洁和消毒，以防止患者之间的交叉污染，并减少传染性微生物的传播。但是，某些清洁操作却可能带来风险。

清洁人员使用会滴落液体的清洁巾或消毒巾，或直接将液体喷洒在带电的医疗设备上，可能会导致液体渗入到电气元件中，如插头、插座或电源等。多次渗入的液体及其残留的残渣可能会在电气元件周围产生错误的电流回路，进而可能会产生足够的热量，导致设备故障，甚至更严重的后果。

ECRI 研究所调查了多例由清洁液渗入电器元件而导致设备损坏或火灾的事件，所涉及的医疗设备包括输液泵、手术台、婴儿保温箱，以及灯开关和电源等电气元件。

在清洁电器设备时，工作人员应遵循制造商的说明，避免将液体直接喷洒在设备上，并使用合适的抹布、擦拭布和海绵等（使用前应挤出多余的液体）。

十、电池充电系统缺陷和充电故障会影响设备正常运行

一些医疗设备依赖可充电电池暂时为其供电，而充电不足的电池会影响

这些医疗设备的准备和运行，如果正好没有替代设备或电源可供使用，则可能会导致严重的患者伤害甚至死亡，特别是对于急救类或生命支持类设备。

这类问题出现的一方面原因是工作人员未能正确地充电或维护电池，但更多情况下是由于设备本身故障所致，即设备的电池状态指示可能不够准确或不清晰，或电池充电器发生了故障，或电池本身可能有缺陷或已经无法充电。

例如，在一次该类事件中，一台呼吸机的电池状态指标夸大了剩余电量，因而在启动低电量警报后的极短时间内，该设备就停止了对患者的通气。在另一次事件中，一台除颤仪没有警告电池低电量的情况，结果导致在复苏尝试期间该设备就停止了运行。

为解决此类问题，坚持适宜的电池使用和维护实践至关重要。另一同样重要但经常被忽视的要点是，在购买之前对电池系统进行评估可以大大有助于确保医疗机构内的设备在使用可充电电池供电时能够按照预期运行。

（资料来源：艾慧坚，肖明朝．2019 年十大医疗技术危害［J］．中国医院院长，2019.）

2017 年十大医疗科技创新

美国克利夫兰诊所是美国最好的医院之一，每年由它评选出“未来一年十大世界突破医疗革新技术”的排行榜已经成为医疗界的风向标。下面为大家介绍一下克利夫兰诊所公布的“2017 年十大医疗科技创新”榜单。

一、利用微生物组预防、诊断和治疗疾病

当谈到拯救生命潜力和市场机会时，肠道菌群是一个“金矿”。数以万亿计的细菌在我们体内组成了社群——微生物组，随着市场的需求，它们以快速的步伐解开谜底。

近十年来，科学最大的发现是：我们的微生物有自己的头脑。它们发出干扰食物消化方式的化学物质，安排药物吸收利用的过程，甚至是控制疾病的进展。

曾经专注于基因组市场的生物科技公司陆续专项开发新的微生物诊断、治疗方法，以及利用“益生菌”产品来预防有害的微生物失衡。

专家预计：2017 年，微生物组相关元素是医疗行业最有前途的和有利可图的前沿研究和应用。

二、可减少心血管疾病和死亡的糖尿病药物

在十多年前，以降低血糖为承诺的新型糖尿病药物迎来了“上市潮流”。但对于2型糖尿病患者，这些药物的作用微乎其微：一半将死于心血管疾病的并发症，65岁以上70%的人群都患有这种疾病。

2016年，一些新的药物开始大幅降低死亡率。SGLT2抑制剂类降糖药Empaglifozin被证实通过抑制表达于肾脏的SGLT2，减少肾脏的葡萄糖重吸收，增加尿液中葡萄糖的排泄，从而降低血浆葡萄糖水平，且不依赖于β细胞功能和胰岛素抵抗，而liraglutide（利拉鲁肽）则对许多器官产生综合效应。

三、治疗白血病和淋巴瘤的细胞免疫疗法

2016年，被诊断为癌症的约16000名儿童和青少年中，超过1/4的人患有白血病。不过好消息是，能够治愈白血病及非霍奇金淋巴瘤的细胞免疫疗法即将投放市场。嵌合抗原受体T细胞（CAR－T）是一种典型的免疫疗法，患者免疫系统中的T细胞被移除和基因重组，以寻找和摧毁肿瘤细胞。它们寻找抗原，繁殖，攻击和杀死癌细胞，然后巩固周围组织以尽量减少复发的机会。

CAR－T免疫疗法给人留下了深刻的印象。一些专注于急性淋巴细胞白血病（所有）的研究报告指出，其缓解率为90%，这一突破性疗法在2017年被FDA批准，并引发其他血液肿瘤和淋巴瘤治疗产品的获批浪潮。

专家预测，细胞免疫治疗有一天终将取代化疗及其他副作用严重的疗法，给身体一个重生的机会。

四、寻找循环肿瘤DNA的液态活检

肿瘤学家一直梦想在进行活组织检查时，避免报告信号出现主观特征，如今他们的梦想也许会成真。血液测试被称为“液态活检”，用以揭示患者体内游离的循环肿瘤DNA（ctDNA）特征，这些DNA是从肿瘤上脱落进入血液。ctDNA的优点是：比肿瘤细胞更丰富100倍。

虽然这项研究仍在进行中，但市场已蓄势以待，迎接这场革命性的癌症测试。今年，有几家公司开发的测试套件即将上市，预计全年销售额为100亿美元。

“液态活检”的应用是无边缘的，它被誉为美国联邦政府“癌症登月计划”的旗舰技术。专家们认为，“液态活检”有望成为居民年度体检中一项普遍的检查。

五、无人驾驶的安全与性能

2015年产生的38300起致命车祸中，汽车事故仍然是死亡和残疾的主要原因，同时也是医疗开支的NO.1，美国仅一年因车祸导致的医疗费用近230亿美元。

而底特律和硅谷的创新者认为，不久的将来，因车祸导致的医疗费用数字可以忽略不计，这是因为全新的、自动的、安全性能好的智能汽车即将上市。2017年，安全的智能技术激增，此外还有一个更大的概念，从车辆运输中删除所有人为错误。

六、快速医疗互操作性资源（FHIR）

几十年来，医生的预约和医院的低效率一直是医疗服务体系中的笑话。当付费和保险报销体系需要长时间等待时，病人很可能会问："为什么这些部门不能互相交谈?"或"为什么同一家医院的机器不能连接?"

多年来答案都是"很复杂"。由于在医疗保健服务中必须权衡隐私、安全和准确性等问题，数字的互操作性是复杂的，这也使得针对不同系统间的交流变得更加困难，甚至让一些通信软件公司难以进入医疗行业。

我们或可以终结那种纵横交错的医疗网络，FHIR（快速医疗资源互通）是一种新的工具，不仅可以管理如图像和药物等形式临床数据，还可以侧重于管理大数据，如计费和人口统计。这或将催生出一种全新的健康信息技术方式。

七、治疗难治性抑郁症的氯胺酮

丧失希望是抑郁的典型症状。药物疗法已经发展到帮助平衡或触发5-羟色胺、去甲肾上腺素和其他神经递质。但对于1/3的抑郁症患者，药物并没有真正地工作，只能替代选择包括电休克治疗或其他治疗方案。大部分情况下，患者最后的结局是自杀。

2013年，氯胺酮（ketamine）——一种常用的麻醉药，以及在20世纪60年代常被当作派对药来服用的物质，被发现其靶向抑制N-甲基-D-天冬氨酸（NMDA）神经细胞受体，初步研究发现70%抗抑郁治疗（TRD）患者在注射低剂量的氯胺酮的24小时内，症状有所缓解。这是首个能够快速治疗严重抑郁症的药物。

FDA对与氯胺酮类似的NMDA-受体靶向药物授予了快速通道，如对艾氯胺酮（esketamine）授予了突破性疗法认定，用于治疗患者。

专家表示：仅美国，每年就有近43000人因抑郁症自杀，在医学界，对抑郁症药物的需求达到了前所未有的高度。

八、3－D可视化和增强现实技术在外科的应用

这是一款即将服务于外科医生的新型工具，有些人甚至称他们为“超能力”。

多年来，外科医生必须依靠显微镜或其他成像系统来进行外科手术。即使如此，他们通常依赖于自己的眼睛和经验来执行一些精确的任务。但是，由于脑力、外周视力有限，背部和颈部肌肉紧张，这种工作环境急需变革。

在过去的一年中，两个最复杂的手术操作——眼科和神经内科开始尝试使用具有高分辨率的三维可视化头盔，这些立体系统同时可以使用数据来生成可视化模板，指导外科医生进行相应任务。

沿着这个方向，软件公司正在建造增强现实的眼镜，显示人体解剖的全息图像。未来，在医学院看到尸体实验室的时代将会结束。

九、可自我管理的HPV检测（试剂盒）

在厄瓜多尔（Ecuador）的山区，在坦桑尼亚（Tanzania）的丘陵地区，甚至在美国的农村社区，大多数妇女面对致命性的宫颈癌却束手无策。更糟糕的是，她们甚至没有方法查出自己患有该类癌症。

据悉，大多数性活跃的妇女容易感染人类乳头状瘤病毒（HPV）。某些HPV菌株99%可能发展成为宫颈癌，后者是35岁及以下女性最常见的恶性肿瘤。

尽管HPV预防和治疗上取得了长足的进步，但这些好处只限于一个狭窄的人群中，即可以获得HPV测试和疫苗的妇女。

预防宫颈癌是联合国的“千年发展目标”。2017年，一个雄心勃勃的护理方法被广泛推出。科学家研制HPV检测试剂盒，包括样品管、棉签和说明书。妇女可以自己测试，将样品邮寄回实验室，检测结果也将以邮件的方式告知用户。

专家认为，2017年是可自我管理的HPV检测大力发展的一年，也是迄今为止规模最大的预防宫颈癌战略。

十、可吸收生物支架

每一年，有超过600000架金属冠脉支架植入胸膛，以治疗冠状动脉堵

塞。大多数的时候，支架会永远留在那里，尽管他们已经完成使命。

毋庸置疑，长期放置在体内的支架会抑制自然的血液流动，并导致血凝块等其他并发症。

那如果让支架消失呢？2016 年 7 月，第一个生物可吸收支架在美国被批准。由自然溶解聚合物制成的支架，在治疗动脉堵塞两年后被吸收到体内，消失的支架留下一个健康的自然动脉。这使得病人免除使用去凝血药物和更大范围的医学治疗。

专家认为，未来将有更多的可吸收支架被批准，可吸收生物支架市场潜力在六年内将达到 20 亿美元。而 2017 年则是该技术改变游戏规则的“元年”。

（资料来源：2017 年最具前瞻性的 10 项医疗创新科技［EB/OL］. 环球网，2016－11－30）

课后思考题

1. 我国医疗技术的发展瓶颈有哪些？

2. 举例说明，智慧医疗如何影响和改变着医患行为模式。

3. “健康中国”战略应注重对哪些医疗领域和环节的技术进步给予更多政策关注和资源配置？

推荐书目

1. 张大庆. 医学史十五讲［M］. 北京：北京大学出版社，2007.

2. 翟运开等. 5G＋医疗：新技术如何改变医疗产业商业模式［M］. 北京：机械工业出版社，2020.

3. 乔布斯等. 人人都需要了解的医疗新技术［M］. 杭州：浙江人民出版社，2020.

4. 中国科学院. 2018 科学发展报告［M］. 北京：科学出版社，2018.

专题四 健康中国视角下的医药卫生体制改革

医药卫生事业关系亿万人民的健康，关系千家万户的幸福，是重大民生问题。深化医药卫生体制改革，加快医药卫生事业发展，适应人民群众日益增长的医药卫生需求，不断提高人民群众健康素质，是健康中国建设的必然要求，是维护社会公平正义、提高人民生活质量的重要举措，为全面建成小康社会、实现中华民族伟大复兴中国梦提供了坚强有力的保障。本专题在剖析健康中国建设与医药卫生体制改革之间关系的基础上，对我国医药卫生体制改革的历史演进脉络进行了详细梳理，并从改革目标、内容、成效三个方面重点介绍了新一轮医药卫生体制改革的主要内容，进而对新一轮医药卫生体制改革面临的主要挑战进行了阐述，在此基础上提出了未来医药卫生体制改革的基本思路。

一、健康中国建设对医药卫生体制改革提出的要求

（一）什么是医药卫生体制改革

医药卫生体制改革是对现行医药卫生体制进行调整、改革、创新的一系列理论探索和实践举措。

医药卫生体制改革是一项涉及面广、难度极大的系统工程，牵一发而动全身，需要统筹全局，循序渐进。首先，我国人口多、底子薄，经济发展水平低，城乡之间、区域之间差距大，长期处于社会主义初级阶段。这一基本国情决定了改革的艰巨性和复杂性，需要付出长期艰苦的努力。其次，医药卫生体制改革本身具有复杂性。它包括公共卫生、医疗服务、医疗保障、药品供应保障四个领域，每个领域内又存在深层次的矛盾。要解决这些矛盾，必须分阶段，重点突破，逐步推进。最后，医药卫生体制改革关系到广大人

民群众的切身利益，关系到千家万户的幸福安康，而且不同的群体又有不同的诉求，每一项决策都需慎之又慎。为了避免重大决策失误，很多政策都需要先试点后推广。

（二）医药卫生体制改革对于健康中国建设的重要意义

1. 医药卫生体制改革是满足人民群众健康需求的重要手段

健康是国家富强和人民幸福的重要标志，没有全民健康就没有全面小康。《中共中央关于制定国民经济和社会发展第十三个五年规划的建议》提出了推进健康中国建设新目标，是对人民群众健康需求的积极回应，而医改是满足人民群众健康需求的根本手段。自2009年以来，我国新一轮的医药卫生体制改革总体上取得了良好成效，某些领域取得了重要的突破性进展。特别是党的十八大以来，公立医院改革明显加快，改革正在从单项试点向综合改革推进；建立健全医疗救助和重特大疾病保险制度，医保体系日益完善；基本药物制度进入规范发展的新阶段；基层卫生综合改革向纵深推进；更加注重居民公平享有公共卫生服务；大力发展健康服务业，加快激发社会办医活力；注重治本的同时加大治标力度，多部门联动构建和谐医患关系；人才队伍制度建设、卫生信息化等重点支撑领域改革显著加快。

2. 健康中国建设离不开医药卫生体制改革的推动

保障人民健康是推进健康中国建设的工作中心。《“健康中国2030”规划纲要》提出以普及健康生活、优化健康服务、完善健康保障、建设健康环境、发展健康产业为重点，把健康融入所有政策，加快转变健康领域发展方式，全方位、全周期维护和保障人民健康，大幅提高健康水平，显著改善健康公平。其中，优化健康服务、完善健康保障两个方面是医药卫生体制改革的重要领域。强化覆盖全民的公共卫生服务，提供优质高效的医疗服务，充分发挥中医药独特优势，加强重点人群健康服务，健全医疗保障体系，完善药品供应保障体系是健康中国建设对医改提出的新要求。推进健康中国建设要以进一步深化医药卫生体制改革为驱动，着力于促进健康、转变模式、加强保障，更加注重预防为主和健康促进，工作重心下移和资源下沉，提高服务质量和水平等方面的推进，实现工作模式从以疾病为中心到以健康为中心的转化。

3. 经济社会发展新形势为医药卫生体制改革带来了新的挑战

在医改这道世界性难题面前，中国这个发展中人口大国面临的挑战远远大于西方发达国家。新型城镇化、人口老龄化、疾病谱变化对医疗保障和医疗卫生服务公平可及的要求进一步增加；地区医疗资源分布不均衡，城乡医疗资源差距大；看病贵、看病难、群众就医负担重等问题仍未得到根本解决。这些新的形势和挑战，仍然需要医改继续向纵深发展。

二、我国医药卫生体制改革的进程

新中国成立伊始，百废待兴，卫生健康工作面临着传染病、寄生虫病和地方病普遍流行，医疗卫生资源短缺、水平低下的严峻形势。1949 年后，新中国政府大力发展公共医疗卫生事业，广泛建立了基层卫生组织，将医疗卫生工作的重点放在公共卫生服务方面，在社会经济发展水平不高的条件下，确立了“面向工农兵、预防为主、团结中西医、卫生工作与群众运动相结合”的卫生工作方针，建立了城市省、市、县三级公立医院网络和农村县、乡、村三级医疗卫生服务网络，初步形成了覆盖城乡的医疗卫生三级网，保证了大多数人都享有最基本的医疗保健服务。城乡医疗保障体系则主要由劳保医疗（1951）、公费医疗（1952）和农村合作医疗制度（1955）组成。其中，劳保医疗制度的保障对象为国有、集体企业职工及其供养的直系亲属，各项费用均由实行劳动保险的企业或资方负担，保障水平为职工全额报销，家属半额报销；公费医疗制度经费由国家财政拨款负担，保障对象为国家机关事业单位工作人员、革命残废军人、高校学生等；农村合作医疗制度主要依赖农村集体经济组织自身的经济积累和农民的集资，保障对象为广大农民。

这一保障制度体系很快改变了以前中国缺医少药，传染病、地方病肆虐的状况，大大提高了广大民众的健康水平，但在计划体制下的运行模式存在很多问题。到 1979 年时，以往医疗卫生体制可以说是到了非改不可的地步。这集中表现在两个方面：一是医疗资源短缺与浪费并存，资源利用率低。当时“看病难、住院难、手术难”已成为大问题，各个医院都是“病满为患”；二是医院效率低下，“医院办社会”负担沉重，医护服务态度也存在较多问题。

另一方面，随着市场化推进，大量公有制企业开始亏损和破产，与计划经济相结合的劳保医疗和公费医疗无法持续下去；随着改革开放政策的推行，人民公社解体，以包产到组、包产到户、包干到户为主要形式的农村家庭联产承包责任制迅速推广，以集体经济为基础的农村合作医疗制度逐渐失去赖以存在和发展的经济基础。中国的医疗卫生体制改革势在必行。

（一）1985 年：中国医改“元年”

1985 年，国务院批转卫生部《关于卫生工作改革若干政策问题的报告》，提出“为了加快卫生事业的发展，中央和地方应逐步增加卫生经费和投资；同时，必须进行改革，放宽政策，简政放权，多方集资，开阔发展卫生事业的路子，把卫生工作搞活”；并且提出发展卫生事业的新思路：鼓励多渠道办医，对卫生医疗机构实行放权、让利、搞活，实行鼓励创收和自我发展的政策，改革收费制度，等等。该政策的颁布标志着 1985 年被称为我国“医改元年”。

随后我国医疗卫生机构通过“放权让利、扩大自主权和分配制度改革”，有效调动了医疗机构和医务人员的积极性，医疗卫生服务供给大幅度增加，逐渐缓解了“看病难、住院难、手术难”等突出矛盾。

但随着经济社会的发展和改革的不断深入，医疗卫生资源配置不合理问题越来越突出。同时由于医疗机构创收动力趋强，农村合作医疗解体，公费医疗和劳保医疗筹资不足，政府卫生投入比重下降，居民医疗费用快速上升，导致“因病致贫、因病返贫”问题日趋严重。

（二）1992 年：向“医疗市场化”进军

1992 年 9 月，国务院下发《关于深化卫生医疗体制改革的几点意见》，卫生部贯彻文件提出“建设靠国家，吃饭靠自己”精神。卫生部门工作会议中要求医院要在“以工助医、以副补主”等方面取得新成绩。这项卫生政策刺激了医院创收，弥补了收入不足，同时也影响了医疗机构公益性的发挥，酿成“看病贵问题”突出、群众反映强烈的后患。

这一阶段改革也取得了一系列成绩：

在医疗机构管理方面，1993 年 9 月，卫生部发出了《关于加强医疗质量管理的通知》要求医务人员提高医疗质量意识。1994 年 2 月，国务院发布《医疗机构管理条例》，对医疗机构的规划布局和设置审批、登记、执业、监督管理以及相关法律责任进行了规定，将医疗机构执业管理工作纳入法制轨道。

1994 年，国务院决定在江苏镇江市、江西九江市进行社会统筹与个人账户相结合的社会医疗保险制度的试点，开启了全国社会医疗保险制度的改革探索之路。

在江苏镇江市和江西九江市的“城镇职工基本医疗保险制度”改革试点基础上，1998 年 12 月，国务院出台《关于建立城镇职工基本医疗保险制度的决定》，在全国推进城镇职工基本医疗保险制度，开启了中国社会医疗保障体系的建设，逐渐将公费医疗制度转为医疗保险制度，由政府全包转向政府主导与市场机制结合。

针对医疗机构的趋利性，改革过程中也进行了一定调试。1996 年 12 月 9 日，召开了新中国成立以来的第一次全国卫生工作大会，强调坚持把社会效益放在首位，防止片面追求经济利益而忽视社会效益的倾向；强调优先发展和保证基本卫生服务，体现社会公平；强调合理配置资源等。1997 年 1 月，中共中央、国务院出台《关于卫生改革与发展的决定》，明确我国卫生事业的性质是实行一定福利政策的社会公益事业，明确提出了卫生工作的奋斗目标和指导思想。同时提出了推进卫生改革的总要求，在医疗领域主要有改革城镇职工医疗保险制度、改革卫生管理体制、积极发展社区卫生服务、改革卫生机构运行机制等。

这些政策都是旨在实现基本卫生服务的均等和公平，但是医疗卫生分布失衡依然明显，优质资源过分集中在大城市、大医院，农村卫生、公共卫生工作薄弱。

这个阶段仍是在改革探索中，伴随着医疗机构市场化的是与非的争议，各项探索性改革仍在进行。总体来看，缺乏整体性、系统性的改革，一些深层次的问题有待下一阶段解决。

这一时期除了主流的改革之外，对医务人员的管理方面也进行了一些相应改革，并陆续出台了一系列重要政策：《护士管理办法》（1993）、《医师资格考试暂行办法》（1997）、《中华人民共和国执业医师法》（1998）、《传统医学师承和确有专长人员医师资格考核考试暂行办法》（1997）、《医师执业注册暂行办法》（1999）等。

（三）2000 年：产权改革的号角

作为贯彻中共中央、国务院《关于卫生改革与发展的决定》的总体文件，国务院办公厅于2000 年 2 月转发国务院体改办、卫生部等八部委《关于城镇医药卫生体制改革的指导意见》。之后陆续出台了 13 个配套政策，包括

《关于城镇医疗机构分类管理的实施意见》《关于卫生事业补助政策的意见》《医院药品收支两条线管理暂行办法》《关于医疗机构有关税收政策的通知》《关于改革药品价格管理的意见》《关于改革医疗服务价格管理的意见》《医疗机构药品集中招标采购试点工作若干规定》《药品招标代理机构资格认定及监督管理办法》《关于病人选择医生促进医疗机构内部改革的意见》《关于开展区域卫生规划工作的指导意见》《关于发展城市社区卫生服务的若干意见》《关于卫生监督体制改革的意见》《关于深化卫生事业单位人事制度改革的实施意见》等。

在上述配套文件出台后，国家和地方才有了一些改革举措。2000 年 3 月，宿迁公开拍卖卫生院，拉开了医院产权改革的序幕，共有 100 多家公立医院被拍卖，实现了政府资本的退出。2001 年无锡市政府批转《关于市属医院实行医疗服务资产经营委托管理目标责任制的意见（试行）的通知》，提出了托管制的构想；2002 年年初《上海市市级卫生事业单位投融资改革方案》出台，这也是产权化改革的探索；有关部门在地方进行“医药分开”的试点，按照“医药分家”的模式将药房从医院中剥离，但未获得重大进展。

本阶段城市社区卫生服务工作受到重视。2000 年 12 月卫生部印发《城市社区卫生服务机构设置原则》《城市社区卫生服务中心设置指导标准》《城市社区卫生服务设置指导标准》；2001 年 11 月卫生部印发《城市社区卫生服务基本工作内容（试行）》；同年 12 月印发《关于 2005 年城市社区卫生服务发展目标的意见》；2006 年年初国务院又发布了《关于发展城市社区卫生服务的指导意见》，之后又出台了一系列配套政策，连续密集出台的这些文件为社区卫生组织发展提供了政策支持。

本阶段其实是各种趋势交叉最多的一个时期。随着改革的不断深入，市场化在发挥了很大作用的同时也显露出了许多弊端，尤其是非典暴发以后，中国开始反思公共卫生体系的漏洞。关于市场主导和政府主导的争论也逐渐深入。“政府主导派”认为医改困局在于近二十年来政府对卫生医疗事业的主导不足、拨款不足；国家应向卫生部拨出更多资金支持医院；医改应坚持医疗卫生事业的公共品属性。这为下一个阶段的到来埋下了伏笔。

（四）2005 年：医改风云突变

随着市场化和产权改革的不断深入，公立医疗机构的公益性质逐渐淡化，追求经济利益导向在卫生医疗领域蔓延开来，医疗体制改革迫切需要注入新的理念和活力。卫生部内部关于市场主导还是政府主导的争论一直存在。2005 年 5 月 24 日，卫生部下属的《医院报》头版头条刊出了卫生部政策法规司司长刘新明的最新讲话，并冠以“市场化非医改方向”这个引人注目的标题。同年 7 月 28 日，《中国青年报》刊出国务院发展研究中心研究员葛延风主持的“中国医疗卫生体制改革”课题组研究报告，该报告通过对历年医改的总结和反思，认为中国的医疗卫生体制改革基本上是不成功的。这份报告让 2005 年成为新一轮医疗体制改革的起点。2005 年 9 月，联合国开发计划署驻华代表处发布《2005 年人类发展报告》，指出中国医疗体制并没有帮助到最应得到帮助的群体，特别是农民，所以结论是医改并不成功。这一结论印证了国务院发展研究中心课题组的研究结果。

其实早在 2005 年 1 月的全国卫生工作会议上，国务院副总理吴仪就做出批示：解决群众看病难、看病贵的问题需要标本兼治，综合治理。同年 3 月，国务院总理温家宝也在十届全国人大三次会议上提出了要切实解决群众看病难、看病贵的问题。随着这一问题的逐渐凸显，卫生部开始尝试制定《关于深化城市医疗体制改革试点指导意见》。

除了对公益性质的关注，本阶段还注重医疗机构服务质量的管理。2005 年被确定为“医院管理年”。同年 11 月，卫生部发布了《医院管理评价指南》，细化了医院的评价指标。

（五）2007 年：医改进入冲刺阶段

2006 年 9 月，成立了由 11 个有关部委组成的医改协调小组，国家发改委主任和卫生部部长共同出任组长，新一轮的医改正式启动。

2007 年年初，医改协调小组委托六家机构进行独立、平行研究，为决策提供参考，后来增加到九家机构。5 月底，国家发改委等部门组织召开中国医药卫生体制改革国际研讨会，对医改方案进行评审。此后，正式的医改方案一直都在酝酿之中，10 月份开始征求专家意见，但是没有公布。2007 年 10 月，中共十七大报告首次完整提出中国特色卫生医疗体制的制度框架，包括公共卫生服务体系、医疗服务体系、医疗保障体系、药品供应保障体系四个重要组成部分，这是在新时期对卫生医疗体系构成的全面概括。

（六）2009 年：新医改方案正式发布

改革开放以来，我国医药卫生事业进行了一系列改革，也曾经历若干比较大的改革过程，取得了一些突破性进展。比如，针对卫生资源严重短缺导致的“看病难、住院难、手术难”问题，鼓励多渠道筹资、多种形式办医，逐步形成了公有制为主体，多种形式、多种渠道办医的新格局。医疗机构通过一系列激励措施，明显调动了医疗机构和医务人员的积极性，使我国医疗服务规模、条件、水平和能力有了明显改善，医疗卫生服务供给大幅度增加，有效缓解了由于卫生资源短缺造成的“看病难、住院难、手术难”等突出矛盾。再比如，针对职工医疗保障基本由国家和企事业单位包揽的弊端，对公费医疗和劳保医疗制度进行改革，建立了城镇职工基本医疗保险制度。同时，逐步建立了新型农村合作医疗制度、城镇居民基本医疗保险制度和城乡医疗救助制度，初步形成我国医疗保障体系。

但医药卫生体制深层次的问题依然没有得到根本解决，并出现了一些新的问题：如城乡和区域医疗卫生事业发展不平衡；药品生产流通秩序不规范；医院管理体制和运行机制不完善；政府卫生投入不足，医药费用快速上涨；医疗保障制度不健全，保障水平较低；居民个人负担过重，出现了新形势下的“看病难”和“看病贵”问题；等等。随着经济社会的快速发展和人民生活水平的不断提高，居民健康需求快速增加，群众对改善医药卫生服务提出了更高的要求。“无病早预防、有病早治疗、防止伤病残”，已经成为广大人民群众最关注、最迫切、最现实的利益问题。

为建立中国特色医药卫生体制，逐步实现人人享有基本医疗卫生服务的目标，提高全民健康水平，按照党的十七大精神，2009 年 3 月 17 日《中共中央 国务院关于深化医药卫生体制改革的意见》（中发〔2009〕6 号，以下简称《意见》）正式发布，表明新一轮医药卫生体制改革的到来，这就是我们俗称的“新医改”。

深化医药卫生体制改革，一是缓解群众反映强烈的“看病难、看病贵”问题，减轻群众的疾病负担，实现全体人民“病有所医”，维护群众的健康权益；二是应对工业化、城镇化、人口老龄化、疾病谱变化和环境变化等，给医药卫生工作带来的新挑战；三是解决医药卫生领域长期以来形成和积累的深层次矛盾，推动医药卫生事业持续健康发展；四是逐步建立符合国情的基本医疗卫生制度，实现人人享有基本医疗卫生服务，不断提高人民健康水平。

深化医药卫生体制改革是在深刻总结以往卫生改革的基础上，从国情出发，借鉴国际有益经验，以科学发展观为指导，认真研究解决好建立什么样的制度，实现什么样的发展，发展的目的是什么，以及如何发展等重大问题。就是要明确目标，创新制度，解决深层次的、制约医药卫生事业科学发展的体制、机制和结构性问题，实现党的十七大提出的“人人享有基本医疗卫生服务”的目标，完成“建立基本医疗卫生制度”和“病有所医”的重大历史任务。

三、新一轮医药卫生体制改革的主要内容

（一）指导思想

以邓小平理论和“三个代表”重要思想为指导，深入贯彻落实科学发展观和习近平新时代中国特色社会主义思想，从我国国情出发，借鉴国际有益经验，着眼于实现人人享有基本医疗卫生服务的目标，着力解决人民群众最关心、最直接、最现实的利益问题。坚持公共医疗卫生的公益性质，坚持预防为主、以农村为重点、中西医并重的方针，实行政事分开、管办分开、医药分开、营利性和非营利性分开，强化政府责任和投入，完善国民健康政策，健全制度体系，加强监督管理，创新体制机制，鼓励社会参与，建设覆盖城乡居民的基本医疗卫生制度，不断提高全民健康水平，促进社会和谐。

（二）基本原则

1. 坚持以人为本，把维护人民健康权益放在第一位

坚持医药卫生事业为人民健康服务的宗旨，以保障人民健康为中心，以人人享有基本医疗卫生服务为根本出发点和落脚点，从改革方案设计、卫生制度建立到服务体系建设都要遵循公益性的原则，把基本医疗卫生制度作为公共产品向全民提供，着力解决群众反映强烈的突出问题，努力实现全体人民病有所医。

2. 坚持立足国情，建立中国特色医药卫生体制

坚持从基本国情出发，实事求是地总结医药卫生事业改革发展的实践经验，准确把握医药卫生发展规律和主要矛盾；坚持基本医疗卫生服务水平与经济社会发展相协调，与人民群众的承受能力相适应；充分发挥中医药（民族医药）作用；坚持因地制宜、分类指导，发挥地方积极性，探索建立符合国情的基本医疗卫生制度。

3. 坚持公平与效率统一，政府主导与发挥市场机制作用相结合

强化政府在基本医疗卫生制度中的责任，加强政府在制度、规划、筹资、服务、监管等方面的职责，维护公共医疗卫生的公益性，促进公平公正。同时，注重发挥市场机制作用，动员社会力量参与，促进有序竞争机制的形成，提高医疗卫生运行效率、服务水平和质量，满足人民群众多层次、多样化的医疗卫生需求。

4. 坚持统筹兼顾，把解决当前突出问题与完善制度体系结合起来

从全局出发，统筹城乡、区域发展，兼顾供给方和需求方等各方利益，注重预防、治疗、康复三者的结合，正确处理政府、卫生机构、医药企业、医务人员和人民群众之间的关系。既着眼长远，创新体制机制，又立足当前，着力解决医药卫生事业中存在的突出问题；既注重整体设计，明确总体改革方向目标和基本框架，又突出重点，分步实施，积极稳妥地推进改革。

（三）主要目标

1. 总体目标

建立健全覆盖城乡居民的基本医疗卫生制度，为群众提供安全、有效、方便、价廉的医疗卫生服务。

2. 具体目标

到2011年，基本医疗保障制度全面覆盖城乡居民，基本药物制度初步建立，城乡基层医疗卫生服务体系进一步健全，基本公共卫生服务得到普及，公立医院改革试点取得突破，明显提高基本医疗卫生服务可及性，有效减轻居民就医费用负担，切实缓解“看病难、看病贵”问题。

到2020年，覆盖城乡居民的基本医疗卫生制度基本建立。普遍建立比较完善的公共卫生服务体系和医疗服务体系，比较健全的医疗保障体系，比较规范的药品供应保障体系，比较科学的医疗卫生机构管理体制和运行机制，形成多元办医格局，人人享有基本医疗卫生服务，基本适应人民群众多层次的医疗卫生需求，人民群众健康水平进一步提高。

（四）主要内容

本次医改在方案设计上，既注重整体设计，明确总体改革方向目标和基本框架；又突出重点，争取近期取得明显成效。医改工作主要分为近期和长远阶段，这两个阶段的任务相互衔接，推动医药卫生体制改革持续、有效地

前进。

2009—2011 年的三年内，改革重点是加快推进基本医疗保障制度建设，初步建立国家基本药物制度，健全基层医疗卫生服务体系，促进基本公共卫生服务逐步均等化和推进公立医院改革试点，使“看病难、看病贵”问题切实得到缓解。这一阶段的任务是改革医药卫生体制中群众反映最突出的、迫切需要解决的基本问题，保障群众的基本医药卫生需求，使医改迈出坚实步伐，为下一步改革打好基础。在《国务院关于医药卫生体制改革近期重点实施方案（2009—2011 年）》中，对于三年中的各项任务，明确了 20 个时间节点和 23 项量化指标。有关部门还根据改革推进的需要，制定了若干配套文件和实施细则。

长远阶段是从改革之初到 2020 年，改革的任务是普遍建立比较完善的公共卫生服务体系和医疗服务体系，比较健全的医疗保障体系，比较规范的药品供应保障体系，比较科学的医疗卫生机构管理体制和运行机制，包括了四大体系、八项支撑，基本建立覆盖城乡居民的基本医疗卫生制度。这一阶段的改革是前一阶段的延伸，要在人人享有基本医疗卫生服务的基础上，适应人民群众多层次的医疗卫生需求，进一步完善体系，在提高服务效率和质量上下功夫，扩大优质服务供给，提高人民群众健康水平。

总体来看，基本医疗卫生制度主要由覆盖城乡居民的公共卫生服务体系、医疗服务体系、医疗保障体系和药品供应保障体系共同构成，四大体系四位一体，相辅相成，配套建设，协调发展。同时，建立和完善医药卫生的管理、运行、投入、价格、监管、科技与人才、信息、法制等八项体制机制及条件，八个方面的体制机制和条件保障四大体系有效规范运转，实现为群众提供安全、有效、方便、价廉的医疗卫生服务的目标。因此，基本医疗卫生制度的基本框架也可形象地概括为“四梁八柱”（见图 4－1）。《意见》明确提出了建设、完善“四梁八柱”的具体内容及主要政策措施。

1. 全面加强公共卫生服务体系建设

提出要建立健全疾病预防控制、健康教育、妇幼保健、精神卫生、应急救治、采供血、卫生监督和计划生育等专业公共卫生服务网络，完善以基层医疗卫生服务网络为基础的医疗服务体系的公共卫生服务功能，建立分工明确、信息互通、资源共享、协调互动的公共卫生服务体系，提高公共卫生服务和突发公共卫生事件应急处置能力，促进城乡居民逐步享有均等化的基本

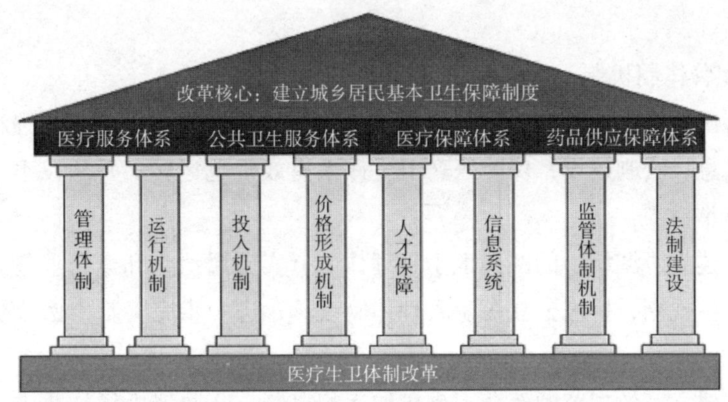

图 4－1　医药卫生体制改革的“四梁八柱”

公共卫生服务。并从确定公共卫生服务范围，完善公共卫生服务体系，加强健康促进与教育，深入开展爱国卫生运动，加强卫生监督服务等方面提出了具体举措。

2. 进一步完善医疗服务体系

坚持非营利性医疗机构为主体、营利性医疗机构为补充，公立医疗机构为主导、非公立医疗机构共同发展的办医原则，建设结构合理、覆盖城乡的医疗服务体系。并从大力发展农村医疗卫生服务体系，完善以社区卫生服务为基础的新型城市医疗卫生服务体系，健全各类医院的功能和职责，建立城市医院与社区卫生服务机构的分工协作机制，充分发挥中医药（民族医药）在疾病预防控制、应对突发公共卫生事件、医疗服务中的作用，以及建立城市医院对口支援农村医疗卫生工作的制度等方面提出了具体举措。

3. 加快建设医疗保障体系

加快建立和完善以基本医疗保障为主体，其他多种形式医疗保险和商业健康保险为补充，覆盖城乡居民的多层次医疗保障体系。并从建立覆盖城乡居民的基本医疗保障体系，鼓励工会等社会团体开展多种形式的医疗互助活动，做好城镇职工基本医疗保险制度、城镇居民基本医疗保险制度、新型农村合作医疗制度和城乡医疗救助制度之间的衔接，以及积极发展商业健康保险等方面提出了具体举措。

4. 建立健全药品供应保障体系

加快建立以国家基本药物制度为基础的药品供应保障体系，保障人民群众安全用药。并从建立国家基本药物制度、规范药品生产流通等方面提出了具体举措。

5. 完善体制机制，保障医药卫生体系有效规范运转

完善医药卫生的管理、运行、投入、价格、监管体制机制，加强科技与人才、信息、法制建设，保障医药卫生体系有效规范运转。并从以下方面提出了具体举措。

一是建立协调统一的医药卫生管理体制：实施属地化和全行业管理；强化区域卫生规划；推进公立医院管理体制改革；进一步完善基本医疗保险管理体制。

二是建立高效规范的医药卫生机构运行机制：公共卫生机构收支全部纳入预算管理；转变基层医疗卫生机构运行机制；建立规范的公立医院运行机制；健全医疗保险经办机构运行机制。

三是建立政府主导的多元卫生投入机制：明确政府、社会与个人的卫生投入责任；建立和完善政府卫生投入机制；按照分级负担的原则合理划分中央和地方各级政府卫生投入责任；完善政府对公共卫生的投入机制；完善政府对城乡基层医疗卫生机构的投入机制；落实公立医院政府补助政策；完善政府对基本医疗保障的投入机制；鼓励和引导社会资本发展医疗卫生事业；大力发展医疗慈善事业。

四是建立科学合理的医药价格形成机制：规范医疗服务价格管理；改革药品价格形成机制；积极探索建立医疗保险经办机构与医疗机构、药品供应商的谈判机制，发挥医疗保障对医疗服务和药品费用的制约作用。

五是建立严格有效的医药卫生监管体制：强化医疗卫生监管；完善医疗保障监管；加强药品监管；建立信息公开、社会多方参与的监管制度。

六是建立医药卫生科技创新人才保障机制：推进医药卫生科技进步；加强医药卫生人才队伍建设；调整高等医学教育结构和规模；构建健康和谐的医患关系。

七是建立实用共享的医药卫生信息系统：大力推进医药卫生信息化建设；加快医疗卫生信息系统建设；建立和完善医疗保障信息系统；建立和完善国家、省、市三级药品监管、药品检验检测、药品不良反应监测信息网络。

八是建立健全医药卫生法律制度：完善卫生法律法规；推进依法行政。

（五）五项重点改革

为使改革尽快取得成效，落实医疗卫生服务的公益性质，着力保障广大群众看病就医的基本需求，按照让群众得到实惠、让医务人员受到鼓舞、让监管人员易于掌握的要求，2009—2011 年着力抓好五项重点改革。

1. 加快推进基本医疗保障制度建设

基本医疗保障制度全面覆盖城乡居民，三年内城镇职工基本医疗保险、城镇居民基本医疗保险和新型农村合作医疗参保（合）率均达到 90% 以上；城乡医疗救助制度覆盖全国所有困难家庭；以提高住院和门诊大病保障为重点，逐步提高筹资和保障水平；2010 年各级财政对城镇居民基本医疗保险和新型农村合作医疗的补助标准提高到每人每年 120 元；做好医疗保险关系转移接续和异地就医结算服务；完善医疗保障管理体制机制；有效减轻城乡居民个人医药费用负担。

2. 初步建立国家基本药物制度

建立比较完整的基本药物遴选、生产供应、使用和医疗保险报销的体系。2009 年，公布国家基本药物目录；规范基本药物采购和配送；合理确定基本药物的价格。从 2009 年起，政府举办的基层医疗卫生机构全部配备和使用基本药物，其他各类医疗机构也都必须按规定使用基本药物，所有零售药店均应配备和销售基本药物；完善基本药物的医保报销政策。保证群众基本用药的可及性、安全性和有效性，减轻群众基本用药费用负担。

3. 健全基层医疗卫生服务体系

加快农村三级医疗卫生服务网络和城市社区卫生服务机构建设，发挥县级医院的龙头作用，用三年时间建成比较完善的基层医疗卫生服务体系。加强基层医疗卫生人才队伍建设，特别是全科医生的培养培训，着力提高基层医疗卫生机构服务水平和质量。转变基层医疗卫生机构运行机制和服务模式，完善补偿机制。逐步建立分级诊疗和双向转诊制度，为群众提供便捷、低成本的基本医疗卫生服务。

4. 促进基本公共卫生服务逐步均等化

国家制定基本公共卫生服务项目，从 2009 年起，逐步向城乡居民统一提供疾病预防控制、妇幼保健、健康教育等基本公共卫生服务。实施国家重大公共卫生服务项目，有效预防控制重大疾病及其危险因素，进一步提高突发重大公共卫生事件处置能力。健全城乡公共卫生服务体系，完善公共卫生服务经费保障机制，2009 年人均基本公共卫生服务经费标准不低于 15 元，到 2011 年不低于 20 元。加强绩效考核，提高服务效率和质量。逐步缩小城乡居民基本公共卫生服务差距，力争让群众少生病。

5. 推进公立医院改革试点

改革公立医院管理体制、运行机制和监管机制，积极探索政事分开、管办分开的有效形式，完善医院法人治理结构。推进公立医院补偿机制改革，加大政府投入，完善公立医院经济补偿政策，逐步解决“以药补医”问题。加快形成多元化办医格局，鼓励民营资本举办非营利性医院。大力改进公立医院内部管理，优化服务流程，规范诊疗行为，调动医务人员的积极性，提高服务质量和效率，明显缩短病人等候时间，实现同级医疗机构检查结果互认，努力让群众看好病。

（六）创新之处

这次改革贯彻落实科学发展观，坚持以人为本，针对群众不断增长的医药卫生新需求和医药卫生发展的新趋势以及面临的新挑战，着力进行探索创新。总体来看，有以下五个方面重大创新。

一是在改革的理念上，首次提出“把基本医疗卫生制度作为公共产品向全民提供”。改革的目的十分鲜明，就是要建立覆盖城乡居民的基本医疗卫生制度，解决群众反映较多的“看病难、看病贵”的问题。方案始终贯穿坚持公共医疗卫生公益性这条主线。这一理念的创新既符合医疗卫生自身发展规律，又符合中国基本国情，具有重要意义。

二是在改革的基本原则上，明确强调政府主导与发挥市场机制作用相结合，强调坚持公平与效率的统一。一方面从维护广大群众健康权益出发，提出强化政府在基本医疗卫生制度中的责任和在提供公共卫生和基本医疗服务中的主导地位。另一方面，强调注重发挥市场机制的作用，统筹利用全社会的医疗卫生资源，力争形成高效的药品供应保障体系、多层次医疗保障体系和多元化办医格局，促进有序竞争，提高服务质量和效率，满足群众多层次多样化需求。

三是在近期改革的重点上，突出基本、基础和基层，强调面向农村，惠及群众。从国情和初级阶段的特点出发，提出首先解决公平问题，保障基本需求，建立基本医疗卫生制度。第一次提出建立覆盖城乡居民的基本医疗保障体系，也就是全民医保；坚持预防为主的方针，把公共卫生服务体系与医疗服务、医疗保障、药品供应保障体系并列，作为构成基本医疗卫生制度的四大体系予以加强；首次提出基本公共卫生服务均等化的目标，缩小城乡居民基本公共卫生服务的差距；第一次提出初步建立国家基本药物制度，整顿治理药品生产供应保障体系，规范用药行为，降低药品价格和患者医药费用；着力加强基层医疗卫生服务体系建设，使广大城乡群众不出乡村、社区就能得到比较好的基本医疗卫生服务。同时，根据基本国情，强调了县级医院在农村防病治病中的龙头作用，提出了全面加强县级医院建设，提高医疗服务水平和质量，使农村大病不出县。

四是在改革的基本思路上，远近结合，把解决群众看病就医突出问题与建立完善基本制度体系结合起来。一方面着眼长远，突出顶层设计，第一次系统地提出了建立有中国特色的基本医疗卫生制度的基本框架，明确了深化改革的总体方向和目标、主要任务及主要政策措施，即“一个目标、四大体系、八项支撑”。同时，立足当前，提出近期要着力抓好五项重点改革，即“四项基本和一项试点”，增强改革的可操作性，五项改革相互联系，涉及医药卫生体制改革的关键环节和群众最为关切的问题。

五是在改革的方法步骤上，强调试点先行，稳步推进。由于医药卫生体制改革涉及面广，情况复杂，政策性强，地区差异大，方案中一些重大改革，由中央明确目标取向和基本原则，给地方留有操作空间，鼓励地方因地制宜试点探索，通过总结和积累经验，把改革不断推向深入。

此外，在具体政策措施上，也有不少亮点。如把建立医药卫生信息系统作为改革的重要抓手；鼓励社会资本举办非营利性医院，加快多元办医格局的形成；提出建立住院医师规范化培训、研究探索注册医师多点执业，提高医疗服务水平和质量；采取定向免费培养等多种方式为贫困地区农村培养实用卫生人才；开展医务社会工作，增进医患沟通等。

（七）改革成效

经过长期努力，不仅显著提高了我国人民的健康水平，而且逐步形成了一条符合我国国情的医改道路。围绕分级诊疗、现代医院管理、全民医保、药品供应保障、综合监管五项制度建设取得了较大成效，初步建立起了优质高效的医疗卫生服务体系。

1. 分级诊疗制度建设有序推进

2015 年 9 月，国务院办公厅印发《关于推进分级诊疗制度建设的指导意见》，提出到2017年，分级诊疗政策体系逐步完善。到2020年，分级诊疗服务能力全面提升，保障机制逐步健全，布局合理、规模适当、层级优化、职责明晰、功能完善、富有效率的医疗服务体系基本构建，基层首诊、双向转诊、急慢分治、上下联动的分级诊疗模式逐步形成，基本建立符合国情的分级诊疗制度。

2016年6月，国务院医改办等七部门印发《关于推进家庭医生签约服务的指导意见》，要求2016年在200个公立医院综合改革试点城市开展家庭医生签约服务，优先覆盖老年人、孕产妇、儿童、残疾人等人群，以及高血压、糖尿病、结核病等慢性疾病和严重精神障碍患者等。到2017年，家庭医生签约服务覆盖率达到30%以上，重点人群签约服务覆盖率达到60%以上。到2020年，力争将签约服务扩大到全人群，形成长期稳定的契约服务关系，基本实现家庭医生签约服务制度的全覆盖。

2017年4月底，国务院办公厅下发《关于推进医疗联合体建设和发展的指导意见》，要求2017年10月底前所有三级公立医院都要启动医联体建设工作，综合医改试点省份每个地市以及分级诊疗试点城市至少建成一个有明显成效的医联体。逐渐形成了以深圳罗湖医疗集团为代表的城市医疗集团模式，以安徽天长为代表的县域医疗共同体模式，以北京市儿童医院儿科联盟为代表的跨区域专科联盟，以中日友好医院远程医疗网络为代表的远程医疗协作网等多种医联体、医共体模式。

在上述政策的推动下，各试点省份以医联体建设、家庭医生签约服务和远程医疗为重点内容推进分级诊疗制度建设。医联体建设稳步实施，按照“规划发展、分区包段、防治结合、行业监管”原则，推进医联体网格化布局，组建各类医联体超过1.3万个，推动形成服务共同体、责任共同体、利益共同体、管理共同体。家庭医生签约服务质量进一步提高，合理确定签约服务目标任务，加强考核评价，推动基层将间断性医疗卫生服务模式转变为连续性、责任式的健康管理，逐步由“重服务数量”向“重服务质量”转变。远程医疗服务规范推进，逐步形成“国家、省、地市、县、乡”五级远程医疗服务体系，重点覆盖国家级贫困县和边远地区。基层医疗卫生服务能力不断强化，加强基层医疗卫生服务体系建设，实施基层中医药服务能力提升工程。推进国家医学中心和区域医疗中心建设，促进优质医疗资源逐步下沉，按照“县强、乡活、村稳、上下联、信息通、模式新”的思路，推进县域综合医改，深化基层医疗卫生机构综合改革，激发基层机构活力，全国84%的县级医院达到二级及以上医院水平。

2. 现代医院管理制度逐步建立

2010年，我国启动了公立医院综合改革，大致分为三个阶段：一是试点探索阶段（2010—2014年）。通过逐步扩大试点，积极在重点领域和关键环节探索创新，形成了“腾笼换鸟”的改革思路和“腾空间、调结构、保衔接”的改革路径，得到各方肯定。在认真总结地方经验的基础上，不断完善公立医院综合改革顶层设计，将实践证明比较成熟的改革经验和行之有效的改革举措及时上升到制度层面。二是全面推开阶段（2015—2017年）。截至2017年9月，全国所有公立医院全面推开综合改革，全国所有公立医院取消了实行60多年的药品加成政策；以全部实行药品零差率政策为显著标志，着力破除以药养医机制，推进补偿机制改革，初步建立了新的运行机制。三是巩固深化阶段（2018年及以后）。十九大报告明确要求，全面取消以药养医，健全现代医院管理制度，全面建立优质高效的医疗卫生服务体系。《深化党和国家机构改革方案》要求，组建国家卫生健康委员会，推动实施健康中国战略，把以治病为中心转变到以人民健康为中心。这些都为新时代公立医院综合改革指明了前进方向。

随着公立医院综合改革的全面推开，公立医院综合改革取得重大阶段性成效：一是改革目标体现公益性，把公立医院综合改革作为保障和改善民生的重要举措，将公平可及、群众受益作为改革出发点和立足点，充分发挥公立医院公益性质和主体作用，着力解决群众看病就医难题。二是改革路径体现综合性，以实行药品零差率为突破口，统筹推进医疗价格、人事薪酬、药品流通、医保支付等各项改革。坚持改革与改善相结合，不断增强公立医院活力，增强人民群众改革获得感。三是补偿方式体现多元性，通过调整医疗服务价格、增加政府投入、医院加强管理内部消化等途径，多措并举补偿公立医院减少的合理收入。四是改革成效体现多赢性，公立医院收入结构逐步优化，医务人员收入水平逐年提高，2018年全国公立医院人员支出占业务支出比例达到37%，群众就医负担持续减轻，个人卫生支出占卫生总费用比重也下降至30%以下。

3. 全民医保制度逐步完善

我国目前已经形成了“两纵三横”的基本医疗保险体系：基本医保、大病保险、医疗救助和疾病应急救助的衔接机制正在形成，商业健康保险蓬勃发展，有效满足了群众多层次的医疗保障需求。

2010 年，公费医疗改革全面施行。2012 年 1 月 1 日起，北京市级公费医疗人员全部并入职工医保，此前的公费医疗待遇相应取消。截至 2013 年 11 月，公费医疗范围已经缩减至个别省份。

2012 年 8 月 24 日，六部委《关于开展城乡居民大病保险工作的指导意见》发布，明确针对城镇居民医保、新农合参保（合）人大病负担重的情况，引入市场机制，建立大病保险制度，减轻城乡居民的大病负担，大病医保报销比例不低于 50%（2019 年提高到 60%）。目前，一个医疗年度内大病保险最高支付限额高达 40 万元。

2016 年 1 月 12 日，《国务院关于整合城乡居民基本医疗保险制度的意见》发布。截至 2019 年，我国已有 24 个省份完成城乡居民医保制度整合工作，其余省份城镇居民医保和新农合仍是并轨运行。2019 年 4 月发布的《关于做好 2019 年城乡居民基本医疗保障工作的通知》提出，城镇居民基本医疗保险和新型农村合作医疗制度尚未完全整合统一的地区，要按照党中央、国务院部署要求，于 2019 年底前实现两项制度并轨运行向统一的城乡居民医保制度过渡。

2016 年 11 月 17 日，国际社会保障协会（ISSA）在第 32 届全球大会期间，将“社会保障杰出成就奖”（2014—2016）授予中华人民共和国政府，以表彰我国近年来在扩大社会保障覆盖面工作中取得的卓越成就。

为完善统一的城乡居民基本医疗保险制度和大病保险制度，不断提高医疗保障水平，确保医保资金合理使用、安全可控，统筹推进医疗、医保、医药“三医联动”改革，更好保障病有所医，国务院机构改革方案提出，将人力资源和社会保障部的城镇职工和城镇居民基本医疗保险、生育保险职责，国家卫生和计划生育委员会的新型农村合作医疗职责，国家发展和改革委员会的药品和医疗服务价格管理职责，民政部的医疗救助职责整合，组建国家医疗保障局，作为国务院直属机构。

2018 年 3 月，十三届全国人大一次会议表决通过了关于国务院机构改革方案的决定，组建中华人民共和国国家医疗保障局。

我国已经用较短的时间建立起世界上规模最大的基本医疗保障网，居民参保率稳固在 95% 以上。城镇职工医保人均筹资水平从 2000 年的 392 元提高到2018年的4274元；居民医保从2009年251元提高到2018年的776元。医疗保障水平进一步提高，城镇职工医保政策范围内住院报销比例高达80%以上；城乡居民基本医保2018年人均财政补助标准提高到490元，政策范围内门诊和住院费用报销比例分别稳定在50%和70%左右。全面实施医疗救助制度，开创性建立疾病应急救助制度，加快发展商业健康保险，开展工会医疗互助活动，各类保障制度逐步衔接互动。健康扶贫深入实施，2018年大病专项救治病种范围扩大至21种，1212.7万人得到分类救治，覆盖95.26%的大病和慢性病患者，贫困县基本实现先诊疗后付费和"一站式"结算。医保支付方式改革持续推进，开展按疾病诊断相关分组付费国家试点，推进多元复合式支付方式改革。跨省异地就医费用实现直接结算，2018年国家平台备案人数达到354万人，跨省异地就医直接结算累计152.6万人次。

4. 药品供应保障制度日益完善

实施药品生产、流通、使用全流程改革。推进药品价格改革，取消除麻醉和第一类精神药品之外绝大部分药品的政府定价，实际价格主要由市场竞争形成；深化药品医疗器械审批制度改革，鼓励新药和仿制药研发创新；自2009年试点实施、2011年初步建立的基本药物制度更加完善，2018版《国家基本药物目录》中基本药物的数量已经由2009版307种、2012版520种增加到685种。短缺药品供应得到保障，提高监测预警能力，采取强化储备、统一采购、定点生产等方式保障供应。仿制药政策不断完善，推进仿制药质量和疗效一致性评价，促进仿制药替代使用。实行进口药品零关税，通过价格谈判，大幅降低抗癌药等药品价格。药品销售规范发展，推行药品购销"两票制"，减少流通环节，推进追溯信息互联互通，发展现代化仓储物流。2018年，在"4+7"城市（北京、上海、天津、重庆、沈阳、大连、厦门、广州、深圳、成都、西安）开展国家药品集中采购和使用试点，25个中选药品平均降幅52%，最高降价96%。2019年，试点进一步推广至25省区的跨区域联盟药品集中带量采购。药品使用逐步规范，开展遏制细菌耐药行动，落实处方点评制度，重点监控辅助性、营养性等高价药品，规范用药行为。

5. 综合监管制度加快建立

深化卫生健康领域"放管服"改革，逐步健全医疗卫生行业综合监管制度，建立部际联系机制，完善协调机制和督查机制。监管力度不断加强，完善综合监管"双随机、一公开"机制。打击欺诈骗保工作有力推进，出台

《欺诈骗取医疗保障基金行为举报奖励暂行办法》，逐步实现医保智能监控。药品全流程监管持续强化，推动药品监管全品种、全过程覆盖，抓好药品抽验和不良反应监测，保证安全有效。医药领域价格监管和反垄断执法持续深化，2018 年查处医药领域价格违法案件 4030 件，对 20 种价格涨幅较大、社会反映强烈的原料药开展核查。涉医违法犯罪联合惩戒制度建立完善，对破坏、扰乱医院正常诊疗秩序的涉医违法犯罪活动，跨部门实施联合惩戒。各试点省份也着力加强综合监管体系建设，完善综合监管机制，利用信息化手段，不断提升综合监管能力。比如上海市整合了卫生信息网、人口计生网、医联网、医保网等网络，建立起上海健康大数据中心，充分运用云计算、大数据、物联网等互联网技术，积极推进“健康 + 互联网”发展深度融合、“制度 + 科技”管理模式创新，建立起架构科学、运转高效、管理精细、发展可持续的卫生健康全行业监管体系，有力支撑了现代医院管理制度建立、健康服务模式转型、政府管理方式转变。

6. 优质高效医疗卫生服务体系正在建立

医疗卫生资源布局逐步改善，实施全民健康保障工程建设规划，重点支持县级医院、妇幼保健机构和专业公共卫生机构建设。

公共卫生工作逐步推进，2018 年国家基本公共卫生服务经费人均补助标准提高至 55 元，《关于做好 2019 年基本公共卫生服务项目工作的通知》又将 2019 年人均基本公共卫生服务经费补助标准提高至 69 元，并规定新增五元经费全部用于村和社区，务必让基层群众受益。实施重大公共卫生服务项目，推进慢性病防治结合，到 2020 年，要求促进基本公共卫生服务均等化的机制趋于完善，基本公共卫生服务内容进一步增加，重大疾病和主要健康危险因素得到有效控制。

健康产业和社会办医加快发展，推动医疗旅游先行区、健康产业创新示范区建设，优化社会办医疗机构跨部门审批。2018 年民营医院总数达到 2.1 万家，占医院总数 63.5%。“互联网 + 医疗健康”加快发展，推进全民健康信息平台建设，2018 年全国 4000 余家二级以上医院普遍提供预约诊疗、检验检测结果查询、移动支付等线上服务。中医药传承创新工作稳步实施，加强中医重点专科体系建设，实行中医诊所备案管理，全国共计备案中医诊所 8404 个。医养结合工作稳步推进，开展全国养老院服务质量建设专项行动，提升医养结合机构医疗卫生服务质量。医学人才培养力度持续加强，改革完善全科医生培养与使用激励机制，2018 年新招收培养全科医生四万余人，为中西部乡镇卫生院招收 6483 名本科定向医学生，每万人口拥有全科医生 2.22 人。

总的来看，医改成效持续显现，看病难、看病贵问题得到有效缓解，超过 80% 的居民 15 分钟内能够到达最近的医疗点。2018 年个人卫生支出占卫生总费用比重下降至 28.7%，居民健康水平不断提高，人均预期寿命从新中国成立前的 35 岁左右提高至 2018 年的 77 岁，孕产妇死亡率从 1991 年的 80/10 万下降至 2018 年的 18.3/10 万，婴儿死亡率从 1991 年的 50.2‰下降至 2018 年的 6.1‰，主要健康指标总体上优于中高收入国家平均水平。

新一轮深化医药卫生体制改革以来，以福建省三明市以及江苏、安徽、福建和青海等综合医改试点省为代表的一些地区，形成了一批符合实际、可复制可推广的经验做法。2016 年 11 月，经中央全面深化改革领导小组第二十七次会议审议通过，中共中央办公厅、国务院办公厅转发了《国务院深化医药卫生体制改革领导小组关于进一步推广深化医药卫生体制改革经验的若干意见》，总结了八个方面 24 条经验，并于 11 月 8 日由新华社向社会公开。为便于各地学习和宣传先进经验，2016 年 12 月 3 日，国务院深化医药卫生体制改革领导小组印发《关于印发深化医药卫生体制改革典型案例的通知》（国医改发〔2016〕3 号），遴选了 15 个积极创新、富有成效的深化医改典型案例，提供给各地学习借鉴。

四、新一轮医药卫生体制改革面临的主要挑战

（一）老龄化速度加快和健康需求增加的挑战

当前我国已经进入人口老龄化加速阶段。截至 2019 年年底，我国 60 岁及以上老年人口已经达到 2.54 亿，占总人口的 18.1%。预计到 2025 年老年人口将达到 3.08 亿，占总人口的 21.1%，人口结构性矛盾日益突出。老年群体是最大的“健康脆弱”群体，老年人的健康和照护问题将是未来数十年中国社会面临的最为突出的问题之一。

随着经济社会发展和健康保障水平提高，全生命周期的健康服务需求日益增长，居民医疗卫生服务的需求日益多元化，对于高端多样化医疗服务的需求快速增加。目前我国医疗卫生服务体系的结构仍不合理，服务质量与人民群众的需求仍有差距，医疗费用负担仍然较重。在这种形势下，医疗卫生

资源将愈加难以应对包括人口老龄化和医疗卫生服务需求快速增长的需要，资源分布和配置不平衡、不合理的状况更加剧了上述矛盾。

（二）全面深化改革对医改重点提出新要求

在实践中，前期通过加大国家对基本医保、公共卫生服务项目、基层卫生综合改革等的投入，推动了医改的发展，但医疗卫生资源分布不合理的局面尚未根本打破，甚至在局部地区出现了“虹吸”现象，部分群众对医改效果体会不明显。医改重点需要从增量发展为主转向更加注重存量改革。

医药卫生体制的深层次改革受到很多制度约束，如财税、编制、人事分配、价格等。凡是医改取得较好成效的地区，无一例外地得到了地方政府的强有力支持。但是有些地方的政府领导难以持续性关注医改这一具体工作，这对医改政策的稳定性、系统性、整体性和协调性提出了更高也更为迫切的要求。

基本医保制度缺乏筹资稳定性与可持续性的法律保障，不同制度间的公平性需要提高，在引导医疗卫生资源配置和规范服务行为等方面发挥作用不够，管理体制需要理顺，管理能力需要加强；基本药物制度在基层医疗卫生机构已经实现全覆盖，需要从制度上巩固完善并解决该制度因为配套措施不完善而引发的有关激励等问题；公共卫生服务项目建设的长效机制需要建立，对公共卫生项目的实施效果需要深入系统评估；公立医院改革需要加快推进，特别是要加速推进城市公立医院改革，建立布局合理、整体高效的医疗卫生服务体系。

（三）对“人”的重视不够，影响改革效果的实现

医务人员是医改的主力军，医改的各项政策措施最终都要直接转化为一线医务人员的优质服务。从这个意义上说，医务人员的行为与受激励程度，关系到医改的成败。然而，当前的改革尚未能充分激发医务人员的积极性，医务人员对医改政策措施的知晓度和认可程度仍需提高，这也很大程度上影响了医改的效果。

医务人员参与医改积极性不高的原因是多方面的。医务人员通常需要高超的医疗技术水平，要承担高风险、高强度的劳动。而我国事业单位人事分配制度改革较为迟缓，医务人员薪酬制度简单、机械，工资标准落后于其自身价值和社会贡献。在事业单位人事分配制度没有重大改变，特别是符合行

业特点的薪酬制度未能建立的情况下，许多与分配相关的绩效考核管理作用有限，有时甚至适得其反。

事业单位的管理体制改革滞后，也很大程度上限制了卫生人力资源的流动与合理配置。医改很大程度上是在“看病难、看病贵”的社会压力下推进的，医疗机构内在改革动力不足。由于医务人员的技能培养、职称聘任和其他福利待遇很大程度上仍依赖单位，层级越高的单位获得的各种资源越多，对人力资源的吸引力越大。基层卫生人才的流失问题未能得到根本解决，甚至在某些地方出现了大城市、大医院对基层人才的“虹吸”现象。

医疗卫生行业对人才的吸引力不足。当前，我国的医务人员从业环境不理想，工作责任大、风险大、压力大，收入待遇水平与付出不相称，医患矛盾突出。许多医务人员不愿自己的子女从事医务工作，医学院校毕业生流失等现象的普遍存在，应该引起政府和社会的高度关注。同时，人才队伍建设的配套措施不完善，人才队伍结构不合理的问题也比较突出。目前医学教育和医学人才评价等仍更多重视专科医生，不利于全科医生的培养。全科医生是基层医疗卫生机构人员的核心，也是整个卫生人力资源体系中极为重要的组成部分，但我国全科医生等基层医疗卫生人才的职业发展路径不够清晰，薪酬待遇缺乏吸引力，发展前景不明朗。护理人才队伍数量严重不足，质量仍需进一步提高。

（四）如何发挥市场机制的积极作用需要进一步探索

医改方案中确立了坚持公平与效率统一，政府主导与发挥市场机制作用相结合的原则。然而在现实中，政府和市场的功能边界和作用形式尚不完全清晰，政府和市场机制的作用未必都能得到合理发挥。

由于医疗卫生服务行业的信息不对称等特点，加之结余可用来自由分配的机制未除，造成某种程度的公立医院过度扩张与畸形发展。多数公立医院利用天然形成的市场地位，过度扩大服务进行收费，影响了其公益性。同时，医疗服务体系多元竞争格局尚未形成，外部竞争、价格机制、人力资源合理流动等发挥市场机制作用所必需的因素在目前并不具备。

此外，公立医院的行政化管理状况未能根本改变，虽然新医改中要求的公立医院逐步去行政化有一定进展，如规定卫生行政机构负责人不能兼任公立医院负责人，但在整体推进公立医院法人治理上进展不尽如人意。公立医院日常运营多受到行政部门左右，加之社会资本办医尚未对公立医院形成竞争格局，导致其市场行为出现不同程度的扭曲。

五、新形势下医药卫生体制改革的基本思路

（一）加快推进公立医院综合改革

公立医院改革只有进行时，没有完成时。衡量公立医院改革进展如何，以及是否按要求完成了改革任务，必须要有清晰的目标和具体标志。城市公立医院改革的总体目标是，到2020年，建立比较完备的公立医院体制机制，具体包括政府办医责任全面落实；与经济社会发展和医保筹资水平相适应的科学补偿机制基本建立，医疗服务价格动态调整机制初步形成；管理体制不断完善，运行效率稳步提升；医务人员薪酬制度较为合理，符合公益性要求的医务人员积极性得以调动；医保支付方式改革全面推进，医保对医疗服务的激励约束机制充分发挥；药品和耗材集中采购机制比较完善，彻底切断药品（耗材）和医疗机构及医务人员的利益联系；与多元办医格局相适应的监管体制较为健全，医疗服务质量和安全得到有效保障。

已经出台的一系列的公立医院改革政策措施，内容比较全面，但原则性强、操作性不够，对地方推动改革要求不够明确。完善公立医院改革的顶层设计，要在落细、落小、落实上下功夫，便于地方操作实施，推动地方由“要我干”变为“我要干”，使改革政策可监管、可考核。建议对重要任务尽可能设定约束性、量化性的指标和明确推进的时间节点，发挥地方首创精神，督促地方推动改革。

（二）健全筹资机制，理顺管理体制，巩固基本医保制度

加大财政对于城镇居民基本医保和新农合制度的补贴，并逐渐规范化、制度化；合理确定个人分担比例，建立与经济发展水平和人口结构变化相一致的个人筹资增长机制；逐步缩小非正式就业人群与就业人群的医保筹资差距，发挥基本医疗保障制度的二次分配功能，促进社会公平。

推进医保制度整合和支付方式改革，形成系统合力，加强对医疗机构的规范和约束，控制医药费用不合理上涨；积极推进医保、医疗和医药协调发展，加强“三医”联动，实现医改目标。

统筹医疗保险、医疗服务体系和医药流通领域的改革，理顺医保管理体制，建立健全不同医保制度之间的信息共享机制以及医疗机构与医保经办机

构之间的信息共享机制，推进参保（合）人员异地就医即时结报和参保人员的转移接续，实现医保制度的互联互通，提升流动人口基本医疗卫生服务的可及性。

（三）加强以基本药物制度为核心的药物政策建设

发挥循证医学和药物经济学的重要作用，提高基本药物目录制定的科学性，完善基本药物目录遴选替换机制，确保基本药物能够满足常见病、多发病的诊疗需要，满足人民群众的用药需求。对于现行各省增补药品和频数较高的品种进行全面系统的循证评价，为下一步基本药物目录的遴选替换提供科学证据。

在进行集中招标采购中使用统一的药品质量和限价标准，减少交易成本。积极探索第三方招标采购的做法，将行业协会或者医保机构引入基本药物招标采购环节，增强第三方的价格谈判能力，提高招标采购效率。加快建立以国家基本药物为基础的药品供应保障体系。

完善公立医院使用基本药物的激励约束机制。加强对基本药物使用的监管，对公立医院采购基本药物的名称、厂家、价格予以公示，在患者的消费明细表中标明基本药物，提高患者知情权。

（四）继续完善并深化基层卫生综合改革

建立基层首诊和分级诊疗制度，为有序就医的形成提供制度基础。在现有人力资源不足和签约服务需求之间存在矛盾的情况下，加强区域协同，以慢性病和重点人群为切入点，以医保支付为杠杆，建立全科医生与居民的稳定服务关系，引导居民良好就医习惯的形成，提高服务的连续性、协同性，改善服务质量。

明确基层医疗卫生机构的功能定位和医务人员的专业价值，采用合理的测算标准和科学的测算方法，合理确定基本医疗服务、基本公共卫生服务的成本和价格。

打破现有的“定编、定岗、定人”制度，科学设定人员编制数量。创新编制管理方式，落实基层单位用人自主权，由机构负责人根据实际需求自主聘用所需人员，真正建立“能进能出、能上能下”的基层竞争性用人新机制，建立基层人才流动机制。

完善绩效工资制度，允许将一定比例的机构业务收入用于绩效分配，建立收入增长机制，调动积极性。完善绩效考核制度，建立以质量和健康改善为导向的绩效考核办法，真正体现“多劳多得、优绩优酬”的分配理念。

（五）继续优化公共卫生服务项目，推进服务均等化

强化居民享有公共卫生服务的权利，合理核算基层医疗卫生机构开展基本公共卫生服务项目所需要的人力、设备等成本，适当提供机构所需的建设、工作和监管经费。

根据居民健康需求，充分考虑服务成本及基层服务提供能力，合理设计基本公共卫生服务包和重大公共卫生服务项目，建立与之匹配的资金投入机制。

以健康改善结果为目标，注重服务质量的考核，科学设立绩效考核办法，将资金补助和考核结果相挂钩，奖优罚劣，提高资金使用效率。

以“防治结合”理念指导卫生服务工作的开展，全面推行全科团队服务，健全基层卫生服务机构内部、基层卫生机构与专业公共卫生机构之间的分工协作机制，提供整合的公共卫生和医疗服务，提高居民知晓度，改善居民感受。

（六）建立健全发展健康服务业和鼓励社会办医的政策措施

进一步落实国家和地方制定的社会办医优惠政策，将社会办医纳入医疗机构设置规划，鼓励其在医疗资源配置相对薄弱的区域和牙科、整形、儿科、产科、康复、精神卫生等专科领域发展。落实非营利性民营医院与公立医院在等级评审、技术准入、设备配置、人力资源、医保定点等方面享有同等待遇的政策。建立适度投资回报机制，加快完善卫生投融资平台，支持社会办医发展。

培育一批医疗与养老融合发展的服务机构，引导社会资本举办康复医院、老年病医院、护理院、临终关怀医院等医疗服务机构。建立医疗机构与养老机构之间的业务协作机制，推动转诊合作。合理布局医疗护理服务机构，形成规模适宜、功能互补、安全便捷的健康养老护理服务网络。加快培育健康护理业，大力发展以老年护理、母婴护理、家庭护理等为主要内容的家庭服务业。鼓励建设中医特色康复医院、康复护理机构。

对纳入医保定点的非公立医疗机构，按规定签订服务协议，并与公立医疗机构享有同等待遇。降低准入门槛，积极鼓励国内符合资质要求的保险公

司加入健康保险的经营和管理。允许个人使用社会保险个人账户基金购买商业健康保险产品。探索建设商业健康保险统一结算平台。

（七）继续推进重点支撑领域的体制机制改革

完善医药卫生监管方面的法律法规、规章制度和规范标准，健全保障医药卫生事业有效规范运转的监管制度框架，主要包括医疗卫生服务监管机构、监管程序、监管规则、监管执行、监管内容以及“监督”监管机构等基本问题的制度体系。加强日常监督执法力量，广泛开展医政执法活动，适时建立医疗技术监测、评估和控制体制，建立快速评估和信息发布制度，医政投诉、调解仲裁等多元化的监管制度。

增加卫生人力资源总量，优化卫生人力资源配置。加强基层卫生人力资源建设。建立健全全科医生制度，进一步明晰全科医生的职业发展路径和发展前景。尽快建立与基层卫生人员贡献相匹配的收入分配制度，吸引适宜卫生人才流向基层、扎根基层、服务基层，缩小地区、城乡之间卫生人力资源差距。加强对急需紧缺专业卫生人力的开发，大力培养卫生应急、精神卫生、食品安全等急需专业人才。实施高层次卫生人力培养计划，培养一批在国际医学领域有重要影响力的医学科学家，加强薄弱学科的建设和关键技术领域的人才培养。

完善卫生人才评价机制，建立分级分类的职称评定管理体系和反映人才能力、素质的客观评价机制。尽快建立健全符合卫生行业特点的薪酬制度，增强卫生行业的吸引力，充分调动医务人员的积极性。合理调整医疗服务价格标准，体现医务人员的技术劳务价值；提升一般诊疗费、护理费、治疗费、手术费等反映卫生技术人员劳务价值的标准，加快基层医疗卫生机构一般诊疗费的落实。

优化国家医学科研体系的顶层设计，建立全链条的医学科研体系。优化集成医学领域的科技资源，打造布局合理并具有国际一流水准的重点实验室、工程技术研究中心、临床与转化医学研究中心、医学交叉科学研究中心、临床协同研究网络等科技支撑体系。建立完善涵盖基础研究、应用研究和开发研究等全过程的医学科技创新体系，促进医学科技资源开放共享。实现我国医学研究资源的大尺度整合集成，推动医学科技快速发展。

加大医学科技投入，完善我国医药卫生科技经费保障机制。重视医学科研人才培养，构建积极正向的科研文化氛围，充分尊重、发挥科研人员的研究潜能，建设良性竞争、目标凝聚的团队文化，为医学科研人员创造良好的成长环境。加强领军人才与人才梯队的建设力度，为医药科技可持续发展提供人才保障。健全医学科研人员的激励机制，建立贡献与待遇相匹配的激励机制，充分调动科研人员的积极性，助推医药科技进步。鼓励自主创新、促进医药卫生科技的系统协同发展。发展前沿技术，引领医学发展，促使我国从医药科技大国向医药科技强国转变。

加强卫生信息利用与决策支持。以服务居民健康为根本出发点，强调居民是卫生信息化建设的关键受益方，研究、挖掘尽可能便捷、丰富的功能，建立健康医疗大数据管理和应用中心，使卫生信息化建设真正服务于民。

继续加强基层卫生信息系统建设，发挥网底基础支撑作用。公共卫生领域应建立以个体全生命周期为单位的公共卫生信息系统。加强与辖区内医疗机构、基层卫生机构、公共卫生机构信息系统的互联互通，为区域卫生协同、医联体等业务提供基础，加强临床信息的共享和信息分析利用。

全面推进卫生应急体系建设，健全卫生应急组织机构，加大对卫生应急的人才和物力资源配备及配套制度建设，加强卫生应急培训，有效处置卫生应急突发事件。

【教学案例】

福建突围：杀出医改“第三条路”

福建省作为首批综合医改试点省之一，加之又是改革先行先试地区——三明市的所在地，改革情况备受各方关注。福建医改可以用这样几句话来概括：一是高位推动，二是动真格，三是求实效。在“三医联动”基础上，抓住“医药”和“医保”两端发力。

在医药方面，从医药流通领域入手，药品和卫生材料流通领域价格虚高的问题，在福建省已经被盯牢，采取了实质性的手段，挤压“水分”，从源头上堵浪费，斩断不正当“利益链条”，为规范医疗服务行为整肃环境。

福建省公立医院全部实施了药品、耗材“零加成”政策，开启了深度调整补偿机制的“口子”。以此为基础，按照医疗价格调整、医保支付和财政补偿“三合一”政策同步出台、同步实施，改革平稳推进。同时，福建省综合医改深度触及药品过度使用和价格虚高两大痼疾。坚持“为用而采、按需而设”的原则，在目录筛选、竞价采购、带量联合采购、信息公开、配送管理等方面统筹谋划，创新了一整套药品招采新机制。

在医保方面，福建省在统一城乡居民基本医保政策上先行一步。明确了在参保登记、缴费标准、药品和诊疗项目目录、保障水平、结算办法方面的“五统一”要求。积极探索医保支付方式改革，实行“年初预算、按月预付、谈判协商、动态考核、结余留用、超支分担”的管理办法。目前，各地市基本完成了城乡居民基本医保政策的统一，其中，厦门、三明、漳州、南平等地还进一步整合了经办管理机构。

在医院管理方面，以院长目标年薪制为突破口，推进医院管理制度改革。在分配制度上，将逐步推进编内外人员同岗同薪同待遇；放宽县级公立医院高级职称评定标准，提高职称岗位结构比例。医院在核定的绩效工资总额内，医生团队、护士团队和行政后勤团队拟按5∶4∶1的比例自主分配，体现多劳多得、优绩优酬；严禁给医务人员设定创收指标，严禁把医务人员个人收入与医院的药品耗材、检查化验等业务收入挂钩。

从总体来看，福建省正致力于构建一个“上级愿意放、基层接得住、群众愿意去”的分级诊疗体系。

江苏宿迁医改

宿迁是江苏北部一个因改革而成名的新兴城市，也是一个在改革中充满了争议的城市。宿迁市是1996年在原淮阴市四个最贫困县基础上组建的地级市，由于卫生资源严重短缺、基层医疗卫生机构缺医缺药缺设备、政府投入能力薄弱、医疗服务价格昂贵、重医轻防现象普遍等因素，造成医疗卫生单位处于高负债、低效益、差水平的运行状况。因此宿迁医改刻不容缓！

宿迁医改始于2000年3月。2001年10月，宿迁市列出改革时间表，各县区随后成立医疗单位产权制度改革指挥部，强力推进医疗卫生单位“能卖不股，能股不租，先卖后股，以卖为主”。2003年，宿迁市在市委书记仇和的带领下卖光了当地全部医院，从三甲级别到乡镇卫生院一个不留，就连当地最大的公立医院也以7000万元的价格，卖给了上市公司金陵药业。不久后，宿迁医改以“卖光式医改”的称号响彻全国。

仇和式医改一度在全国引起巨大反响。2010年，洛阳市中心医院、洛阳市妇女儿童医疗保健中心等14家市属公立医院进行了产权制度改革，由政府办公立医院改为民办非营利性医院。此外，宿迁医改吸引不少卫生经济学者前往宿迁市调研，并形成了正反两派截然不同的观点。客观来讲，公转私医改使得宿迁医疗市场在短期内形成了非常活跃的局面，民营医疗企业在设备引进、人才激励和效率把控方面下足功夫使得整个宿迁的医疗系统一度领先同级别城市。但随着时间推移，看病难和看病贵的问题并没有得到解决，民间抱怨的声音也越来越多。

宿迁模式的结局充满讽刺：随着新医改方案出台，针对公立医院的8500亿天量补贴呼之欲出，宿迁市政府又打算买回当年7000万卖掉的宿迁市人民医院，报价超过10亿，却仍被控股的金陵药业拒绝。2011年8月，面对五年无公立医院的局面和民众压力，宿迁市政府宣布重建一家三级甲等公立医院——宿迁市第一人民医院。2015年11月，宿迁时隔近十年，重新迎来了一家公立医院——宿迁市第一人民医院的开业，床位规模2000张，投资近20亿元。在医院试营业前夕，宿迁模式的操盘手仇和与葛志健相继落马。2019年1月9日，《2019年宿迁市民生实事项目实施意见》专题发布会郑重宣布，全方位提升基层医疗服务能力，每个县区规划建设1～2所公办区域医疗卫生中心，加强优质医疗资源供给。

时至今日对于此次医改的评价仍然是众说纷纭。

北京医事服务费改革

2012年7月1日起，北京友谊医院正式实施医药分开试点，取消药品加成政策，并按医生职称分级设立医事服务费，取消原挂号费和诊疗费，北京市医保患者可享受定额的报销标准。2017年3月22日，《北京市医药分开综合改革实施方案》正式发布。自2017年4月8日起，北京市所有公立医疗机构都将取消挂号费、诊疗费，取消药品加成，设立医事服务费。

医事服务费从根本上切断医院收入与药品销售之间的利益关系，不论是北京市患者还是外地患者，负担均减轻。费用减少包括三个部分，一是个人负担减轻，对于新设立的医事服务费，医保定额报销40元，以本市80%以上的普通门诊医保患者为例，医药分开改革前后，每人次个人支出由三元减为两元；二是取消挂号费、诊疗费和15%药品加成后带来的直接费用减少；三是杜绝过度用药、滥用药等现象带来的间接费用减少。随着医改的推进，医疗保障水平不断提高，群众看病负担将进一步得到减轻。

以北京某三级医院为例，改革一年来，医院用药占比由37.80%下降至31.32%；门诊、住院用药占比和药品费用有所下降，门诊、住院用药占比分别下降7.48%和7.18%；药品采购阳光清晰，患者用药费用负担减轻，住院患者例均药费下降幅度明显，例均降幅4512.99元，门诊次均药费略有增长。从政策设计上彻底消除了以药补医的现象，从利益机制上有力地促进了合理用药的行为，患者用药更加安全、实效。

设置医事服务费的初衷，就是变“以药补医”为“以技养医”，通过医疗服务的能力、技术、水平、态度，决定医院收益和个人收入。同时，医事服务费在为“以技养医”的同时，不能忽视配套政策的制定，比如单病种限价、患者满意度测评，以及配套的医保支付和监管制度等，通过加大问责力度来监督规范医生行为。

【拓展阅读】

家庭医生签约服务的发展历程

无论是在欧洲还是美国，家庭医生在几十年前便担当起“人类健康守护者，医疗体系守门人”的责任，并在不断的探索发展中，成为当地医疗服务体系的扎实基底。

家庭医生，在美国医疗历史上的曾用名是“全科医生”。从医学院校毕业后，经过一年住院医师培训，并且在初级医疗服务机构工作的医生，在1969年之前都被称为全科医生。之后，全科医学成为医学专业的一种，能被冠以“家庭医生”称呼的，必须是获得本科学位和医学学位、完成住院医师培训、经三年以上全科医学专科训练的医生。

1988年，世界家庭医学会组织将全科医学模式引入中国之后，国内才逐渐形成了全科医生，乃至现在家庭医生的概念。十年后，上海在改革三级医院为二级中心的基础上，于2005年就建立了超过600个社区卫生服务中心。与此同时为慢性病患者建档并定期回访，为空巢老人提供护理服务等小规模的家庭医生服务探索，已经在上海一些社区卫生服务中心内悄然兴起。

2007年，上海市徐汇区、长宁区、闸北区试点家庭医生；2010年，北京市东城区、西城区、丰台区和深圳市首批22家社区健康服务中心试点家庭医生服务模式；2011年年初，北京市和上海市分别开始向全市推广这一家庭医生签约式服务。在几年的试点中，国内逐步形成了符合国情的“中国式家庭医生”权责定义。虽然各地提供的医疗服务表现形式各异，但在社区“收支两条线”的大前提下，健康规划、慢性病管理服务是各地家庭医生服务的共同点。

随着医学模式的转变与人口老龄化趋势，慢性病逐渐呈现“井喷”格局。患者若看小病、慢性病动辄就去大医院，不利于改善就医环境、均衡医疗资源。2016 年 6 月，国务院医改办等七部门印发《关于推进家庭医生签约服务的指导意见》，要求 2016 年在 200 个公立医院综合改革试点城市开展家庭医生签约服务；到 2017 年，家庭医生签约服务覆盖率达到 30% 以上，重点人群签约服务覆盖率达到 60% 以上；到 2020 年，力争将签约服务扩大到全人群，形成长期稳定的契约服务关系，基本实现家庭医生签约服务制度的全覆盖。

家庭医生签约服务原则上采取团队服务形式，主要由家庭医生、社区护士、公卫医师（含助理公卫医师）等组成，并有二级以上医院医师（含中医类别医师）提供技术支持和业务指导。今后还将逐步吸收提供中医药服务的医师、药师、健康管理师、心理咨询师、社（义）工等加入团队。

家庭医生提供的基本医疗服务基本可以涵盖常见病、多发病的中西医诊治、用药。家庭医生及其团队在就医、转诊、用药、医保等方面，还可以为签约居民提供一系列的便利和优惠。家庭医生以人为中心，面向家庭和社区，为居民提供长期签约式服务，能够为实现基层首诊、分级诊疗奠定基础。

江苏省基本药物制度

2009 年，中共中央国务院发布《中共中央国务院关于深化医药卫生体制改革的意见》，提出加快建立以国家基本药物制度为基础的药品供应保障体系，保障人民群众安全用药。

在基本药物制度推行上，江苏省从多方面入手，在《江苏省 2009 年实施国家基本药物制度工作方案》中着重强调以下六点：一是健全基本药物招标采购和统一配送制度；二是完善基本药物价格核定制度，统一采购价格，并按照采购价格零差率销售基本药物；三是将基本药物全部纳入城镇职工基本医疗保险、城镇居民基本医疗保险和新型农村合作医疗报销范围，且报销比例明显高于非基本药物；四是建立基本药物财政补偿机制，推行收支两条线管理，从根本上改变“以药养医”；五是加强对基本药物的监督管理，提出在制度正式实施45天后，除国家基本药物和省增补的药物外，基层医疗卫生机构不得再使用其他药品；六是合理增补基层医疗卫生机构用药目录。

目前江苏省基本药物制度面临以下两种情况：一是基本药物出现供不应求的现象。有许多厂商因为基本药物售价低、利润薄，不愿生产，居民们不得不采购同药效的高价药来代替，医药负担加重。另外，基本药物供应短缺也影响临床正常用药。政府部门应做出相应的调节，在和可靠的良心药厂合作的同时要给予这些厂商一定的政策扶持和通道开放，吸引更多药厂加入基本药物的生产。同时政府也应该完善修补保障体系，让群众既看得起病也能用得起药。二是基本药物品类还是过于单薄，基本药物满足临床使用的程度不高。而基本药物满足临床使用的程度也逐渐成为患者获得基本药物的重要因素，临床使用率不高，居民们便更难获得这些基本药物。这就需要对高端药物进行进一步研发，从而降低制药成本，同时尝试根据临床需求，对基本药物目录做出合理调整和分类。

虽然一省之情况不能代表全国施行情况，但其对全国推广基本医药制度工作有重要的指导参考之意。总之，我国的基本药物改革还要走很长的路。从现状中找出路，从问题中找原因。从问题源头入手，保证基本药物足量供应和合理使用，保障群众基本用药权益，转变“以药补医”机制，推动药品生产流通企业资源优化整合，实现人人享有基本医疗卫生服务，减轻群众用药负担，维护人民健康。

（资料来源：顾旻轶．家庭医生取经欧美［J］．中国医院院长，2011.）

课后思考题

1. 医药卫生体制改革对于健康中国建设能够发挥怎样的作用？
2. 深化医药卫生体制改革的主要内容有哪些？
3. 深化医药卫生体制改革面临哪些主要挑战？
4. 如何更好地推动医药卫生体制改革？
5. 了解2~3件医药卫生体制改革的典型案例并进行简要述评。

推荐书目

1. 吴传俭．公平与卓越：英国卡梅伦政府医改之路［M］．北京：科学出版社，2015.

2. 蔡江南．中欧医改丛书医疗卫生体制改革的国际经验：世界二十国（地区）医疗卫生体制改革概览［M］．上海：上海科学技术出版社，2016.

3. 王文娟．医改新出路重新定义医疗服务市场［M］．北京：北京大学出版社，2017.

4. 蔡江南．寻路医改［M］．上海：上海科学技术出版社，2017.

5. 谢茹．新医改十年［M］．南昌：江西人民出版社，2019.

6. 田原．中国医药卫生改革与相关发展文件汇编［M］．北京：中国医药科技出版社，2018.

7. 魏子柠．将中国医改进行到底［M］．北京：中国协和医科大学出版社，2019.

8. 郝模．医药卫生改革相关政策问题研究［M］．北京：科学出版社，2009.

专题五　健康中国与疾病预防

健康是促进人的全面发展的必然要求，是经济社会发展的基础条件。实现国民健康长寿，是国家富强、民族振兴的重要标志，也是全国各族人民的共同愿望。推进健康中国建设，是全面建成小康社会，基本实现社会主义现代化的重要基础；是全面提升中华民族健康素质，实现人民健康与经济社会协调发展的国家战略；是积极参与全球健康治理，履行2030年可持续发展议程国际承诺的重大举措。推进健康中国建设要遵循科学发展，把握健康领域发展规律，坚持预防为主、防治结合、中西医并重。

随着健康中国建设上升为国家战略，我国医改的方向从以治病为中心转向以健康为中心。这一转变中，公共卫生措施、预防服务和健康管理将是最为重要的内容之一。“健康”“预防”已经成为政府、社会和大众非常关注的问题。中国的卫生服务越来越强调健康促进，突出预防为主，强调临床与预防的结合，实现医防融合。作为保障人民健康重要卫士的临床医务人员，预防疾病和促进健康更是义不容辞。

一、疾病预防的价值和对社会发展的贡献

进入21世纪，预防医学正在以前所未有的速度发展。预防医学在现代医学中的地位与作用不断提高，预防为主的策略成为实现全球卫生战略目标的共识。和临床医学相比较，预防医学具有更积极、更直接、更现实的意义，它符合人类健康利益的要求，代表了医学发展的方向。

（一）预防是解决健康问题的根本性对策

公共卫生学家 Ashton J 曾比喻说，医学工作者就像守卫在急流下游的救生员，整日忙于搭救落水者，以致没有时间或根本没有意识到要做“上游思考”，即去上游看看为什么有那么多人落水，如何防止人们落水。而预防医

学工作正是寻找线索、追根溯源的“上游思考”，它重视探明导致疾病的根源，以便采取有效的干预措施，消除疾病产生的原因，从而防止疾病发生。

（二）预防是实现医学目的最优先考虑的要素

现代医学尚不能根治所有疾病，更无法使生命摆脱衰老和死亡的规律，但所有的疾病、伤害都是可以全部或部分预防的。由美国 Hastings 中心发起的“医学的目的”国际研究组确定，医学的四项目的是：预防疾病和促进健康，解除疼痛和疾苦，治疗疾病和照料不能治愈者，预防早死和追求安详死亡。毋庸置疑，社会应把有限的卫生资源重点投入疾病预防和健康促进、自我保健和社区保健及患者照料方面，以更加体现医学的人道主义精神，实现医学的目的与核心价值。

（三）预防是最经济最有效的健康策略

从卫生经济学角度衡量，预防是卫生工作少投入、高产出、低费用、高效益的关键措施。由于预防避免或推迟了疾病的发生，终止或减缓了可预防疾病的医疗费用支出，也提高了社会生产力，所以，预防无论是对个人或社会，都具有明显的社会和经济效益，即“一盎司的预防胜于一镑的治疗”。美国疾病预防控制中心研究指出，如果美国男性公民不吸烟、不酗酒，坚持合理膳食和身体锻炼，其寿命可延长十年。而每年数以万计的钱用于临床医疗技术投资，却难以使全美国人口平均期望寿命增加一年。《中国防治慢性病中长期规划（2017—2025 年）》明确以慢性病的三级预防为主线，强调防治结合、全程管理，针对一般人群、高危人群、患者三类目标人群提出了针对性的策略措施。提出要以提高人民健康水平为核心，以深化医药卫生体制改革为动力，以控制慢性病危险因素、建设健康支持性环境为重点，以健康促进和健康管理为手段，坚持统筹协调、共建共享预防为主，分类指导，推动医疗工作由疾病治疗向健康管理转变。

（四）预防为主始终是我国卫生工作方针的核心内容

从中华人民共和国成立初期的卫生工作四大方针，即“面向工农兵、预防为主、团结中西医、卫生工作与群众运动相结合”；到新时期的卫生工作方针，即“以农村为重点、预防为主、中西医并重、依靠科技与教育、动员全社会参与、为人民健康服务、为社会主义现代化建设服务”；再到 2016 年 8 月 19 至 20 日召开的全国卫生与健康大会上习近平总书记讲话，即“要坚持正确的卫生与健康工作方针——以基层为重点，以改革创新为动力，预防为主，中西医并重，将健康融入所有政策，人民共建共享”。多年来党和政府始终将“预防为主”作为卫生工作方针中的核心，它要求全体医疗卫生工作者不但要为人民治好病，而且倡导群众主动与疾病作斗争。新时代卫生与健康工作方针继续把预防为主确定为主要内容，不仅是我国卫生健康工作宝贵经验的总结和继承，也是世界卫生与健康工作发展的潮流。当前面临传染病的挑战依然严峻，慢性非传染性疾病死因占比还在上升，如心脑血管疾病、恶性肿瘤和其他慢性退行性疾病已成为我国城乡居民最主要的死亡原因，以及影响国家经济社会发展的重大公共卫生问题。新时代疾病防控和健康促进工作，更加凸显了预防为主的重要性。

二、我国疾病预防取得的主要成就

中国在1949年前因战争以及瘟疫流行和饥荒，人群的健康状况极差，人均期望寿命仅35岁。中华人民共和国成立后，由于认真贯彻了“预防为主”的卫生工作方针，通过大力开展爱国卫生运动，实施国家重大疾病防控、防治政策，采用免疫接种、消毒隔离、检疫监测、消灭病媒动物、垃圾粪便处理、食物和饮用水安全保障等综合性的预防措施，传染病得到有效控制，成绩斐然。1963年，中国传染病发病率为3200/10万，死亡率为20/10万；到2016年，中国报告甲、乙类传染病总发病率为215.7/10万，死亡率为1.3/10万。早在20世纪60年代初期，中国在全世界第一个宣布成功消灭天花，比世界范围的天花绝灭提早了16年；中国也实现了无脊髓灰质炎目标；中国也成功地消灭了丝虫病，并有效控制了古典生物型霍乱、鼠疫、回归热、黑热病、斑疹伤寒等严重危害人民健康的传染病；结核病、艾滋病、乙型肝炎等防控工作取得重大成效。地方病严重流行趋势得到有效遏制，很多地方病，如血吸虫病、疟疾、丝虫病已基本控制；在总体上达到消除碘缺乏病阶段目标；有效控制了麻风病、血吸虫病、疟疾等曾经严重威胁人民群众健康的疾病。工、矿劳动条件逐步得到改善，中小学生体质得到了提高，食品安全卫生得到了保证，也进一步保障了人群的健康。中国各级卫生机构也都有了巨大的发展，全国覆盖城乡居民的卫生服务体系已经基本建立，卫生系统的服务和保障能力以及技术水平得到极大提升。中国基本医疗保障制度已基本覆盖城乡居民，人民群众得到发展带来的实惠。城乡医疗服务体系日臻健全完善，为城乡居民提供了综合、连续、安全、有效、方便、价廉的医疗卫生保健服务。在突发公共卫生事件、重大自然灾害中，发挥着维护人民群众生命安全、维护社会稳定的重要作用。尽管中国经济尚不发达，属发展中国家，然而居民的一些重要健康指标，如婴儿死亡率、总死亡率、期望寿命等，已超过其他发展中国家，高于世界平均水平，有些指标已接近发达国家的水平。中国人口死亡率已由 1949 年前的 25‰降低到 2017 年的 7.11‰，婴儿死亡率也由 1949 年前的 200‰下降到 2017 年的 6.8‰，孕产妇死亡率下降到 2017 年的 19.6/10 万。人均期望寿命在新中国成立前的 35 岁，到 2017 年人均预期寿命已达 76.7 岁。

中国的卫生事业在 1949 年以后的几十年里取得了举世瞩目的成就，人民健康水平不断提高。这是几十年来贯彻“预防为主”卫生工作方针的结果，尤其是采取公共卫生措施（如重视营养与食品卫生、饮水安全与卫生，改善生态与居住环境条件，推广预防接种，采取消毒隔离，实施检疫监测，加强环境卫生、妇幼卫生、学校卫生、职业卫生、健康相关产品等卫生监督）的结果。

《“健康中国 2030”规划纲要》（见表 5－1）提出“共建共享、全民健康”是建设健康中国的战略主题，并强调指出，坚持预防为主，全面提升公共卫生服务水平。大力抓好健康促进，倡导健康文明生活方式，塑造自主自律健康行为。坚持防治结合，因病施策，实施扩大国家免疫规划，有效防控各类重大疾病。深入实施基本和重大公共卫生服务项目。深入开展爱国卫生运动，综合整治城乡环境卫生，推进健康城市、村镇、社区、学校、家庭等建设。加强大气、水、土壤、工业污染等治理，建设有利于健康的生态环境。实施食品安全战略，让人民吃得放心。因此，预防医学积极对接国家重大决策部署，实施预防疾病、促进健康的策略与措施，是保障国民健康、建设健康中国战略的关键。

表 5－1　健康中国建设主要指标

指标	2015	2020	2030
人均预期寿命（岁）	76.34	77.3	79
婴儿死亡率（‰）	8.1	7.5	5

续表

指标	2015	2020	2030
5 岁以下儿童死亡率（‰）	10.7	9.5	6
孕产妇死亡率（1/10 万）	20.1	18	12
城乡居民达到《国民体质测定标准》合格以上的人数比率（%）	89.6（2014 年）	90.6	92.2
居民健康素养水平（%）	10	20	30
经常参加体育锻炼人数（亿人）	3.6（2014 年）	4.35	5.3
重大慢性病过早死亡率（%）	19.1（2013 年）	比 2015 年降低 10%	比 2015 年降低 30%
每千常住人口执业（助理）医师数（人）	2.2	2.5	3
个人卫生支出占卫生总费用的比重（%）	29.3	28 左右	25 左右
地级及以上城市空气质量优良天数比率（%）	76.7	>80	持续改善
地表水质量达到或好于Ⅲ类水体比率（%）	66	>70	持续改善
健康服务业总规模（万亿元）	–	>8	16

三、健康和健康决定因素

2003 年春天，SARS 自中国广东肇始，随后一路北上，在北京集中暴发。回首往事，不少亲历者对“满城尽是口罩人”的画面记忆犹新。疫情肆虐的初期，从政府到医疗机构，均处于被动应对的局面。医护人员的防护装备只有口罩、帽子充足，护目镜、拖鞋、隔离衣短缺，也没有防护服，工作时眼睛、耳朵等都暴露在外。工作分区也较为简单，消毒设施简陋。一段时期后，各项医疗防护装备才逐步齐全。官方权威信息缺席，流言四起。恐慌在人群中蔓延，货架上的板蓝根、食醋、口罩被抢购一空。

2020年以武汉为重点的全国人民经受着又一场严峻的考验。新型冠状病毒感染肺炎无情地夺取着人民的健康，乃至生命。这场突如其来的疫情，让全国上下14亿人感受到病毒的无情，但同时也看到了全国上下一心、共同抗“疫”的感人场面。武汉封城，全国支援武汉，中央采取停工停产停课、居民居家隔离，全民戴口罩、勤洗手、出入公共场合量体温等一系列有效措施，控制了国内疫情，保护了人民健康，得到了世卫组织专家的认可。同时将经验传授给疫情严重的其他国家，并派医疗队进行支援，为捍卫世界人民的健康做出了积极贡献。

由此可见，如果人民健康水平低下，疾病预防和控制不力，疫病流行，不仅人民生活水平和质量受到重大影响，而且社会也将付出沉重的代价。因而疾病预防和人民健康是息息相关的。

（一）健康的概念

什么是健康？由于人们所处时代、环境和条件的不同，对健康的认识也不尽相同。受传统观念和世俗文化的影响，长期以来传统的健康观，认为“无病即健康”，把有无疾病视为健康的判断标准，把健康单纯地理解为“无病、无残、无伤”。

随着人类文明的进展，人们对健康与疾病的认识逐步深化，于是形成了整体的、现代的健康观。这就是1948年世界卫生组织所提出的定义：“健康是身体、心理和社会幸福的完好状态，而不仅是没有疾病和虚弱。”躯体健康是指机体结构完好，功能正常；心理健康的含义包括正确认识自我，正确认识环境和适应环境；社会适应能力的内涵包括三方面，即个人能有效地扮演与其身份相适应的角色，个人的能力在社会系统内得到充分发挥，个人行为与社会规范一致。健康不仅是指身体的强健，更是生理和心理乃至生存环境、社会福祉的和谐状态。

1986年，WHO在《渥太华宪章》中进一步延伸了健康的定义，指出：“健康是日常生活的资源，而不是生活的目标。健康是一个积极的概念，它不仅是个人身体素质的体现，也是社会和个人的资源。”“达到身心健康和较好地适应社会的完美状态，每一个人都必须有能力去认识和实现这些愿望，努力满足需求和改善环境。”1990年，WHO关于健康的概念在上述定义基础上又有了新的发展，将道德健康纳入健康的范畴，即健康包括生理、心理、社会和道德健康四个方面的内容。道德健康是指健康者不以损害他人利益来满足自己的需要，具有辨别真与伪、善与恶、美与丑、荣与辱等是非观念，能按照社会道德行为规范来约束自己及支配自己的思想和行为。

“健康是日常生活的资源，而不是生活的目标。健康是一个积极的概念，它不仅是个人身体素质的体现，也是社会和个人的资源。”在这个定义中，指出了“健康是什么”（它的组成）和“健康是做什么的”（它的作用）两个方面。

1. 健康的组成

健康是由身体、心理和社会三个维度组成的适应和自我管理的能力，这三个维度以相互作用的方式建立相互的联系，使得我们能够参与到日常的生活过程中。

（1）身体健康。我们身体所构成的生理和结构的特征，包括体重、视力、力量、协调性、忍耐力程度、对疾病的易感水平和复原力等，可帮助我们完成一系列的生理功能去处理每天的事情。在与环境相互作用的过程中，一个健康的生物体可以通过不断适应和改变环境来维持生理的稳态。机体这种通过积极的变化维持内在稳定性的适应过程称为复稳性应变。当面对生理压力时，一个健康的生物体能够产生保护性反应，减少伤害的可能性，恢复（或适应）平衡。但是，如果这种生理性的应对不力，仍然存在损害或“非稳性负荷”的话，最终则可能会导致疾病。所以，身体方面是健康的最重要部分。

（2）心理健康。包括智力、情绪和精神。①智力：指人们接收和处理信息的能力（是健康素养的重要方面），因此在很多方面会有助于提高我们的生活质量。②情绪：情绪往往表现为生气、快乐、害怕、同情、罪恶、爱和恨等。包括人们看待现实社会、处理压力、并能灵活和妥协地处理冲突的能力。我们常常都会被情绪状态所影响，比如，那些一直努力促进情绪健康的人，会让生活充满愉快，而不是让情感满是伤痕或生活没有快乐。③精神：包括人们对整个宇宙的认识、人类行为的本性，还有服务他人的愿望。在一个人的适应和自我管理能力中，心理上的一致感起着重要的作用。一致感是个体对生活的总体感受和认知，是个体内部稳定的心理倾向，是人们一种深入、持久但同时又具有动力性的自信心。一致感由可理解感（comprehensibility，指来自个体生命历程中内外部的压力是结构化的、可预测的和可解释的）、可控制感（manageability，指个体能够取得资源来应对这些压力）和意义感（meaningfulness，指这些压力具有挑战性同时又是值得为之投入的）共同构成的一种心理保护机制，即一种成功应对外界变化的能力，从而有助于人们从较强的心理压力中恢复过来，并防止发生创伤后应激障碍。增强心理一致感通常会改善主观幸福感，并能促进身心的积极互动，增进健康。

（3）社会健康。个人的社会健康方面包括人们发挥其潜力和承担义务的能力，即使患有一些疾病也能以某种程度的独立性来管理自己生活的能力，以及参与包括工作在内各种社会活动的能力。作为一个社会人，人们从出生开始，就与父母以及其他家庭成员来往；慢慢长大后，上幼儿园和学校开始与同伴交往；工作后与同事以及更大范围的人们交往，等等。在与他人的交往以及与社会的接触过程中，人们能够工作或参与社交活动，通过建立良好的人际关系，应对外部社会和物质环境条件的挑战，成功地抑制所患的疾病，从而能在有限的条件下也感到幸福。所以，一个人的社会健康主要表现为三个方面：①独立：与一个相对不成熟的个体相比，一个社会成熟的个体应具有更大的独立性和自主性。②人际关系：一个社会健康个人的特点应该是具有与人建立联系并与他们合作的能力。③责任：一个社会成熟的人应该敢于承担义务和责任。

2. 健康的作用

健康的组成是从健康的三个维度获取资源，并把它应用到每天的日常生活中，即健康的作用。世界卫生组织在《关于老龄化与健康的全球报告》中指出，健康能否发挥其作用，取决于一个人的内在潜能和他/她所处的环境。内在潜能是指个体在任何时候都能动用的全部身体和心理能力的组合。在现实生活中，一个人要完成日常的各种活动，不仅取决于机体本身的内在潜能，还受他/她所处环境之间相互作用的影响。个体内在潜能与相关环境特征以及两者之间相互作用的组合称为功能发挥能力，即个人和环境属性的总和，使人们能够或去做他们认为合理和有价值的事。如对于新生儿或婴儿，功能发挥能力可以通过进食和游戏来表现；而对于老年人来说，功能发挥能力则表现为其有独立行事的能力，而不依赖他人的照护。我们知道，任何时候，一个个体都可能储存一部分没有动用的功能发挥能力。一个人在面对逆境时，能够通过抵抗、恢复和适应来维持和改善功能发挥能力的水平，称为复原力。复原力既包括个体内在潜能，也包括可以延缓或弥补能力不足的环境因素。在整个生命过程中，功能发挥能力和内在潜能可以在一定范围内变化，这种变化取决于个人的情况和影响健康轨迹的关键事件。

由此可见，良好的健康状态可以使我们发挥适应和自我管理的能力，成功地应对周围环境的挑战，从事生活所需的各种活动，从而使我们的人生各个阶段经历丰富多彩的生活，并随着时间的推移，在日复一日的人生经历中积极地扮演不同生命阶段所需要的角色。在这一过程中，健康可以使我们对生活更为满意和快乐，产生幸福感（wellbeing，它反映一个人的整体状态和主观的感受，具有多维概念，包括：①感知生活满意度；②所体验的情感；③自我实现和觉得有意义）。同时幸福感会进一步促发我们健康的潜能，改善个人的生活质量，直接提高个体劳动生产率。所以，健康是一个人使用与健康的各个维度联系的内在潜能和外在资源，从而充分地参与到对生命过程有益活动的能力反映。

从全人群的角度看，保证人人健康可以提高整个国民素质，延长人力资本的使用时间和提高使用效率，避免疾病造成的直接和间接的经济损失，减少社会医疗费用的支出，使社会收入再分配能够向高层次需求和提高生活质量转移，有利于促进社会的良性循环和经济的快速发展。一句话，健康是促进人的全面发展的必然要求，是经济社会发展的基础条件。实现国民健康长寿，是国家富强、民族振兴的重要标志，也是全国各族人民的共同愿望。因此，对健康概念的进一步理解，将有助于我们更好地制定促进健康和预防疾病的策略，积极地推进以治病为中心向以健康为中心的转变。

（二）健康决定因素

健康决定因素是指决定个体、群体乃至全人群健康状态的因素。针对以前人们习惯于把健康的改进仅归因于卫生服务的狭隘理解，加拿大卫生与福利部前部长 Marc Lalonde 于 1974 年发表了一篇题为 *A New Perspective on the Health of Canadians* 的著名报告，把影响健康的众多因素归纳为四大类：人类生物学、生活方式、环境以及卫生服务的可得性，使人们对健康的决定因素的理解得到了很大的扩充。在这四大类的基础上，目前对社会经济环境和个人的因素又进一步细分和强调以下方面。

1. 社会经济环境

（1）个人收入和社会地位。研究表明收入和社会地位是重要的健康影响因素。健康状态每一步的改进都与经济收入和社会地位（的提高）有关。但并不是收入的绝对水平，而是一个社会中收入的公平性（在一个社会内部，反映个人在社会层次中地位的相对收入）决定了社会经济状况对健康的影响程度。一个合理繁荣和社会福利公平的社会，人们会享受到更高的健康水平。

（2）文化背景和社会支持网络。文化包括人们的信仰、价值观、行为规范、历史传统、风俗习惯、生活方式、地方语言和特定表象等，它通过潜移默化的作用影响着人们的健康。社会支持网络是一个人在社会中所形成的人际关系。由人与人之间的信任、互惠、支持，以及团体共同的社会规范和价值观称为人际资本，又称社会资本。这种通过社会网络或社会关系的建立而带来具有互惠和信任特性的“资源”，会有助于个体甚至群体健康水平的改善。

（3）教育。健康状况与文化程度有密切关系。文化程度增加了就业和收入的机会，并提高了人们控制生活条件和自我保健的能力。

（4）就业和工作条件。拥有控制工作条件和较少担心失去工作的人，会有更健康的身体，而失业明显与不良的健康状况有关。工作条件还与下面介绍的物质环境有关。

2. 物质环境

包括在生活和职业环境中的物理（如气温、气湿、气流、气压等气象条件，以及噪声和振动、电磁辐射和电离辐射等）、化学（如生活和职业环境中的各种有机和无机化学物，如农药、苯、铅、汞、二氧化硅粉尘、二氧化硫等）和生物因素（如自然界环境中的各种生物因子，包括寄生虫、支原体、真菌、细菌、病毒等），以及建成环境。它们是影响人们健康的重要因素。

（1）物理、化学和生物因素。这些因素可来自于自然环境、工业使用和生产过程产生的有害物质，以及在农业耕种等条件下产生的各种有害因素。它们一般以空气、水、土壤和食物为载体，存在于家庭、学校、工作场所和其他生活场所中。人们接触后通过呼吸道吸入、消化道消化吸收或皮肤渗入，甚至因被咬伤而进入机体，从而影啊人们的身体健康。

（2）建成环境是指为人类活动而提供的人工建造环境，如房屋和街道等建筑物，公园及其他绿化空间等。居民居住小区的建成环境成了人们每天生活、工作和娱乐的人造空间，对促进居民养成健康的生活方式，促进身体活动和心理健康有着重要的影响。

3. 个人因素

（1）健康的幼儿发育状态。良好而健康的人生早期阶段（围生期和婴幼儿期），包括良好的身体素质、幸福的家庭生活、良好的生活习惯和处理问题的能力，是他们将来健康生活的基础。如低出生体重儿除了因免疫力低，在出生后比正常体重儿易患各种传染病外，将来患慢性病如糖尿病的风险也比较高；生活在充满家庭暴力或父母有不良生活习惯家庭的儿童，容易染上不良的生活习惯。

（2）个人的卫生习惯。如吸烟、喝酒、滥用药物和吸毒，不健康的饮食习惯，身体活动少等不良的生活行为方式是当今人类健康的重要威胁。

（3）个人的能力和技能。人们具有健康生活的知识、态度和行为，处理健康问题的技能，从而在日常生活中能做出健康的选择，是影响健康的关键因素。

（4）人类生物学特征和遗传因素。人体的基本生物学特征如性别、年龄等是健康的基本决定因素。遗传的素质影响不同个体的健康问题和疾病状况。

4. 卫生服务

卫生服务尤其是指维持和促进健康，预防疾病和损伤，健全的卫生机构，完备和质量保证的服务网络，一定的经济投入，公平合理的卫生资源配置，以及保证服务的可及性，对每一个人乃至整个人群健康有着重要的促进作用。

（三）健康生态学模型

健康决定因素是如何作用于人体来影响健康的？有许多学说对此进行解释，但目前普遍公认的是健康生态学模型。健康生态学模型强调个体和群体健康是个体因素、卫生服务以及物质和社会环境因素相互依赖和相互作用的结果，且这些因素间也相互依赖和相互制约，以多层面上交互作用来影响着个体和群体的健康。作为一种系统论的思维方式，它是指导预防医学和公共卫生实践的重要理论模型。如图 5－1 所示，该模型的结构由内向外可分为五层：核心层是先天的个体特质如年龄、性别、种族和其他的生物学因素以及一些疾病的易感基因等；在这核心层之外是个体的行为特点；再外一层是家庭、社区和社会的人际网络；第四层是生活和工作的条件，包括心理社会因素，是否有工作以及职业的因素，社会经济地位（收入、教育、职业），自然和建成环境（后者如交通、供水和卫生设施、住房以及城市规划的其他方面），公共卫生服务和医疗保健服务等；最外一层（即宏观层面）是当地、国家水平乃至全球水平的社会（包括引起对种族、性别和其他差别的歧视和偏见的有关经济公平性、城市化、人口流动、文化价值观、观念和政策等）、经济、文化、卫生和环境条件，以及有关的政策等。尽管我们常察觉到的是包括基因敏感性在内的个体水平的健康影响因素对健康的作用，但从群体健康的角度看，宏观水平的条件和政策如社会经济与物质环境因素是起着根本决定性作用的上游因素，这些因素又间接影响着中游（心理和行为生活方式）和下游（生物和生理）因素，成为“原因背后的原因”。

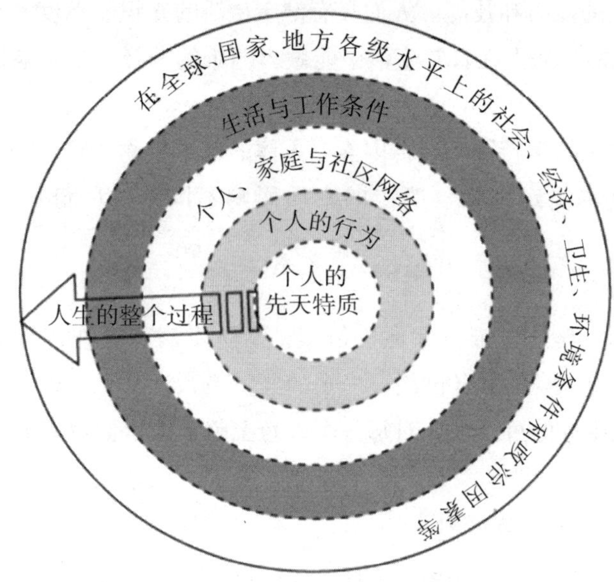

图 5-1　健康生态学模型

健康生态学模型有三个特点：

1. 多重性

无论我们拟解决的问题是行为、疾病或整体健康，它们都受到个体因素（基因、生物学特征、心理、认知、情感、知识和技能等），物质环境因素（自然环境、地理位置、建成环境、工作环境、科技发展等），以及社会政治经济和文化因素（家庭、同辈、组织机构、社区、公共政策、商业行为政策等）的多重影响。

2. 交互性

影响人类健康及行为的多维因素不仅可以直接影响我们个体和群体的健康，各个层面的因素之间也会相互依赖和相互作用，并一直处于不断变动并相互影响的状态之中。

3. 多维性

人作为整个生态系统的组成成分之一，可单独存在，也可以家庭、单位、社区乃至整个人群的水平存在于该系统中。因此，环境对人健康的影响也可体现在对个体、家庭、单位、社区、社会等多个维度上。

由此可见，当今影响健康的因素是广泛、复杂和多维的，并发生在我们每天的生活过程中，其影响不仅是接触的当时，同时也在影响一个人的一生。如许多的急性传染病、急性中毒，是由于短期接触就导致了人的健康和功能的损害。而另一方面，在人的一生中，整个宏观的社会和物质环境，父母的基因，母亲怀孕以及婴幼儿时期的营养状况，家庭环境和社会关系的影响，个人的生活习惯和成年期的工作环境等，对人一生的生理功能和精神心理等健康都有长期的影响。如果是有利于健康的积极因素，则使人们更好地维护健康和提升幸福感。而那些致病因素长期作用于人体，使重要组织和细胞发生病理改变，这种改变在致病因素的持续作用下以多因相连、多因协同或因因相连，使致病效应累积并超过机体的代偿或修复能力，终于从复稳性应变发展为非稳性负荷，造成重要器官功能失调产生病理或临床症状，甚至死亡。

对健康决定因素这种生态学特点的认识，就是我们所说的“大健康观”。它要求我们必须克服传统一个原因导致一种健康问题的一对一线性思维习惯，和以疾病为导向的生物医学工作模式，而是要应用系统论的思维方式考虑健康决定因素及其关系，并以此来指导我们健康的干预策略。

四、疾病预防与公共卫生

（一）三级预防策略

健康与疾病具有相对性和连续性，两者之间有一个由量变到质变的过程。一个人从健康→疾病→健康（或死亡），可以认为是一个连续的过程，称为健康疾病连续带；一个群体从健康问题低分布→健康问题高分布→健康问题低分布，也是一个连续的过程，称为疾病分布或健康问题分布的连续性。

疾病自然史是指疾病从发生、发展到结局的全过程。按照时间顺序、有无临床症状和体征可分为五个阶段：①健康期；②病理发生期，也称为生物学改变期；③临床前期，从疾病发生到出现最初的症状或体征；④临床期，出现形态结构或功能的明显异常，表现出典型的临床症状；⑤结局，疾病可以发展为痊愈、缓解、伤残或死亡等不同结局。基于疾病自然史的五个阶段以及健康疾病连续带的理论，从健康危险因素作用于机体到出现临床症状有一个时间过程，危险因素的性质和接触量的多少可使疾病发生的时间或长或短，这样就为疾病的预防提供了机会。在疾病自然史的不同阶段，通过有效的早期诊断、预防和治疗措施可以改变疾病的自然史直至向健康转归。

根据健康与疾病连续谱以及健康决定因素的特点，把预防按等级分类，称为三级预防。三级预防是指根据疾病自然史及健康决定因素的特点，把疾病的预防分为三级。三级预防的特点是把预防的概念融入疾病发生发展的全过程扩大到人生的全过程，把临床医疗工作与预防工作紧密结合，并且以“预防为主”为导向。

1. 第一级预防

第一级预防又称病因预防，是指通过采取措施促进健康，或消除致病因素对机体危害的影响，以及提高机体的抵抗力来预防疾病的发生。在第一级预防中，如果在健康的有害因素还没有进入环境之前就采取预防性措施，则称为根本性预防。如为了保障人民健康，从国家角度以法令的形式，颁发了一系列的法律或条例，预防有害健康的因素进入国民的生活环境。

第一级预防包括保障全人群健康的社会和环境措施和针对健康个体的措施。

（1）保障全人群健康的社会和环境措施：是从全球性预防战略和各国政府策略及政策角度考虑所采取的公共卫生措施，如制定和执行各种与健康有关的法律及规章制度，把健康融入到所有的政策中，使所有的公共政策都有益于健康，从而从社会、经济、文化等层面来保障整个人群的健康；提供清洁安全的饮用水和食品，针对大气、水源、土壤的环境保护措施，公众体育场所的修建，公共场所禁止吸烟；利用各种媒体开展的公共健康教育，提高公众健康意识和自律能力，防止致病因素危害公众的健康等。

（2）针对健康个体的措施：如：①个人的健康教育，注意合理营养和促进有规律的身体活动，培养良好的生活行为方式和心理健康；②有组织地进行预防接种，提高人群免疫水平，预防疾病；③做好婚前检查和禁止近亲结婚，预防遗传性疾病；④做好妊娠和儿童期的卫生保健；⑤某些疾病的高危个体服用药物来预防疾病的发生，即化学预防。

2. 第二级预防

第二级预防又称临床前期预防或“三早”预防，是针对临床症状或体征不明显的患者采取早期发现、早期诊断、早期治疗的预防措施。对于传染病，还应做到疫情早报告、患者早隔离，即“五早”。第二级预防的目标是控制或延缓疾病发展，促使病变逆转，缩短病程或防止转为慢性及病原携带状态，降低现患率。

达到“三早”的根本方法是宣传教育，提高医务人员诊断水平和开发微量、敏感、实用的诊断方法和技术，建立社会性高灵敏可靠的疾病监测系统。通过普查、筛检、定期健康检查以及高危人群重点项目检查、职业健康监护、设立专科门诊等，有助于从无症状的人群中发现早期患者。对于那些有可能逆转、停止或延缓发展的疾病，早期检测和预防性体格检查更为重要。

3. 第三级预防

第三级预防又称临床预防或发病期预防，对已患某些疾病者，采取及时的、有效的治疗措施，终止疾病的发展、防止病情恶化、预防并发症和伤残；对已丧失劳动力或残废者，主要促使功能恢复、心理康复，进行家庭护理指导，使患者尽量恢复生活和劳动能力，能参加社会活动并延长寿命。不同类型疾病，有不同的三级预防策略。任何疾病或多数疾病，不论其致病因子是否明确，都应强调第一级预防。如大骨节病、克山病等，病因尚未肯定，但综合性的第一级预防还是有效的。又如肿瘤更需要第一级和第二级预防。有些疾病，病因明确而且是人为的，如职业因素所致疾病、医源性疾病，采取第一级预防，较易见效。有些疾病的病因是多因素的，则要按其特点，通过筛检、及早诊断和治疗会使预后较好，如心脑血管疾病、代谢性疾病，除针对其危险因素，致力于第一级预防外，还应兼顾第二和第三级预防。对那些病因和危险因素都不明，又难以早期发现的疾病，只有施行第三级预防这一途径。

疾病类型不同，三级预防策略有所不同。对于多数疾病，无论其病因是否明确，都应强调第一级预防；对于病因明确的传染病、职业性疾病、医源性疾病，应积极实施第一级预防；对于多因素的慢性非传染性疾病，如心脑血管疾病、代谢性疾病、恶性肿瘤，在实施第一级预防的同时，还应兼顾第二级和第三级预防；对于病因和危险因素未明且难以察觉的疾病，在实施第三级预防的同时，应积极研究早期检测的方法和技术。

对许多传染病来讲，针对个体的预防同时也是针对公众的群体预防。如个体的免疫接种达到一定的人群比例后，就可以保护整个人群。对传染病患者采取“五早”措施，可有效地阻止其向人群的传播。

（二）我国公共卫生现状

1. 公共卫生的概念

公共卫生是保障公民健康长寿和社会前进的必要条件。随着时代的发展，人们对公共卫生的认识也不断深化。1920 年，被誉为现代公共卫生创始人的美国耶鲁大学公共卫生教授温斯洛（Charles - Edward A. Winslow）将公共卫生定义为：公共卫生是指通过有组织的社区努力来预防疾病、延长寿命、促进健康和提高效益的科学和艺术。这些努力包括：改善环境卫生，控制传染病，教育人们注意个人卫生，组织医护人员提供疾病早期诊断和预防性治疗的服务，以及建立社会机制来保证每个人都达到足以维护健康的生活标准。以这样的形式来组织这些效益的目的是使每个公民都能实现其与生俱有的健康和长寿权利。这一定义概括了公共卫生的本质、工作范围和目的。此定义在 1952 年被 WHO 采纳并沿用至今。在中国，2003 年 7 月 28 日，作为当时中国公共卫生界的官方领军人物，时任中国副总理兼卫生部部长的吴仪，在全国卫生工作会议上代表政府对公共卫生作了如下诠释：“公共卫生就是组织社会共同努力，改善环境卫生条件，预防、控制传染病和其他疾病流行，培养良好卫生习惯和文明生活方式，提供医疗服务，达到预防疾病，促进人民身体健康的目的。”这是中国第一次明确提出的，比较系统全面的公共卫生定义，反映了中国现代公共卫生的共识。

2. 公共卫生体系

公共卫生是一项公共事业，属于国家和全体国民所有。公共卫生建设需要国家、社会、团体和民众的广泛参与和共同努力。公共卫生体系是指在一定的权限范围内提供必要的公共卫生服务的公共、民营和志愿组织的总体。它常被描述为具有不同功能、相互关联和相互作用的网络，为整个社区和地方公众健康和福祉服务的各种组织机构，如图 5 – 2 所示。

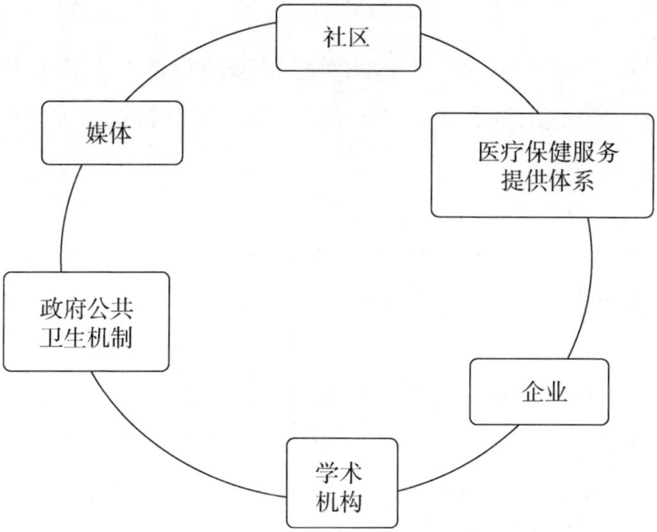

社区
医疗保健服务提供体系
企业
学术机构
政府公共卫生机制
媒体

图 5 – 2　公共卫生体系

公共卫生体系一般包括以下方面。

（1）国家、省市和地方的公共卫生服务专业机构它们是公共卫生体系的支柱，是负责公共卫生实施的业务部门，承担着政府保障人群健康的职责。

（2）医疗服务体系。它们一般作为突发公共卫生事件的第一报告人、疾病监测的前哨以及日常各种个体化预防服务和疾病管理服务的提供者，在保障公众健康中起到积极的作用。临床医生同样也是公共卫生的一员，针对传染病，临床医生须完成监测和报告、患者的隔离控制等工作，在“防”与“治”两个方面均承担重要的作用。

（3）社区。这是人们集聚和生活的地方，它既是公共卫生措施具体实施的场所，同时也作为各种合作部门（如公共安全、环保、教助、社会教育团体等）的整体，成为公共卫生体系的重要合作伙伴。

（4）企事业单位。主要代表了在职人员工作的场所。它除了需要保护和促进本单位人群的健康外，还负有保护环境、帮助社区等社会责任，即所谓的企业社会责任。

（5）大众媒体。它是公共卫生信息传播的主要载体，对公众的健康心理和行为产生着重大的影响和引导作用。

（6）学术研究机构。作为公共卫生人才培养的主要机构，也是公共卫生创新性研究的重要部门，它为改善和发展公共卫生事业及服务水平提供基础资料。

由此可见，政府公共卫生机构和医疗保健的提供者应是公共卫生的主体，它们与社会其他的组织及政府其他部门建立和维持伙伴关系，共同保障和促进全人群的健康。

3. 我国公共卫生存在的问题与挑战

（1）公共卫生体系仍存在结构性、制度性突出矛盾。目前我国虽已初步建立覆盖城乡的公共卫生体系，但仍存在结构性、制度性突出矛盾，主要体现在以下几个方面。

①公共卫生应急管理体系仍然比较薄弱。从抗击新冠肺炎疫情的情况看，现有公共卫生体系对突发公共卫生事件的预警能力、应对能力存在短板。比如医护人员急需的防护服、口罩短缺等现象，反映出公共卫生基本应急物资储备体系不健全，疫情发生后的反应能力和处置能力不强的严重缺陷。

②公共卫生管理体制和运行机制不到位。虽然公共卫生体系的“四梁八柱”基本制度框架已经建立，但公共卫生管理碎片化、资源分散化的矛盾比较突出。例如，公共卫生资源分散在公共卫生监管部门、专业公共卫生机构、各类医疗服务机构等部门，难以有效整合，特别是在发生突发公共卫生事件时，难以形成强大合力。

③“重医轻卫”“重医轻防”的矛盾还比较突出。财政资源、人才资源和基础设施等的资源配置，存在“重医轻卫”“重医轻防”的倾向。例如，疾控体系建设投入“财神跟着瘟神走”的特点还比较突出。此外，专业公共卫生人员不足、基层公共卫生队伍不稳定的矛盾比较突出，并由此导致传染病防控能力严重不足。

④公共卫生法律体系不健全。目前，我国公共卫生领域有13部法律，但相对侧重微观技术层面。部门立法和管理型立法特征明显，立法碎片化问题突出。

（2）政府公共卫生投入与实现“健康中国”目标仍有较大差距。从抗击新冠肺炎疫情的实践看，我国公共卫生体系的重要短板之一，是公共卫生领域的投入远不适应实际需求。尽管2003年危机后，我国增大了公共卫生投入，但投入不足、结构不合理的矛盾仍然比较突出，主要体现在以下几个方面。

①卫生筹资总体水平偏低。2018年，我国卫生总费用占GDP的百分比为6.57%，但仍低于世界平均水平。世界银行数据显示，2014年世界卫生费用支出占GDP比重平均为9.9%。其中，美国达17.1%。瑞典、瑞士、法国和德国占比分别达到11.9%、11.7%、11.5%和11.3%。在亚洲，日本和韩国的卫生费用占GDP比重为10.2%和7.4%。金砖国家中的巴西和印度，卫生费用占GDP比重分别达到9%和8.9%。

②卫生经费的支出结构不合理。以2013年为例，我国政府卫生支出中有65.19%用于疾病治疗，用于疾病预防的仅占14.59%，而直接用于重点疾病预防控制的经费（基本公共卫生服务和重大公共卫生服务项目），仅占当年政府卫生投入总额的7.91%。

③专业公共卫生机构获得的经费支持比重偏低。2018年，我国专业公共卫生机构获得的财政补助收入为1243亿元，基层卫生医疗机构获得的财政补贴收入为1977亿元。两者分别占医疗卫生机构财政补助收入（6065亿元）的21%和32.6%。相比之下，各类医院获得的财政补助收入占比高达44.47%。

（3）比照“健康中国2030”目标要求，政府的公共卫生职能履行远不到位。2003年危机以来，加快建设公共服务型政府成为多方面的共识，政府的公共卫生职能有所加强。《“健康中国2030”规划纲要》提出，要把健康摆在优先发展的战略地位。但是，无论从此次抗击新冠肺炎疫情的情况看，还是从实施《“健康中国2030”规划纲要》的要求看，政府的公共卫生职能履行仍严重不到位，主要体现在以下几个方面。

①难以适应全面快速增长的公共卫生需求。一是公共卫生领域存在较多的历史欠账，某些传统传染性疾病和公共卫生问题尚未得到有效控制；二是在新发传染病出现时，突发公共卫生事件应急能力不强仍是突出短板；三是随着我国加速进入老龄化社会，慢性病出现“井喷”状态，但尚未形成有效应对慢性病的公共卫生管理体系。

②政府卫生支出占比仍然偏低。世界卫生组织《2010年世界卫生报告》中提倡的卫生支出目标为：广义政府卫生支出占GDP的比重不低于5%，个人卫生现金支出占全国卫生总支出的比重为15%～20%。2018年我国政府卫生支出占GDP比重仅约为1.82%，个人现金卫生支出占卫生总费用的比重

高达28.61%。

③尚未形成“大卫生、大健康”的公共卫生管理框架。由于缺乏顶层设计，尚未形成国民全生命周期健康管理服务的管理框架。一是公共卫生领域的中央地方关系尚未理顺，公共卫生服务均等化尚未实现；二是公共卫生各专业机构高度组织化、属地化，医疗机构承担公共卫生职能定位不明确，公共卫生机构、医疗机构分工协作机制不健全；三是疾病预防控制网底不牢、职责不清；四是基层医疗卫生机构无法获取应有的公共卫生资源等。

五、以人民健康至上理念，提高我国公共卫生服务水平

1. 以人民健康为中心推进公共卫生体系变革

①以“健康中国2030规划纲要”为目标全面提升我国公共卫生体系的水平和质量。从国际比较看，美国有三亿多人口，卫生人员总数为1900万；我国有14亿人口，到2018年末卫生人员总数仅为1230万人。我国已进入发展新阶段，在广大社会成员的卫生健康需求全面快速增长的时代背景下，建设公共卫生体系、扩大公共卫生基础设施建设、提高公共卫生发展水平仍有巨大空间。

②理顺公共卫生体制，提升公共卫生体系的效能。例如，整合各种公共卫生议事协调机构，设立自上而下的政府公共卫生委员会，理顺各级政府公共卫生职责；建立健全公共卫生经费财政保障制度；深化专业公共卫生机构改革，以“公益性和营利性分离”为原则，重构专业公共卫生网络；改革完善公共卫生人才培养体系与人才管理体制；构建老龄化社会下公共卫生的社会保险制度支撑等。

③深化公共卫生体系变革。着力解决公共卫生尤其是重大疫情防控的体制机制缺陷；着力深化公共卫生体系、公立医院等方面的改革；着力加大公共卫生领域的政府投资，提升公共卫生领域的供给质量。

④充分发挥中医药在公共体系建设中的独特优势。习近平总书记在2016年的全国卫生与健康大会上明确提出：“要着力推动中医药振兴发展，坚持中西医并重，推动中医药和西医药相互补充、协调发展，努力实现中医药健康养生文化的创造性转化、创新性发展。”《“健康中国2030”规划纲要》对充分发挥中医药独特优势做出部署。问题在于，要把发展中医药作为国家公共卫生体系建设的重要任务，从提高中医药服务能力、发展中医药养生保健

治未病服务、推进中医药继承创新等方面，加大投入力度，促进中医药发展，使中医药在“健康中国”建设中发挥重要作用。

2. 适应“健康中国”的要求，加大政府对公共卫生的投入

①加大卫生经费投入。通过扩大财政卫生经费支出等措施，争取到“十四五”末期，我国卫生总费用占 GDP 的比例达到 10% 左右。

②扩大公共卫生领域的财政投入。调整财政支持结构，进一步提升公共卫生财政投入的比重，保障疾控体系和基层公共卫生体系正常运转的资金支持。

③公共卫生支出向农村和落后地区倾斜。缩小城乡和地区间基本公共卫生服务的差距，加快基本公共卫生服务均等化进程。

3. 以“大卫生、大健康”为导向创新政府公共卫生管理体制

①强化“大卫生、大健康”公共卫生管理体制的顶层设计。适应全生命周期健康管理服务的要求，重新定位政府公共卫生职责和专业公共卫生机构、综合医院和专科医院、基层医疗卫生机构等职责，实现防治结合，将慢性病纳入公共卫生管理框架，建立完善功能互补、协作密切、权责清晰的公共卫生管理体制。

②实现政府履行公共卫生职责法定化。第一，以立法的形式明确界定政府公共卫生职能，确保政府履行公共卫生服务职能于法有据。第二，明确公共卫生领域的各级政府的法定支出责任，理顺公共卫生领域的中央地方权责分工。第三，依法规范公共卫生行政部门、公共卫生专业机构和公立医院的职责。

③完善政府购买基本公共卫生服务的机制，充分发挥社会力量的作用。注重提升公共卫生投入的效率，制定国家基本公共卫生服务项目成本或标准价格；完善政府采购，形成包括公立医院、民营医院、公共卫生机构等在内的多元供给主体；形成充分调动各方面积极性，以结果为导向的公共卫生服务供给体系。

进入 21 世纪后，非典、新冠肺炎等突发公共卫生事件频繁发生，除此之外慢性病对人群健康的威胁也日益严重，而预防和控制这些人群健康的问题都需要临床医生的积极参与。在全国上下大力推进健康中国建设的过程中，人人参与、人人尽力、人人享有已成为全社会的共识。作为保障人民健康重要卫士的临床医务人员，更是义不容辞。从目前中国一系列卫生政策可以看

到，中国的卫生服务越来越强调健康促进，突出预防为主，强调临床与预防的结合，这是中国医学教育史上正反两方面经验的总结。

健康中国建设已上升为国家战略，从目前我国出台的一系列卫生与健康相关改革政策和医教协同深化临床医学教育改革精神可以看出，高等职业教育临床医学专业更需要培养面向乡村、服务基层的学得好、下得去、用得上、留得住、干得好的助理全科医生。根据基层医疗卫生服务“预防、保健、诊断、治疗、康复、健康管理”六位一体的服务要求，医学生不仅要通晓临床各科疾病及其诊断、治疗、康复的理论与技能，而且更应掌握预防、保健和健康管理的基本理论与技能。

医学生学习预防医学的主要目的是：树立预防为主、大卫生、大健康和群体的观念，学习预防医学的思维方法，运用预防医学的基本理论和技能，开展医疗保健和健康管理服务工作，从“以治病为中心”向“以健康为中心”转变；在临床场所能敏锐地察觉和报告公共卫生问题，能提供个体化的健康维护计划，能与公共卫生人员一起促进社区人群健康；掌握影响疾病与健康的各种环境因素，充分认识改善和控制环境因素是预防疾病、促进健康、提高生命质量的重要措施；完整地认识现代医学的目标，培养良好的医德，为患者提供最佳的服务；为进一步接受继续医学教育奠定基础。只有强化预防医学观念，坚持以预防为先导的服务原则，采取公共卫生与临床预防医学相结合的方法和策略，走群体预防和个体保健相结合之路，毕业后才能成为一名合格的复合型基层医务工作者。

【教学案例】

扁鹊三兄弟从医与中医治未病

战国时期，扁鹊兄弟三人为平民百姓治好了许多病症。有一次，魏文王问扁鹊：“你们家兄弟三人，都精于医术，到底哪一位最好呢？”扁鹊说：“长兄最好，中兄次之，我最差。”文王再问：“那为什么你最出名呢？”扁鹊答：“我长兄治病，是治病于病情发作之前。由于一般人不知道他事先能铲除病因，所以他的名气无法传出去，只有我们家人才知道。我中兄治病，是治病于病情初起之时。一般人以为他只能治轻微小病，所以他的名气只及于本乡里。而我治病，是治病于病情严重之时。一般人都看到我在经脉上穿针管来放血、在皮肤上敷药等大手术，能在病入膏肓时让人起死回生，所以以为我的医术高明，名气因此响遍全国。”魏文王说：“你说得好极了。”

问题：

1. 作为未来的医生你悟出了什么？

2. 从三级预防角度谈谈“上医治未病、中医治欲病、下医治已病”。

【拓展阅读】

零级预防和五层次预防

1999年，J. W. Farquhar主张在心血管病的危险因素对人群起作用之前，就采取干预措施，提出了初始预防的概念，含义是采取措施以阻止危险因素在人群中的出现。中国疾病预防控制中心曾光院士结合我国实际情况，于2006年提出了“零级预防”的初步概念，并于2008年将其定义为：零级预防是指以政府为主体，多部门参与，通过制定法规、政策或指南，并采取措施，防止可能引发公共卫生事件的各种不良因素的出现。其要点包括：①零级预防是针对公共卫生问题产生的条件和危险因子的预防；②政府是零级预防的主要责任方，要通过制订和实施法规、政策来实现；③零级预防与三级预防同样关系民众福祉。因此，零级预防是在最早期对产生健康和公共问题的危险因素的预防，是真正意义的预防的第一道关口。

五层次预防是指围绕个体、家庭、社区、国家、国际五个层次展开预防工作，这使预防工作更进一步扩大和深入。第一层次预防即个人预防：主要措施包括定期体格检查和筛查，免疫预防和化学预防，建立健康的行为生活方式。第二层次预防即家庭预防：从家庭成员共同的居住环境、饮食习惯和文化娱乐活动方面进行预防。第三层次预防即社区预防：从社区居民共同的生活环境和生产环境、风俗习惯和行为生活方式方面进行预防。第四层次预防即国家预防：通过国家宏观措施预防，如卫生立法和卫生监督等。第五层次预防即国际预防：国际合作预防，促进人类健康。

人人享有卫生保健

人人享有卫生保健是世界卫生组织（World Health Organization，WHO）于1977年的第30届世界卫生大会提出的全球健康战略目标，即“到2000年使世界全体人民都能享有基本的卫生保健服务，并且通过消除和控制影响健康的各种有害因素，使人们都能享有在社会和经济生活方面均富有成效的健康水平，达到身体、精神和社会适应的完好状态”。人人享有卫生保健不是指医护人员将为世界上每一个人治愈全部疾病，也不是不再有人生病或成为残疾。它是指人们必须在工作和生活场所能保持健康；能运用比现在更好的办法去预防疾病，减少不可避免的疾病和伤残导致的痛苦，健康地进入成年和老年并安然地告别人世；公平地分配一切卫生资源，使所有的个人和家庭能在可接受和提供的范围内通过充分参与，享受到基本的卫生保健服务；使人们明白疾病不是不可避免的，自己有力量摆脱可以避免的疾病桎梏，创造自己及其家庭的健康幸福生活。随着社会的发展和人类生存环境的改变，全球健康仍面临许多新的挑战。为了应对这些新的挑战，在 1998 年第 51 届世界卫生大会上，WHO 发表了《21 世纪人人享有卫生保健》宣言，指出“人人享有卫生保健”不是一个单一的、有限的目标，它是促使人民健康状况不断改善的过程。每个公民都有相同的权利、义务和责任获得最大可能的健康；人类健康水平的提高和幸福是社会经济发展的最终目标。①

课后思考题

1. 什么是群体健康？
2. 健康概念对指导预防策略制定有何意义？
3. 目前针对慢性非传染性疾病应采取何种策略？

推荐书目

1. 刘明清．预防医学［M］.6 版．北京：人民出版社，2019.
2. 傅华．预防医学［M］.7 版．北京：人民出版社，2018.
3. 傅华．临床预防医学［M］.2 版．上海：复旦大学出版社，2014.
4. 傅华．健康教育学［M］.3 版．北京：人民出版社，2017.
5. 中共中央、国务院．“健康中国 2030”规划纲要，2016.

---

① 刘明清．预防医学（第 6 版）［M］．北京：人民出版社，2019.

专题六　健康中国与生态文明建设

生态文明建设，是关系人民福祉、关乎民族未来的长远大计。面对资源约束趋紧、环境污染严重、生态系统退化的严峻形势，我们必须树立尊重自然、顺应自然、保护自然的生态文明理念。十九大报告明确了实现“两个一百年”阶段目标中对生态文明建设的要求：到2020年，坚决打好污染防治攻坚战；到2035年，生态环境根本好转，美丽中国目标基本实现；到21世纪中叶，建成富强民主文明和谐美丽的社会主义现代化强国。在实现中华民族“两个一百年”的奋斗目标中，既要创造更多的物质财富和精神财富以满足人民日益增长的美好生活需要，也要提供更多的优质生态产品以满足人民日益增长的优美生态环境需要。要把生态文明建设放在突出地位，融入经济建设、政治建设、文化建设、社会建设各方面和全过程，努力建设美丽中国，不断开创人与自然和谐的社会主义现代化建设新局面。坚持节约优先、保护优先、自然恢复为主的方针，形成节约资源和保护环境的空间格局、产业结构、生产方式、生活方式，还自然以宁静、和谐、美丽，实现中华民族的永续发展。

一、生态文明建设的重要意义

中华民族向来尊重自然、热爱自然，绵延五千多年的中华文明孕育了丰富的生态文化，形成了中华民族天人合一、道法自然、与天地参的崇高追求，素有仁民爱物、仁者乐山、智者乐水的仁爱之心和自然情怀。“天地与我并生，而万物与我为一。”“天不言而四时行，地不语而百物生。”党的十八大以来，受中华传统文化滋养和浸润的中国人民，在习近平生态文明思想指引下，在新时代大力弘扬尊重自然规律、维护生态平衡的中华优秀传统生态文化的感召下，持续生动诠释和践行“绿水青山就是金山银山”的理念，

“绿水青山就是金山银山”成为新时代中华儿女追求自然财富、生态财富、社会财富和经济财富的“心经”、生态道德经和绿色发展经。拒绝奢华和浪费，追求简约适度、绿色低碳、文明健康的生活风尚成为人民群众社会生活的主流文化。

党的十八大以来，以习近平同志为核心的党中央站在战略和全局的高度，对生态文明建设和生态环境保护提出一系列新思想、新论断、新要求，为努力建设美丽中国，实现中华民族永续发展，走向社会主义生态文明新时代，指明了前进方向和实现路径。

习近平同志指出，建设生态文明，关系人民福祉，关乎民族未来。他强调，生态环境保护是功在当代，利在千秋的事业。要清醒认识保护生态环境、治理环境污染的紧迫性和艰巨性，清醒认识加强生态文明建设的重要性和必要性，以对人民群众、对子孙后代高度负责的态度，真正下决心把环境污染治理好，把生态环境建设好。这些重要论断，深刻阐释了推进生态文明建设的重大意义，表明了我们党加强生态文明建设的坚定意志和坚强决心。生态文明建设是经济持续健康发展的关键保障，生态文明建设是民意所在、民心所向，生态文明建设是党提高执政能力的重要体现。

当前，我国经济总量已跃升为全球第二位，人均 GDP 超过 5000 美元，然而新情况新问题也随之出现。面对生态问题日益突出的严峻形势，十八大又把生态文明建设提到与经济建设、政治建设、文化建设、社会建设并列的位置，形成了中国特色社会主义五位一体的总体布局。这标志着我国开始走向社会主义生态文明新时代，也标志着中国特色社会主义理论体系更加成熟，中国特色社会主义事业总体布局更加完善。在此基础上，党的十九大报告进一步明确了实现“两个一百年”阶段目标中对生态文明的要求：到 2020 年，坚决打好污染防治攻坚战；到 2035 年，生态环境根本好转，美丽中国目标基本实现；到本世纪中叶，建成富强民主文明和谐美丽的社会主义现代化强国。因而，在实现中华民族伟大复兴的征程中，在实现伟大中国梦的历史进程中，关于生态文明建设，我们需要做的还有很多。

生态文明建设对于国家、对于中华民族而言，应有四大意义：

（一）从可持续发展看，生态文明建设关系中华民族永续发展

历史的教训告诉我们，一个国家、一个民族的崛起必须有良好的自然生态做保障。随着生态问题的日趋严峻，生存与生态从来没有像今天这样联系

紧密。大力推进生态文明建设，实现人与自然和谐发展，已成为中华民族伟大复兴的基本支撑和根本保障。生态环境没有替代品，用之不觉，失之难存。当今世界，国家发展模式林林总总，但唯有经济与环境并重、遵循自然发展规律的发展，才是最有价值、最可持续、最具实践意义的发展。我们在有着近 14 亿人口的国家建设现代化，绝不能重复“先污染后治理”“边污染边治理”的老路，绝不容许“吃祖宗饭、断子孙路”，必须高度重视生态文明建设，走一条绿色、低碳、可持续发展之路。在这个问题上，我们没有别的选择。

（二）从人民美好生活需要看，生态文明建设关系党的使命宗旨

新时代，广大人民群众热切期盼加快提高生态环境质量，只有大力推进生态文明建设，提供更多优质生态产品，才能不断满足人民日益增长的优美生态环境需要。随着人民生活质量的不断提升，人们不仅期待安居、乐业、增收，更期待天蓝、地绿、水净；不仅期待殷实富庶的幸福生活，更期待山清水秀的美好家园。生态文明发展理念，强调尊重自然、顺应自然、保护自然；生态文明发展模式，注重绿色发展、循环发展、低碳发展。大力推进生态文明建设，正是为顺应人民群众新期待而做出的战略决策，也为子孙后代永享优美宜居的生活空间、山清水秀的生态空间提供了科学的世界观和方法论，顺应时代潮流，契合人民期待。

我国经济在快速发展的同时积累下了诸多环境问题，我们在生态环境方面欠账太多，如果不从现在起就把这项工作紧紧抓起来，将来会付出更大的代价！生态环境里面有很大的政治责任，既要算经济账，更要算政治账，算大账、算长远账，绝不能急功近利、因小失大。建设生态文明是发展中国特色社会主义的战略选择。90 多年来，我们党的理论创新发生了两次历史性飞跃。第一次是在新民主主义革命时期，形成了毛泽东思想。第二次是在党的十一届三中全会以后，形成了中国特色社会主义理论体系。马克思曾经指出“问题是时代的口号”。这两次理论上的飞跃，都是为了解决时代面临的突出问题。在这两大理论成果的指导下，我们党取得了新民主主义革命胜利，确立了社会主义基本制度，开创了中国特色社会主义道路。新时代同样伴随着新的问题，因而如何解决问题，实现最广大人民的根本利益，满足人民群众的新期待，也是中国特色社会主义的题中应有之义。

（三）从经济发展方式看，生态文明建设关系我国经济高质量发展和现代化建设

建设生态文明是推动经济社会科学发展的必由之路。随着我国经济快速发展，资源约束趋紧、环境污染严重、生态系统退化的现象十分严峻，经济发展不平衡、不协调、不可持续的问题日益突出，要求我们必须树立尊重自然、顺应自然、保护自然的生态文明理念，把生态文明建设融合贯穿到经济、政治、文化、社会建设的各方面和全过程，大力保护和修复自然生态系统，建立科学合理的生态补偿机制，形成节约资源和保护环境的空间格局、产业结构、生产方式及生活方式，从源头上扭转生态环境恶化的趋势。环境保护与经济发展同行，将产生变革性力量。

当前，我国经济已由高速增长阶段转向高质量发展阶段，这就需要我们转变经济发展方式，实现经济增长的动能转化，在高质量发展中实践新发展理念，让绿色发展成为发展的普遍形态。加强生态文明建设，推进经济的高质量发展，要改变传统的“大量生产、大量消耗、大量排放”的生产模式和消费模式，使资源、生产、消费等要素相匹配相适应，这是构建高质量现代化经济体系的必然要求，是实现经济社会发展和生态环境保护协调统一、人与自然和谐共生的根本之策。

（四）从全球环境问题看，生态文明建设关系中国的大国生态责任担当

中国体量巨大，生态环境搞好了，既是自身受益，更是对世界生态环境保护做出的重大贡献。中国虽然正处于全面建成小康社会的关键时期，处在工业化、城镇化加快发展的重要阶段，发展经济、改善民生任务十分繁重，但仍然以最大决心和最积极的态度参与全球应对气候变化，真心实意、真抓实干为全球环境治理、生态安全做贡献，树立起全球生态文明建设重要参与者、贡献者、引领者的良好形象，大大提升了中国在全球环境治理体系中的话语权和影响力。

二、健康中国与生态文明建设的关系

（一）健康中国战略

建设健康中国是新时代的重大任务，建成健康中国是新时代的奋斗目

标。2015 年，党的十八届五中全会首提健康中国建设。2016 年，国务院出台的《“健康中国 2030” 规划纲要》（以下简称《纲要》）是健康中国建设的宏伟蓝图与行动纲领。《纲要》提出：到 2020 年，主要健康指标居于中高收入国家前列；到 2030 年，主要健康指标进入高收入国家行列；到 2050 年，建成与社会主义现代化国家相适应的健康国家。《纲要》坚持以人民健康为中心，站在大健康、大卫生的高度，紧紧围绕生物、心理、生活、医疗、生态等健康影响因素，按照从内部到外部、从主体到客体的顺序，依次针对个人生活行为方式、医疗卫生服务保障、健康生产生活环境等主要健康影响因素，从普及健康生活、优化健康服务、完善健康保障、建设健康环境、发展健康产业五大方面阐述了健康中国建设的战略任务。

2017 年，党的十九大报告再提健康中国建设，要求把健康摆在优先发展的战略地位，提出实施健康中国战略。同时，在新时代中国特色社会主义发展的战略安排上，从 2035 年到 21 世纪中叶，我国物质文明、政治文明、精神文明、社会文明、生态文明将全面提升。

建设健康中国目的是满足人民日益增长的健康安全需要。小康不小康，首先看健康；没有全民健康，就没有全面小康。健康是人的基本权利，也是人生的首要财富；健康长寿是我国人民的共同追求，健康中国是全国人民的共同愿望。习近平总书记在海南考察时强调：“经济要发展，健康要上去，人民群众的获得感、幸福感、安全感都离不开健康。”建设健康中国是新时代满足人民日益增长的健康需要的必然要求，正如国务院总理李克强所言：“健康是生命的基础、幸福的基础，也是生产力的基础，维护国民健康是党和政府义不容辞的职责。”健康中国是全民享有健康生活、健康服务与健康环境的中国，是国民健康素质和健康服务水平达到世界先进水平的中国。

（二）生态文明建设是健康中国的基础

生态环境是影响健康的关键因素。人与自然是生命共同体，人的身心健康与自然生态环境密不可分。良好生态环境是人类健康的根本基础，高质量的生态环境也是人民群众健康的重要保障。恶劣生态环境威胁人类身心健康。世界卫生组织研究发现，在影响健康的诸多因素中，环境影响占 17%，生物学因素占 15%，行为和生活方式占 60%，而医疗服务仅占 8%。生态环境的健康影响是医疗服务健康影响的两倍多。现代医学发现，环境问题严重影响人类身心健康，很多疾病和健康问题因环境污染引起。习近平总书记曾批评指出：“良好的生态环境是人类生存与健康的基础。经过三十多年快速发展，我国经济建设取得了历史性成就，同时也积累了不少生态环境问题，其中不少环境问题影响甚至严重影响群众健康。老百姓长期呼吸污浊的空气，吃带有污染物的食品，喝不干净的水，怎么会有健康的体魄?”目前，我国水、气、土、垃圾与噪声等污染，已经严重威胁人民身心健康乃至生命安全。据世界卫生组织报告显示，“中国居民的疾病负担中有21%是由环境污染因素造成的，比美国高8%，环境污染已成为影响中国居民健康的主要因素之一”。此外，我国抑郁症、精神病等发病率不断攀升，环境污染已经成为引发众多心理疾病的主要根源。

生态环境问题是一个世界性的问题。生态环境问题的出现，有大自然演化的因素，也与人类文明进步的发展进程相关。近代工业革命以来，人类的活动深刻地影响了生态环境的变迁，从而成为环境问题变得突出的决定性因素。工业文明带来了科技的巨大进步，推动了城市化的飞速发展，大大提高了人们的生活水平。然而，当人们还陶醉在工业化的巨大胜利时，生态环境破坏和污染问题已经不期而至，并随着工业化的不断深入而加剧，甚而形成了大面积、全球性公害。从20世纪30年代开始，在一些工业发达国家，环境公害事件层出不穷，致使成千上万的人身陷病魔，甚至死于非命。1930年，比利时“马斯河谷事件”，在一周内60多人死亡；1936年，美国“洛杉矶光化学烟雾事件”，有毒烟雾刺激人的眼、喉、鼻，引发眼病、喉头炎和头痛等症状，致使当地死亡率增高；1952年，英国“伦敦烟雾事件”，短短几天内，4000多人相继死亡；1963年至1968年，日本“富山事件”，258人患上因中毒而引起的“骨痛症”，死亡人数达128人……20世纪后半叶，全球性环境问题日益凸显，“全球变暖”“臭氧层破坏”“酸雨沉降”，直至新冠肺炎疫情的全球爆发，都是由于人类对赖以生存的整个地球环境造成的危害引发的。环境问题带来的惨痛现实，令国际社会开始反思已有的发展模式。20世纪五六十年代，一些工业发达国家开始组织专门性的环境问题调查与研究，声势浩大的环境保护运动逐渐兴起。1972年，联合国大会确定6月5日为世界环境日。1992年，联合国环境与发展大会强调经济发展应与环境保护相协调，社会应走可持续发展之路。我国环境问题的形成以及相关对策的制定，也经历了一个曲折的过程。20世纪50至70年代，由于当时的国际国内政治经济形势，我们选择了一条优先发展重工业的工业化道路。这一赶超型发展战略，使我国从落后的农业国较快地步入工业化进程，但由此自然资源和环境也承受了过重的压力，局部地区出现了较为严重的环境破坏和污染问题。改革开放之后，经过经济结构调整和升级优化，产业结构日渐合理，但环境污染和生态破坏依然比较突出。20 世纪 90 年代后，随着经济的加快发展，环境污染和生态恶化总体上日益加剧，长期积累的环境危机逐步呈现，人民群众的身体健康和生命财产受到威胁。生态环境保护问题，迫在眉睫地摆在了我们每一个人的面前。当星空不再蔚蓝，当河流不再清澈，当土地变成荒漠，人类将何以生存，何以面对养育自己的地球母亲。保护生态环境，关系广大人民的根本利益，关系中华民族发展的长远利益。保护生态环境，关系全面建成小康社会目标的实现，关系国家的长治久安，关系到每个人的生命健康。

因此，推进生态文明建设是健康中国的根本基础。既然人的健康状况与生态环境状况密切相关，那么解决生态环境问题带来的健康问题，就要尽快解决导致健康问题的生态环境问题，加快推进生态文明与美丽中国建设。习近平总书记指出：“良好的生态环境是人类生存与健康的基础。要按照绿色发展理念，实行最严格的生态环境保护制度，建立健全环境与健康监测、调查、风险评估制度，重点抓好空气、土壤、水污染的防治，加快推进国土绿化，切实解决影响人民群众健康的突出环境问题。当前，重点加大水、气、土污染防治力度，打赢打好蓝天、碧水、净土保卫战，让人民呼吸上清洁的空气、喝上干净的水、吃上放心的食物，确保人民群众在优美的生态环境中生产生活，有效保障人民群众生理健康与心理健康。”

（三）健康中国是生态文明建设的保障

人民健康是影响生态文明建设进程的关键因素。人民群众是历史的创造者，同样，人民群众也是生态文明事业的建设者，美丽中国要靠人民共同创造。身体是革命的本钱，健康是生产力的基础。人民健康状况直接影响生态文明建设的成败，没有健康的人民群众，美丽中国梦不可能实现。拥有良好身体素质和心理健康的人民，才有精力、体力、毅力建设美丽中国，才能增长知识，提高能力、技能投身生态文明建设，才能贯彻落实生态文明、绿色发展等理念。实施健康中国战略、确保人民身心健康是建设生态文明、实现美丽中国梦的根本保证。

健康问题已经制约生态文明建设。在生态文明建设与健康中国关系问题上，我们看到了生态环境对人民健康的影响，但忽略了健康问题对生态文明建设的影响。事实上，健康问题已经成为影响生态文明建设的一大因素。目前，我国心脑血管病、肿瘤、呼吸系统疾病等，已经占到整个人群死亡率的80%以上。另据资料显示，我国76%的白领处于亚健康状态，20%的人患有慢性病，其中死亡率占86%，真正意义上的健康人比例不足3%。同时，我国心理疾病患病人数逐年增多。慢性病、亚健康、精神病等患者增多，加上部分人心态不健康，心灵不环保，已经成为制约人民关心、参与、投入美丽中国建设积极性、主动性、能动性的主要因素。

建设健康中国促进生态文明建设。实施健康中国战略，确保人民身心健康是建设生态文明的根本保证。我国现代化问题研究专家何传启教授指出，没有健康现代化就没有人的现代化，没有人的现代化就没有国家现代化，健康中国战略是我国实现健康现代化的国家战略，健康现代化是国家现代化的重要基础和必然要求。这就是说，没有健康中国就没有高质量的生态文明，建设健康中国才能建成美丽中国。健康是所有人关切的重大问题，从关心自身健康到关注生态环境保护再到投身生态文明建设，可以有效提高人民建设美丽中国的积极性、主动性、创造性。既然建设健康中国与建设生态文明相辅相成，那么我们就应树立大卫生、大健康的观念，认真贯彻《纲要》，严格落实《健康中国行动（2019—2030 年）》，加快健康中国建设，争取早日建成健康中国。

三、生态文明建设中面临的问题与挑战

改革开放以来，我国经济发展取得历史性成就，这是值得我们自豪和骄傲的，也是世界上很多国家羡慕我们的地方。同时必须看到，我们也积累了大量生态环境问题，成为明显的短板，成为人民群众反映强烈的突出问题。比如，各类环境污染呈高发态势，成为民生之患、民心之痛。这样的状况，必须下大气力扭转。

我们的先人们早就认识到了生态环境的重要性。孔子说："子钓而不纲，弋不射宿。"意思是不用大网打鱼，不射夜宿之鸟。荀子说："草木荣华滋硕之时则斧斤不入山林，不夭其生，不绝其长也；鼋鼍、鱼鳖、鳅鳝孕别之时，罔罟、毒药不入泽，不夭其生，不绝其长也。"《吕氏春秋》中说："竭泽而渔，岂不获得？而明年无鱼；焚薮而田，岂不获得？而明年无兽。"这

些关于对自然要取之以时、取之有度的思想，有十分重要的现实意义。

恩格斯在《自然辩证法》中写道："美索不达米亚、希腊、小亚细亚以及其他各地的居民，为了得到耕地，毁灭了森林，但是他们做梦也想不到，这些地方今天竟因此而成为不毛之地，因为他们使这些地方失去了森林，也就失去了水分的积聚中心和贮藏库。阿尔卑斯山的意大利人，当他们在山南坡把那些在山北坡得到精心保护的枞树林砍光用尽时，没有预料到，这样一来，他们把本地区的高山畜牧业的根基毁掉了；他们更没有预料到，他们这样做，竟使山泉在一年中的大部分时间内枯竭了，同时在雨季又使更加凶猛的洪水倾泻到平原上。"所以，生态文明建设，就其要义来讲，是要解决好人与自然和谐共生问题。人类发展活动必须尊重自然、顺应自然、保护自然，否则就会遭到大自然的报复，这个规律谁也无法抗拒。

关于生态文明建设面临的严峻形势，十八大报告在第八部分强调："面对资源约束趋紧、环境污染严重、生态系统退化的严峻形势。"即生态文明建设的背景包括三个方面，一是资源约束趋紧，二是环境污染严重，三是生态系统退化。党的十八大以来，我国生态环境质量持续好转，出现了稳中向好趋势。但由于环境保护全面发力时间较短，区域和行业发展不平衡不充分、环境保护基础能力建设差异较大等原因，取得的成效并不稳固，生态文明建设仍面临突出问题与严峻挑战。

（一）环境资源承载力下降

在国土空间开发和保护方面，有的地方由于无序开发、过度开发、分散开发，导致优质耕地和生态空间占用过多，环境资源承载能力下降，不同程度地出现了环境污染和生态破坏问题。近年来，我国大江大河干流的水质稳步改善，但仍有少数流域的污染问题没有得到有效治理。有的地方在湿地自然保护区建设大型养殖场，造成生态环境破坏。

（二）清洁能源利用率不高

在资源总量管理和节约方面，有的地方产业结构和能源结构不合理，资源浪费严重，利用率不高，特别是自然资源及其产品价格偏低、生产开发成本低于社会成本、保护生态得不到合理回报的问题依然存在。近年来，我国天然气、水电、核电、风电等清洁能源消费量占能源消费总量的比例不断攀升，但以煤炭为主的能源结构还没有彻底改变。

（三）资源监管力度不到位

在资源有偿使用和生态补偿方面，一些地方落实资源有偿使用和生态补偿等制度不严格，不同程度地存在监管职能交叉、权责不一致、违法成本低的问题。例如，在危险固体废物的收集和处理上，有的单位或企业仍然存在非法填埋、非法转移的问题，对生态环境安全构成威胁。

（四）地方管理评价不健全

在加强生态环境治理领导和管理方面，一些地方经济社会发展绩效评价不够全面，责任落实不到位，不同程度地存在环境保护的形式主义、官僚主义等问题。例如，中央环境保护督察“回头看”发现，一些地方生态环境治理进展滞后，存在“虚假整改”“表面整改”“敷衍整改”等问题。

总体来说，环境污染、生态破坏和资源紧缺依然是制约我国经济社会可持续发展的突出瓶颈，也是当前我国生态环境建设进程中面临的突出问题与挑战。

四、生态文明建设的实施路径

改革开放之初，我国就把保护环境确立为基本国策。进入21世纪，又把节约资源确立为基本国策。党的十八大以来，以习近平同志为核心的党中央将生态文明建设作为统筹推进“五位一体”总体布局和协调推进“四个全面”战略布局的重要内容，开展一系列根本性、长远性、开创性工作，推动生态环境保护发生历史性、转折性、全局性变化。全党全国人民贯彻绿色发展理念的自觉性和主动性显著增强，忽视生态环境保护的状况得到极大改变，生态文明制度体系建设、主体功能区建设、国家公园体制试点稳步推进，我国生态环境治理得到明显加强。2015年，全国化学需氧量、二氧化硫、氨氮、氮氧化物排放总量分别比2010年下降12.9%、18%、13%、18.6%，森林覆盖率由2010年的20.36%提高到21.66%。2016年，京津冀、长三角、珠三角地区的PM2.5平均浓度分别比2013年下降33%、31.3%、31.9%。这些巨大成就的取得，主要原因可以归结为以下几个方面。

（1）坚持以习近平生态文明思想为指导。党的十八大以来，我国生态文明建设全面提速、成效显著，根本在于坚持以习近平生态文明思想为指导。这一重要思想立足于我国环境和发展实际，深刻回答了为什么建设生态文明、建设什么样的生态文明、怎样建设生态文明的重大理论和实践问题，深化了对人类文明发展规律、自然规律、经济社会发展规律的认识。其中，关于坚持人与自然和谐共生、绿水青山就是金山银山、良好生态环境是最普惠的民生福祉、山水林田湖草是生命共同体、用最严格制度最严密法治保护生态环境、共谋全球生态文明建设等重要内容，丰富和发展了马克思主义生态观，为我国生态文明建设提供了思想遵循和行动指南。

（2）坚持以制度建设为抓手。生态文明建设成效如何，关键在于制度设计是否科学合理，制度执行能否到位见效。我国着力构建产权清晰、多元参与、激励约束并重、系统完整的生态文明制度体系，同时严格制度执行，让制度成为刚性约束和不可触碰的高压线。2015 年，中共中央、国务院印发《关于加快推进生态文明建设的意见》和《生态文明体制改革总体方案》，形成了推进生态文明建设，完善生态文明体制的纲领性架构。经过努力，自然资源资产产权制度、资源有偿使用和生态补偿制度、生态文明绩效评价考核和责任追究制度等逐步建立和完善，为生态文明建设提供了科学规范和可靠保障。

（3）坚持以加强法治建设为保障。推进生态文明建设，需要以严密的法治作保障。党的十八大以来，我国突出法治建设这一重点，相继出台《土壤污染防治法》《环境保护税法》等一系列关于生态文明建设的法律法规，并对《环境保护法》《环境影响评价法》《大气污染防治法》等做出相应修改。在大力推进生态文明建设中，狠抓按日计罚、行政拘留、引咎辞职、连带责任、公益诉讼等法治举措的落实，环境保护法律法规的牙齿更锋利，有法必依、违法必究的氛围日益浓厚。

十九大以来，在中华民族全面建成小康社会和奋进“两个一百年”的历史进程中，面对新的重大历史发展机遇期，危机与挑战并存。我们要继续推进生态文明建设，使之与经济社会发展相协调，满足人民群众日益增长的新的需要与新的期待。

（一）要推进绿色发展

加快建立绿色生产和消费的法律制度和政策导向，建立健全绿色低碳循环发展的经济体系。构建市场导向的绿色技术创新体系，发展绿色金融，壮大节能环保产业、清洁生产产业、清洁能源产业。推进能源生产和消费革命，构建清洁低碳、安全高效的能源体系。推进资源全面节约和循环利用，实施国家节水行动，降低能耗、物耗，实现生产系统和生活系统循环链接。倡导简约适度、绿色低碳的生活方式，反对奢侈浪费和不合理消费，开展创建节约型机关、绿色家庭、绿色学校、绿色社区和绿色出行等行动。

（二）要着力解决突出环境问题

坚持全民共治、源头防治，持续实施大气污染防治行动，打赢蓝天保卫战。加快水污染防治，实施流域环境和近岸海域综合治理。强化土壤污染管控和修复，加强农业污染防治，开展农村人居环境整治行动。加强固体废弃物和垃圾处置管理。提高污染排放标准，强化排污者责任，健全环保信用评价、信息强制性披露、严惩重罚等制度。构建以政府为主导、企业为主体、社会组织和公众共同参与的环境治理体系。积极参与全球环境治理，落实减排承诺。

（三）要加大生态系统保护力度

实施重要生态系统保护和修复等重大工程，优化生态安全屏障体系，构建生态廊道和生物多样性保护网络，提升生态系统质量和稳定性。完成生态保护红线、永久基本农田、城镇开发边界三条控制线划定工作。开展国土绿化行动，推进荒漠化、石漠化、水土流失综合治理，强化湿地保护和恢复，加强地质灾害防治。完善天然林保护制度，扩大退耕还林还草。严格保护耕地，扩大轮作休耕试点，健全耕地草原森林河流湖泊休养生息制度，建立市场化、多元化生态补偿机制。

（四）要改革生态环境监管体制

加强对生态文明建设的总体设计和组织领导，设立国有自然资源资产管理和自然生态监管机构，完善生态环境管理制度。统一行使全民所有自然资源资产所有者职责，统一行使所有国土空间用途管制和生态保护修复职责，统一行使监管城乡各类污染排放和行政执法职责。构建国土空间开发保护制度，完善主体功能区配套政策，建立以国家公园为主体的自然保护地体系。坚决制止和惩处破坏生态环境行为。

【教学案例】

福建“火焰山”

福建省长汀县曾经是中央苏区所在地，也是中央红军二万五千里长征出发地之一。长汀的“红色”还有一个意谓：这里也曾是我国南方红壤地区水土流失最为严重的区域之一。新中国成立前，长汀是中国水土流失最严重的地区之一，其流失面积之大、程度之深、危害之重、影响之广，均居福建及其他南方省份之首。红壤遍露，山岭一片赤色。“山光、水浊、田瘦、人穷”曾是当地水土流失区自然生态恶化、群众生活贫困的真实写照（见图6－1）。

图6－1　1989年10月长汀县河田镇喇叭寨原貌

据1985年遥感监测数据，长汀全县水土流失面积达146.2万亩，占国土面积的31.5%。水土流失最为严重的地区，山光岭秃，草木不存，夏天阳光直射下，地表温度可达70多摄氏度，被当地人喻为“火焰山”。

“山光、水浊、田瘦、人穷”是当时自然生态恶化、群众生活贫困的真实写照，如何将治理水土流失与改善民生相结合，与发展绿色产业相结合，实现人与自然和谐发展，是长汀必须直面解决的难题。

长汀人民牢固树立“绿水青山就是金山银山”的理念，以“滴水穿石、人一我十”的精神，持续开展水土流失治理。数十年来，一任接着一任干，科学治理，久久为功。建立党政领导挂钩责任制，实现政策资金倾斜。创新治理理念和技术，将工程措施、生物措施和农业技术措施有机结合，人工治理与生态修复有机结合；创新封禁护林、社会参与和激励保障机制等。充分发挥群众主体作用，实行以奖代补，使群众成为治理水土流失的主人翁和主力军，引导社会力量积极参与，形成水土流失治理的强大合力。

长汀人民用成功实践总结出“党委领导、政府主导、群众主体、社会参与、多策并举、以人为本、持之以恒”的水土流失治理经验，创造了生态文明建设的奇迹，释放出经济社会发展的多重效应。长汀县从水土流失重灾区转变为国家生态文明建设示范县，成为全国水土流失治理的一面旗帜。2018年成功摘掉福建省扶贫开发重点县的帽子，成为全国学习推广的典范（见图6－2）。

图6－2 长汀县汀江小流域

塞罕坝奇迹

塞罕坝，是蒙古语和汉语的混合用语，意思是“美丽的高岭”。历史上，这里水草丰美、森林茂密。清朝末年为弥补国库亏空，先后进行了三次大规模开围放垦，再加上日寇掠夺、山火不断，到新中国成立时，这里的原始森林已荡然无存，变成了风沙蔽日的茫茫荒原。

20世纪60年代初，正值国民经济困难时期，但国家仍然下定决心，在塞罕坝建设一座大型国有林场，恢复植被，阻断风沙。1962年9月，369名平均年龄不到24岁的创业者，肩负“为北京阻沙源、为京津涵水源”的神圣使命，从全国18个省（市）集结上坝，开始了艰苦卓绝的高寒沙地造林。

现年74岁的赵振宇老人，1962年从承德农专毕业后到了塞罕坝，时年22岁的他是林场第一批建设者。他说：“当时第一感觉是满目荒凉，一无村庄二无人烟，到处是沙地和光山秃岭。”“风特别大，尤其是冬天白毛风一刮几个月，风卷着沙粒、雪粒遮天盖日，打到脸上像刀割一样疼。”他说，“由于刚刚建场，只有少量房屋，我们只能先住仓库、马棚、窝棚。一个窝铺住进20人，没有门板，就用草苫子代替，夜里裹着被子、戴着皮帽子睡觉都觉得寒风刺骨，早上起床后，屋内到处是霜，褥子都被冻结在炕上。”

正是在这样的环境下，塞罕坝第一代建设者开始了艰苦卓绝的工作。恶劣的生存环境，是创业者要攻克的第一道难关。塞罕坝冬季漫长，年均积雪长达七个月，极端最低气温零下43.3摄氏度，加上偏远闭塞、物资匮乏，生活条件极其艰苦。考验，一个接着一个。由于缺乏在高寒地区造林的经验，头两年人们满怀希望种下的2000多亩落叶松，成活率还不到8%。超出想象的困难和挫折一度冷冻了人们的笑声和激情。当时的造林场景如图6－3、图6－4所示。

图6－3　艰苦卓绝条件下的塞罕坝建设者

三代塞罕坝林场人接续奋斗55年，以坚韧不拔的斗志和永不言败的担当，坚持植树造林，建设了112万亩人工林海，成为世界上面积最大的人工林场。如果把这里的树按一米的株距排开，可以绕地球赤道12圈。创造了荒原变林海的人间奇迹，使得在自然状态下，至少需要上百年才能修复的塞罕坝生态，重现盎然生机。如今，塞罕坝每年为京津地区输送净水1.37亿立方米、释放氧气55万吨，成为守卫京津的重要生态屏障。而塞罕坝林场的经济效益同样不容小觑，目前林场内林木蓄积量已达到1012万立方米，野生植物多达600多种；森林资源总价值达202亿元，每年带动当地实现社会总收入

图 6－4　无畏的塞罕坝建设者

超过六亿元。塞罕坝的这片绿水青山已经成为真正的金山银山。从 1962 年至今，塞罕坝林场的建设者们听从党的召唤，在“黄沙遮天日，飞鸟无栖树”的荒漠沙地上艰苦奋斗、甘于奉献，创造了荒原变林海的人间奇迹，铸就了牢记使命、艰苦创业、绿色发展的塞罕坝精神。

【拓展阅读】

我国野生动物走私的法治现状、问题与建议

2019 年年底 2020 年年初爆发的新型冠状病毒性肺炎疫情，再次为野生动物的非法食用和利用敲响警钟。各方面广泛呼吁进一步加强野生动物保护立法和执法，全国人大常委会拟将《野生动物保护法》修法工作纳入 2020 年立法计划。在野生动物保护方面，野生动物及其制品走私是国际社会普遍关注的重要内容。我们有必要认真梳理这方面的有关法治现状和问题，为中国进一步树立负责任的野生资源大国和环境保护大国形象做好法治保障。

在中国，野生动物及其制品走私的对象既包括可以生产中药、生产工艺品或者可以食用的野生动物及其制品，还包括可以观赏的野生动物。这些年来，随着野生动物走私及与之相关的国内非法贸易情况的不断变化，相应地，中国的应对措施也在不断调整，取得了积极成效，越来越严厉的执法行动遏制了走私严重的势头。

我们全面梳理了中国打击野生动物及其制品走私的立法发展历程，认识

到我国打击野生动物走私等方面的法治建设还存在一些问题。如国内野生动物保护名录与《濒危野生动植物种国际贸易公约》（CITES 公约）附录不一致，人工饲养的野生动物与野外野生动物的保护等级存在差异，保护的野生动物范围过于狭窄，监管能力不足等问题，需要采取协调保护名录、建立公益诉讼、促进社会参与、细化国际合作机制等应对措施。

一、中国打击野生动物及其制品走私的立法发展

（一）全国人大常委会对刑法关于野生动物及其制品犯罪的解释。1997年的刑法只对两类相关行为规定了入罪条件和刑罚处罚措施，这两类行为分别是：非法猎捕、杀害国家重点保护的珍贵、濒危野生动物，非法收购、运输、出售、走私国家重点保护的珍贵、濒危野生动物及其制品。这两类行为都不涉及消费层面，而消费是犯罪链条的源头，必须严厉打击非法购买的行为，才能有效阻止野生动物的非法捕猎、运输、走私等行为。

2014 年 4 月 24 日，全国人大常委会通过了《关于〈中华人民共和国刑法〉第三百四十一条、第三百一十二条的解释》，针对以食用为目的购买国家重点保护野生动物及其制品的行为做了规定。如："知道或者应当知道是国家重点保护的珍贵、濒危野生动物及其制品，为食用或者其他目的而非法购买的，属于刑法第三百四十一条第一款规定的非法收购国家重点保护的珍贵、濒危野生动物及其制品的行为。"

此立法解释把个人、单位为食用或者其他目的而非法购买国家重点保护的珍贵、濒危野生动物及其制品的行为，确定为非法收购的行为，体现了以下两个突破：一是食用、收藏等个人目的被纳入犯罪动机；二是突破了以往"收购"的经营性特征，把基于非经营性的个人食用、收藏等也作为犯罪行为对待。

对于具体的刑罚措施，刑法第三百四十一条第一款规定："非法猎捕、杀害国家重点保护的珍贵、濒危野生动物的，或者非法收购、运输、出售国家重点保护的珍贵、濒危野生动物及其制品的，处五年以下有期徒刑或者拘役，并处罚金；情节严重的，处五年以上十年以下有期徒刑，并处罚金；情节特别严重的，处十年以上有期徒刑，并处罚金或者没收财产。"

可以看出，此立法解释的目的有两个：一是通过强制惩戒措施，引导人们形成环境友好型的生活方式和饮食文化，减少腐败，保护生态环境，提升环境道德水平；二是通过源头控制，减少"市场"需求，从而减少以牟利或

者其他目的而捕猎野生动物特别是珍稀野生动物的行为，减少走私和非法运输、销售野生动物的行为。从某种程度上讲，此立法解释也是配合“八项规定”来深入实施、打击官员腐败的。

2017 年 2 月 6 日，互联网上流传“官员请吃穿山甲”事件。事件起因是一名香港商人于 2015 年 7 月 15 日发微博称，自己在广西考察期间，在当地官员邀请下，在其办公室吃了穿山甲，并配发相关图片。后来，这条微博被大量转发并引发社会热议。经过核查，上述宴请活动相关费用由私人支付，参加宴请的一名官员已于 2016 年 5 月因涉嫌受贿罪被检察机关依法逮捕。请客的企业老板和购买穿山甲的厨师于 2017 年 2 月因涉嫌非法收购珍贵、濒危野生动物犯罪被刑事拘留。

（二）2016 年修改的《野生动物保护法》的规定。2016 年 7 月修改的《野生动物保护法》也即现行《野生动物保护法》顺应了人道对待动物的国际潮流，在第 26 条明确要求“不得虐待野生动物”，在第 29 条明确规定：“利用野生动物及其制品的，应当符合生态文明建设的要求，尊重社会公德，遵守法律法规和国家有关规定。”

为了从源头和中间环节打击野生动物的走私和非法贸易，现行《野生动物保护法》从以下三个方面做出了禁止性规定：一是禁止违法购买野生动物及其制品，如第 30 条规定：“禁止生产、经营使用国家重点保护野生动物及其制品制作的食品，或者使用没有合法来源证明的非国家重点保护野生动物及其制品制作的食品。禁止为食用非法购买国家重点保护的野生动物及其制品。”二是禁止违法发布野生动物的广告，如第 31 条规定：“禁止为出售、购买、利用野生动物或者禁止使用的猎捕工具发布广告。禁止为违法出售、购买、利用野生动物制品发布广告。”三是禁止违法提供交易场所，如第 32 条规定：“禁止网络交易平台、商品交易市场等交易场所，为违法出售、购买、利用野生动物及其制品或者禁止使用的猎捕工具提供交易服务。”对于违反者，此法规定了没收违法所得和罚款等行政处罚措施；对失职渎职的政府官员，规定了撤职、开除、引咎辞职等严厉的法律责任。这有利于有关部门依法行使其职责。《野生动物保护法》的修改是中国道德法律化的又一大进步，通过法律适度地保护野生动物，不仅有助于维护社会公众的人道情感，还弘扬了怜悯生命等传统美德。

在打击野生动物走私的国际合作方面，《野生动物保护法》第 36 条指出，国家组织开展野生动物保护及相关执法活动的国际合作与交流；建立防范、打击野生动物及其制品的走私和非法贸易的部门协调机制，开展防范、打击走私和非法贸易行动。这为中国将来更好地履行 CITES 公约，更加广泛地打击野生动物走私行为，奠定了法律基础。

《野生动物保护法》第五条规定："国家鼓励公民、法人和其他组织依法通过捐赠、资助、志愿服务等方式参与野生动物保护活动，支持野生动物保护公益事业。"目前，"让候鸟飞""中国江豚保护行动网络""自然之友"等环保社会组织和一些环保人士活动，采用自行车、汽车、小船、无人飞机等巡逻工具，活动在江豚、候鸟、穿山甲等野生动物保护的第一线。譬如在 2016 年的候鸟迁徙季节，很多环保社会组织广泛参与护鸟，中央电视台、地方电视台以及其他新闻媒体也积极支持，一些捕鸟的犯罪嫌疑人被公安机关抓捕。再如 2017 年 2 月 26 日，接到群众举报，广西防城港警察在边境的一出租屋内查获 70 只野生乌龟。

（三）近年来中国政府发布的象牙及其制品禁令。2012 年年底以来，中国政府大力推进生态文明制度建设，既扭转了之前以牺牲环境为代价的发展模式，也在国际上树立重视生态环境、促进中国和全球可持续发展的国际形象。特别是在国际舞台上，中国政府高度重视气候变化应对和野生动物保护的国际合作。

2015 年 2 月 26 日，原国家林业局发布公告称，我国实施临时两项禁令：一是禁止进口 CITES 公约生效后所获得的非洲象牙雕刻品，二是禁止进口在非洲狩猎后获得的纪念物象牙。临时禁止进口措施实施期间，暂停受理相关行政许可事项。比如，浙江省当时有两家从事象牙定点加工的企业和七个象牙定点销售点，都是经过原国家林业局批准的。接到通知后，原浙江省林业厅表示，自公告之日起浙江全省立即实施非洲象牙雕刻品的临时进口禁令。

2015 年 3 月 2 日，中国国家主席习近平会见来访的英国威廉王子。习近平介绍了中方在保护大象等野生动物方面的政策和所做工作，希望加强该领域国际合作。两天后，威廉王子前往云南西双版纳，考察大象保护的现状。2015 年 9 月 25 日，中国国家主席习近平与时任美国总统奥巴马在美国一致决定，在各自国家颁布禁令，除少数特例外，全面停止象牙进出口贸易，并采取有效、及时的政策逐步停止本国的象牙及其制品贸易。在 CITES 公约第十七届缔约方大会召开（2016 年 9 月）之前，美国的七个州为了实施联邦法规，采取了更为严厉的州级管控。2015 年 12 月 2 日，中国国家主席习近平在津巴布韦考察野生动物救助基地，察看了基地救助的野生动物。习近平承诺中方将继续通过物资援助、经验交流等方式，帮助津方加强野生动物保护能力建设。可见，中国的野生动物保护外交和国际合作已由过去的被动适应转向主动参与。

2015 年 3 月的临时禁令于 2016 年 3 月到期后，原国家林业局随即宣布对进口象牙及其制品采取更加严格的管控措施，2015 年实施的象牙临时禁止进口的措施延期至 2019 年 12 月 31 日，并扩大禁止进口的象牙及其制品范围。

如果国内有市场需求，必然会或多或少地刺激境外走私和偷猎。为了进一步树立中国在环境保护方面负责任大国的形象，国务院办公厅于 2016 年 12 月 30 日发布《关于有序停止商业性加工销售象牙及制品活动的通知》，要求分期分批停止商业性加工销售象牙及制品活动。其中，2017 年 3 月 31 日前先行停止一批象牙定点加工单位和定点销售场所的加工销售象牙及制品活动，关闭的总数量达到 67 家。2017 年 12 月 31 日前全面停止，105 家持证机构全部关闭。截至 2018 年 1 月 18 日，已停止全部 34 家加工单位和 143 处销售场所的相关活动。这项禁令使很多象牙雕刻师失业，很多合法的收藏者难以转让手中的象牙艺术品，损失很大。可以说，中国为了保护非洲大象，付出了巨大的代价，也得到了 CITES 成员方的广泛好评。中国的香港特别行政区目前也在起草新的法律，拟设立五个过渡期，逐步关停辖区内的象牙贸易。

在中国的示范下，一些国家和地区也在做相关努力，但是态度的坚决程度，与中国相比还有些差距。如欧盟在 2017 年 7 月 1 日通过了新的规定，禁止库存原料象牙的再出口，然而欧盟在内部仍然保留了一定规模的象牙贸易市场，包括象牙配件的古董交易。

二、关于中国应对野生动物走私的法治问题与对策建议

一是国内野生动物保护名录与 CITES 公约附录不一致的问题。按照《野生动物保护法》的规定，国家对野生动物实行分类分级保护，对珍贵、濒危的野生动物实行重点保护。国家重点保护的野生动物分为一级和二级两级。国家重点保护野生动物名录，由国务院野生动物保护主管部门组织科学评估后制定，并且根据评估情况每五年对名录进行调整，报国务院批准公布。一

些在国际上受到相当重视的野生动物，如黑熊和穿山甲，属于被列入 CITES 附录Ⅰ的保护动物，但是在中国仅属于国家二级重点保护野生动物，保护级别低于一级保护动物。由于穿山甲在中国处于濒危状态，建议国家重点保护野生动物名录在调整时，应当将其列入一级保护野生动物范围。对于野生黑熊，也应当列入一级保护动物。这样有利于更加严厉地打击涉及这些动物的走私犯罪活动。

二是人工饲养的野生动物与野外野生动物的保护等级差异问题。2016 年修订的《野生动物保护法》第 28 条做出了一个极具争议的规定，那就是：对人工繁育技术成熟稳定的国家重点保护野生动物，经科学论证，纳入国务院野生动物保护主管部门制定的人工繁育国家重点保护野生动物名录。根据有关野外种群保护情况，此类野生动物的人工种群可不再列入国家重点保护野生动物名录，实行与野外种群不同的管理措施。按照这种规定，黑熊的人工繁育技术已经成熟稳定，野外黑熊的数量也比较稳定，那么处于人工饲养下的黑熊以后就可能不作为野生动物处理，走私或者违法收购人工繁育的黑熊，就不按照走私非法收购珍贵濒危野生动物处理。这也许和 CITES 公约的精神有些出入。建议对于饲养的虎、熊等动物，还是按照 CITES 公约的规定，继续纳入国家重点保护野生动物名录。同时，建议加强人工熊胆替代品的研制，逐步消除黑熊和熊胆制品走私的现象。

三是现行的《野生动物保护法》并未把所有的野生动物纳入保护范围。这部法律仅保护珍贵、濒危的陆生、水生野生动物和有重要生态、科学、社会价值的陆生野生动物，并不保护野兔等普通的野生动物，不利于防止公共卫生事件的发生和生态平衡的保持。建议将《野生动物保护法》的保护范围扩展至可能引发公共卫生事件和影响区域生态平衡的其他野生动物。为此，需要国务院野生动物保护主管部门会同国务院卫生行政部门组织开展公共卫生风险和生态环境评估，并公布禁止食用的野生动物名录。

四是监管机关的人员不足，监管能力有限，难以发现和打击所有的走私行为。首先，建议野生动物保护监管部门和公安机关建立有奖举报措施，促进公众参与和监督，对于公众提交的举报信息，必须予以重视，否则追究责任。其次，建立各部门、各区域共享的野生动物监管信息平台，建立部门间、区域间的监管协作机制，健全联合或者协同执法机制。再次，《野生动物保护法》修改时，建议明确规定民事公益诉讼制度，允许社会组织和个人起诉走私、偷猎、销售、运输野生动物及其制品的单位和个人，让其承担生态环境损害的责任。

五是一些执法机关对于违法行为仍然存在不作为和慢作为的问题。有的违法者甚至在市场监管部门、公安派出所和地方政府旁销售野生动物及其制品而没有人管。对此，首先，应当针对地方政府及其林草、公安、海关、工商、环保等部门建立监管的权力清单，规定尽职照单免责、失职照单追责的机制，建立党政同责制度，解决地方政府之间以及监管部门之间相互推诿的问题。对地方政府建立野生动物保护工作的考核制度，对于乱作为、不作为和慢作为的执法部门，应当追究责任。其次，《野生动物保护法》修改时，建议明确规定行政公益诉讼制度，允许社会组织和个人起诉乱作为、不作为或者慢作为的地方政府及其监管部门。只有这样，才能督促地方政府及其监管部门依法监管。

六是打击野生动物走私的国际合作机制需要细化。首先，建议在国家林草局的协调下，加强国内外民间组织在野生动物保护以及打击走私和偷猎、非法运输、销售方面的交流和合作，形成超越国界的打击野生动物走私的民间信息网络。其次，由国务院协调，出台林草、工商、海关、环保、公安等部门在打击野生动物及其制品的走私和非法贸易的部门权力清单，细化部门之间的协调机制，建立统一的野生动物国际贸易和国内贸易的信息平台。再次，由外交部牵头，协调林草、工商、海关、环保、公安等部门的立场，建立协同的国际谈判和国际合作机制，建立统一的野生动物国际贸易和国内贸易的信息平台。此外，中国政府要和 CITES 公约秘书处协商，并与野生动物及其制品原产地、运输地国家加强重点沟通，针对跨国走私，共同健全涉及中国的沟通、协调和通报机制，建立相互衔接的执法机制。只有这样，走私和非法贸易行动才能得到系统地遏制。

七是走私监管与捕猎、繁育、运输、储存、转让、食用监管应当一体化、并重地进行。建议修改《野生动物保护法》有关规定，除特许的清单和事由外，原则上禁止食用和利用所有的野生动物。这样一来，需求就会严重萎缩，走私产业、走私前端的猎捕产业和走私后端的繁育、运输、储存、转让产业，都会得到有效遏制。在此基础上加强执法和司法，效果会更好。

此外，还有一个问题，就是动物福利。2016 年修改《野生动物保护法》时，“动物福利”一词在笔者和有关专家的呼吁下，一度被写入修改草案，但有动物保护人士认为，动物福利一般适用于圈养动物，如果用于野生动物，等于变相鼓励和认可捕获和圈养野生动物，野生动物的保护变成了野生动物的利用，故坚决反对，有的甚至上书最高层。由于没有形成一致意见，“动物福利”一词和有关的明文规定最后还是被拿掉了，只保留了一些实质性保护野生动物福利的隐含条款。事实上，野生动物的运输和收容都涉及动物福利问题，但是现行《野生动物保护法》并没有涉及。对于如何人道对待被查获的走私野生动物，中国有必要建立野生动物的福利保护规定，并开展国际间的动物福利保护制度建设对话。

（资料来源：常纪文．我国野生动物走私的法治现状、问题与建议［J］．中国生态文明，2020.）

与野生动物相处，公众要注意什么？

我们的命运与野生动植物休戚相关，我们有责任和义务保护野生动植物。守护自然，就是在争取人类自身可持续发展的明天。

我们能做的有很多，其中很重要的一点，就是与野生动物保持距离。特别是一些摄影爱好者，在拍摄期间要尤其注意。

一、与野生动物保持距离

短尾矮袋鼠（quokka）是澳大利亚的社交媒体明星，这些有袋小动物表情友好且不太害怕人类。但是，意欲拍下短尾矮袋鼠照片的游客经常用食物诱惑或直接将短尾矮袋鼠赶入镜头内，从而打扰了动物的日常觅食行为，使其承受了压力。

如果摄影者处在短尾矮袋鼠或是其他好奇的小动物的附近，请等待其主动靠近您，然后快速拍照，让其继续前进。

另一方面，对于人类来说，接近某些野生动物可能会造成致命后果。比如，每隔几年，黄石国家公园就会出现距离野牛太近的粗心游客上演侥幸逃生的故事。2015 年，加利福尼亚州，一名男子尝试与响尾蛇自拍时被咬伤（万幸没有丧命）。还有人在与熊自拍时被袭击。

在野生动物周围时，一定要谨慎，仔细阅读所在地的警告标志，不要小看任何熟悉的物种。如果喜欢摄影，建议购买合适的长焦镜头远距离拍摄，或者可以使用数字望远镜，用双筒望远镜作为临时变焦镜头。

二、不要投喂野生动物

请勿触摸或喂食野生生物，即使动物来乞求也不能投喂。

“亲密接触”野生动物，不仅接触者很可能会在互动时被传播病毒，而且也会干扰影响野生动物的习性。人类的食物可能导致野生动物出现健康问题，而过于适应人类和人类食物的捕食动物往往会因此遭殃。投喂行为会因为食物来源过度单一化而让野生动物营养失衡、健康状况下降，过度依赖人工饲养，导致其无法在自然环境中生存。

三、停止对照片进行地理标记并清除照片上的GPS数据

随意发表在社交媒体上的照片，可能会使一头犀牛或者大象被盗猎者杀死。

每次拍摄照片时，智能手机或数码相机都会自动为该图像记录元数据：日期、时间、GPS位置等。在网上看到这张照片的任何人都可以获取该信息，而偷猎者可能距离猎物只有几步之遥。

2018年，怀俄明州旅游局曾恳请游客停止对照片做地理标记。当时，一些“网红”上传了当地原始的三角湖（Delta Lake）照片，并附上了地理标记。后来，游客蜂拥到湖边小路以及其周围拍照。

科学家正在解决这类问题。爬虫学家总是会非常小心地清除原始地理数据，以免非法爬行动物收藏者发现并捕获这些动物。随着学术界越来越朝着开放出版的方向发展，生态学家要努力判断有多少稀有物种的位置信息可以被分享。他们还必须保护自己的数据库——比如在印度，偷猎者试图利用戴项圈的老虎的GPS信息入侵数据库。

最佳解决办法是在发布照片之前就清除上面的关键数据。或者，可以选择通用标签（如大提顿国家公园），而不是特定地点（如三角湖）。

四、沿路而行，不要移动大石块

我们都见过由石堆标志出的远足集合处，或是沙滩上人为堆起的鹅卵石。近几年，这种现象越来越频繁。仅2016到2017年，在阿卡迪亚国家公园的两座山上，志愿者们就不得不拆除了近3500个石堆。

移动一两块大石头看起来不算什么大事，但随着时间流逝，这种行为会给野生生物带来麻烦。例如，破坏美国东南部濒临灭绝的美洲大鲵（hellbender salamander）的栖息地，阻碍鱼类通过，破坏无脊椎动物的栖息地，或压碎鸟蛋，加速土壤暴露后的侵蚀等。

在一些地方，人们的脚印可能会破坏景观。在死亡谷（Death Valley），毫无戒心的游客经常走过盐滩去拍摄“风帆石”——这种石头会像变魔术般在整个海滩中来回移动。但是雨后，盐滩上就会留下摄影者深深的脚印。这些脚印会持续存在数年，阻碍石头的移动，破坏生态环境。

请务必沿路而行。这或许意味着将无法获得理想的照片，但这种限制也将激发新的创造力。

五、发现野生动物交易，可以这么做

如果经营者没有陆生野生动物经营许可证、检疫证等合法证件，可判断为非法交易，可举报。

2020 年 1 月 26 日，市场监管总局、农业农村部、国家林草局联合发布公告，社会各界发现违法违规交易野生动物的，可通过 12315 热线或平台举报。

《野生动物保护法》规定，禁止猎捕、杀害国家重点保护野生动物；猎捕非国家重点保护野生动物的，应当依法取得县级以上地方人民政府野生动物保护主管部门核发的狩猎证，并且服从猎捕量限额管理；禁止生产、经营使用国家重点保护野生动物及其制品制作的食品，或者使用没有合法来源证明的非国家重点保护野生动物及其制品制作的食品。违反上述条款的，由县级以上人民政府野生动物保护主管部门或者市场监督管理部门按照职责分工责令停止违法行为，没收野生动物及其制品和违法所得，并处野生动物及其制品价值二倍以上十倍以下的罚款；构成犯罪的，依法追究刑事责任。

六、充分认识食用野生动物的健康风险

市场上出售的很多野生动物有非法捕杀、繁育、非法经营以及未经检疫等问题。作为消费者，要充分认识滥食野生动物对身体健康和生命安全风险极高。如果不小心误食，建议拨打当地市民热线咨询并确认是否存在健康风险，以及是否应举报售卖商家。

（资料来源：大自然保护协会．与野生动物相处，应该注意什么？［J］．中国生态文明，2020.）

课后思考题

1. 健康中国与美丽中国的辩证关系是什么？
2. 如何建设美丽中国？

3. 如何坚持经济社会建设与生态文明建设协调发展?

推荐书目

1. 习近平关于社会主义生态文明建设论述摘编［M］. 北京：中央文献出版社，2017.

2. 习近平新时代中国特色社会主义思想三十讲［M］. 北京：学习出版社，2018.

3. 生态文明体制改革进展与建议［M］. 北京：中国发展出版社，2018.

4. 美丽中国：生态文明建设五讲［M］. 北京：人民出版社，2013.

5. 改革开放 40 年的中国生态文明建设［M］. 北京：中共党史出版社，2018.

6. 健康中国行动文件汇编［M］. 北京：人民卫生出版社，2019 年.

专题七　健康中国与食品安全

“民以食为天，食以安为先。”食品是人类赖以生存和发展的必需品，而安全是人类选择食品的首要标准。李克强强调，食品安全是关乎人人的重大基本民生问题。食品安全重于泰山、事关全局，它关系到人民的身体健康、生命安全以及经济社会的稳定发展，是实现健康中国目标、实现中华民族伟大复兴的重要基石。目前，“没有食品安全，就没有健康生活”已经成为基本共识。食品安全是健康中国的主题，健康中国建设要从食品安全开始。通过学习本专题内容，可以了解食品安全的概念、重要性，认识当前我国食品安全的现状、问题及发展趋势，清楚我国食品安全的监管模式、监管体系及保障措施，有助于人们拨开食品安全相关问题的迷雾，掌握我国食品安全的真实情况，树立对我国食品安全的信心，进而增强对健康中国和小康社会的信心。

一、食品安全概述

（一）食品安全的相关概念

1. 食品

人类自从在地球上出现以来，就一直在为生存而努力。我们通过播种、采摘、圈养、狩猎等方式所能获得的所有可食用的东西统称为食物。将食物经过各种加工、配置、处理等工艺，形成了形态、风味、营养价值各不相同、花色品种各异的加工产品，这些经过加工制作的食物统称为食品。

《中华人民共和国食品安全法》给出了食品的明确定义：指用于人食用或者饮用的经加工或者未经加工的物质，包括饮料、口香糖和已经添加、残留于食品中的物质，但不包括只作为药品使用的物质。关于食品的定义，必须要明确两点：首先，食品的概念很广，所有吃的、喝的、家里自己做的、超市里买的都称为食品，它不仅含有水、蛋白质、淀粉、脂肪等营养物质，同时也会含有人为添加的各种添加剂以及原料本身残留的农残、兽残等。其次，食品和药品有本质的区别，药品食用是为了治病，食用时必须严格用量，而食品则适合所有人或大部分人群食用，一般不规定数量。

此外，容易混淆的是"保健食品"。应当注意"保健食品"属于食品，而且是附加值比较高的食品。保健食品需要单独申请认证，包装上有明确的蓝帽子标识，具有明确的目标人群和功能性成分，其保健功能明确，并通过毒理学评价，证明其有效性和安全性。最常见的保健食品有：老年人吃的钙片，孕妇吃的叶酸，贫血人群吃的血尔等。

2. 食品卫生与食品安全

食品卫生与食品安全早期曾被视为同一概念，直到1996年世界卫生组织（WHO）在其发表的《加强国家级食品安全计划指南》中，明确把食品安全和食品卫生作为两个不同的概念加以区别。食品卫生被解释为：为确保食品安全性，在食物加工的主要阶段所采取的一切条件和措施，主要是针对食品的生产过程而言的。而食品安全则被解释为：对食品按其原定用途进行制作和（或）食用时，不会使消费者受害的一种担保，是对最终产品而言的。可见，食品安全的涵盖面更为广泛，食品卫生质量合格并不代表食品绝对安全。

《中华人民共和国食品安全法》对食品安全的定义为：食品安全是指食品无毒、无害，符合应当有的营养要求，对人体健康不造成任何急性、亚急性或者慢性危害。

食品安全的内涵包括食物"量的安全"与食物"质的安全"两个层面。食物"量的安全"，主要指充足的食品供应，保证居民食品消费需求的能力，强调人类的基本生存权利。我国是一个人口大国，人均资源拥有量相对较低，建国初期食品供应一度匮乏，吃饱饭尚成问题，何谈食品安全？在中国共产党的正确领导下，在全国人民的共同努力下，仅用30年的时间就实现了粮食供应充足，用占世界7%的耕地，养活了占世界22%的人口，长期保证了粮食的供应稳定，这是非常值得我们骄傲和自豪的事！

食物"质的安全"，即食品中不应含有可能损害或威胁人体健康的有毒有害物质或因素，从而导致消费者受急性或慢性毒害或感染疾病，或产生危及消费者及其后代健康的隐患，强调食品本身对消费者的安全性。改革开放以来，我国工农业生产迅猛发展，特别是前些年“只要经济效益，不顾生态环境”的错误观念导向风靡全国，致使大量的生产和生活废弃物污染环境。这些环境污染物通过对食用农产品和食品生产过程的污染而造成对食品的严重污染，使处于食物链最高端的人类健康和生命安全受到威胁；同时农业生产过程中农用化学品如农药、化肥等的大量使用也造成食用农产品的污染；食品生产过程中滥用添加剂和违法使用非食用的物质作添加物也在一定程度上影响食品的安全性；随着科学的发展，发现一些传统的食品加工方法，如烟熏、烘烤等将产生出一些有害物质，威胁人类健康。因此，研究影响食品安全的因素和控制措施，保证食品安全，成为当今世界各国关注的焦点之一。

（二）食品安全的绝对性与相对性

食品安全可分为绝对安全和相对安全两个层面。所谓绝对安全是指确保消费者不可能因食用某种食物而危及健康或造成伤害的一种承诺，绝对食品安全强调的是食品的“零风险”。相对安全性被定义为一种食物或成分在合理食用方式和正常食量的情况下不会导致对健康损害的实际确定性。

消费者、生产者、科技工作者站在不同的角度对“有毒有害物质”有着不同的理解。站在消费者的角度，人们希望能够获得没有任何风险、任何有害成分的食物。而生产者和科技界，则从食品的物质构成成分和科技发展水平的现实出发，在保证食品营养成分和感官品质的同时，把食品中的有毒、有害物质控制在科技水平和经济条件许可的范围内，力求把可能存在的风险降低到最低限度。

事实上，“零风险”的食品是不可能存在的。首先，农药、兽药、重金属等污染物可能通过空气、水、土壤等多种途径进入食品原料，不可能做到“零”残留。其次，随着科学技术的不断进步，原来没有被认识的有毒有害物质逐渐被认识，不能检测到的有毒有害物质逐渐能够被检出。例如，很多消费者认为麦当劳的薯条存在油脂重复利用等的风险，而自己用新鲜的油炸新鲜的薯条会很安全。近年研究发现，高温油炸的过程中糖类会分解产生聚丙烯酰胺，它具有明显的致癌性，可见自己炸的薯片食用过多也有风险，至少会有发胖的风险。再次，某些食物是否安全不仅取决于食品本身的物质构成，还取决于消费者的身体状况。例如，许多消费者对花生、坚果、牛奶、海鲜等过敏，本来安全的成分也成了巨大的风险因素。

二、食品安全现状及发展趋势

（一）食品安全现状

1. 全球食品安全现状

虽然 FAO（联合国粮农组织）、WHO（世界卫生组织）等国际组织，以及大多数国家的政府都十分重视食品安全，也采取了一系列措施保障食品安全，但目前全球的食品安全问题仍然相当严重，特别是随着食品生产的工业化和新技术、新原料的采用，影响食品安全的因素日趋复杂。

疯牛病蔓延：最早发生并流行于英国的牛海绵状脑病（疯牛病），由于出口感染的牛或肉骨粉引起其他一些国家该病的发生。自 1987—1999 年证实的病牛就达 17 余万头，已经发生的国家包括英国在内的 30 余个国家和地区，造成了巨大的经济损失和严重的社会恐慌。

日本大肠杆菌中毒：1996 年 5 月下旬，日本几十所中学和幼儿园相继发生六起集体食物中毒事件，中毒人数多达 1600 人，导致三名儿童死亡，80 多人入院治疗。到 7 月底，中毒人数超过万人，死亡 11 人，发生中毒范围波及 44 个都府县。这就是引起全世界极大关注的由大肠杆菌 O157 引起的暴发性食物中毒事件。

比利时二噁英污染食品：1999 年 5 月，比利时发生了“二噁英污染食品”事件。当时一些养鸡场出现鸡不生蛋、肉鸡生长异常等现象，经调查发现，这是由于比利时九家饲料公司生产的饲料中含有致癌物质二噁英所致。这一事件使 1000 万只被认为是受污染的肉鸡和蛋鸡被屠宰销毁，造成的直接损失达 355 亿欧元，如果加上与此关联的食品工业，损失超过上百亿欧元。

美国、法国李斯特菌食物中毒：1999 年年底，美国发生了历史上因食用带有李斯特菌的食品而引发的最严重的食物中毒事件。据美国疾病控制中心的资料，在美国密歇根州，有 14 人因食用被该菌污染了的“热狗”和熟肉而死亡，在另外 22 个州也有 97 人因此患病，六名妇女因此流产。2000 年年底至 2001 年年初，法国也发生李斯特菌污染食品事件，有六人因食用法国公司加工生产的肉酱和猪舌头而成为李斯特杆菌的牺牲品。

日本金黄色葡萄球菌感染：2000 年 6 ~ 7 月，位于日本大阪的雪印牌牛奶厂生产的低脂高钙牛奶被金黄色葡萄球菌肠毒素污染，造成 14500 余人腹泻、呕吐，180 人住院治疗，市场份额占日本牛奶市场总量 14% 的雪印牌牛奶不得不进行产品回收，全国 21 家分厂停业整顿，接受卫生调查。

美国沙门氏菌中毒：2010 年 3 月，美国食品和药物管理局发布紧急召回令，要求将大批怀疑被沙门氏菌污染的沙拉酱、土豆片蘸酱、多味汤等食品立即下架。这次召回涉及数千种食品，成为美国历史上规模最大的食品召回事件之一。

有全球蔓延之势的禽流感：自 20 世纪末 H5N1 型禽流感病毒被发现以来，一直未能得到有效控制。特别是 2005 年，在世界的传播速度十分惊人，在东亚、中国、印度尼西亚、泰国、柬埔寨和越南都已出现新的病例，甚而远至俄罗斯和罗马尼亚也已发现染病的鸟禽。迄今为止，全世界已有超过 1.4 亿只的家禽染病死亡或遭扑杀，造成的经济损失高达 100 亿美元。

2. 我国食品安全现状

近 20 年来，我国的食品安全工作取得了较大的成绩，政府及各级领导机构对食品安全的重视程度逐渐提高。从生产、监管、科研等多方面展开的食品安全控制体系已初步建立，并正在逐步完善，食品的卫生合格率逐年上升，恶性食品安全事件发生率越来越低。在《中华人民共和国食品卫生法（试行）》实施前的 1982 年，食品卫生监督总体合格率为 61.5%；《中华人民共和国食品卫生法》正式实施前的 1994 年，食品卫生监督总体合格率为 82.3%，2000 年达到 88.9%；《中华人民共和国食品安全法》实施后的 2015 年，食品药品监督管理总局共抽检食品 17 万批次，合格率达 96.8%。从全球情况来看，根据全球食品安全指数报告（GFSI），我国食品安全总体情况不断提高，2012—2018 年在 113 个国家中排名 41 ~46 位，2019 年上升到 35 位，处于中上水平。

尽管如此，我国食品安全形势依然严峻，食品安全仍处在问题多发期。2004 年 3 月底 4 月初，安徽阜阳发生劣质奶粉事件，不良商家用淀粉、蔗糖替代乳粉、奶香精生产的劣质奶粉造成大量婴儿营养不良，其中因食用劣质奶粉造成营养不良的婴儿有 229 人，导致死亡的婴儿有 12 人。2008 年以河北石家庄三鹿集团为代表的 22 家企业 69 批次产品被检出了含量不同的三聚氰胺，导致数百名婴儿患肾结石。截至 2008 年 11 月 27 日 8 时，全国累计报告因食用三鹿奶粉和其他个别问题奶粉导致泌尿系统出现异常的患儿 29 万余人，该事件对奶制品行业来说无疑是一场空前劫难。到今天，我国的乳制品行业历经十数年整改，仍得不到许多中国妈妈的认可，天天海外抢奶粉，由此可见，食品安全问题不仅关系到我们的健康、未来，也关乎企业甚至整个行业的生死存亡，绝对不可轻视。

近年来，从抽检结果来看，大型食品生产、经营企业的食品安全质量问题较小，而网购、小杂食店、小吃店等场所的不合格率偏高。此外，水产品和饮料不合格率偏低，饮料铜绿假单胞菌不合格率较高，婴幼儿配方羊奶粉不合格率较高。同时，我国食品安全标准还有一些缺失，对违法行为的惩处力度还不足以对违法者形成足够的震慑。

针对国内食品市场上滥用添加剂、掺假使假等违法活动屡禁不止的情况，质检总局从合格率较低的米、面、油、酱油、醋等五类与百姓生活密切相关的食品开始实施食品质量安全市场准入制度。到 2003 年 8 月 1 日，凡没有 QS 认证标志，未取得食品生产许可证的产品进入市场将被查处。截至 2006 年，已对小麦、大米、挂面、食用植物油、酱油、食醋、味精、鸡精调味料、酱类、肉制品、乳制品、婴幼儿配方乳粉、饮料、方便面、饼干、罐头、冷冻饮品、速冻面米食品、膨化食品、糖果制品、果冻、茶叶、白酒、葡萄酒及果酒啤、黄酒、酱腌菜、蜜饯、炒货食品、蛋制品、可可制品、焙炒咖啡、糖、水产加工品、淀粉制品、糕点食品、豆制品、蜂产品等，实行食品质量安全市场准入制度。

随着 2015 年 10 月 1 日新的《中华人民共和国食品安全法》实施和食品监督管理机构的调整，我国食品安全认证不再使用 QS 标志，而改用新的 SC 编码（见图 7 –1）。SC 认证范围更为广泛，在从事食品生产、食品销售、餐饮服务的基础上，增加塑料和纸包装容器、食用化工产品、食品加工用相关设备等食品相关产品进行申报认证，更全面地保证了食品体系的健康发展。另外，SC 认证实行一企一证，一经实行不再改变，每一位号码都包含对应的信息，从而可实现产品的溯源管理。

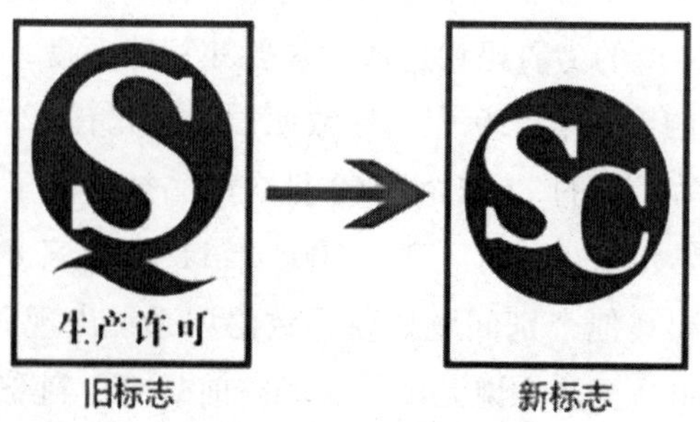

图 7 –1　食品安全认证

（二）当前食品安全的主要问题

当前食品安全领域最突出的问题有三个，即食品的污染、食源性疾病及食品新技术所带来的诸多问题。

1. 食品的污染

食品从农田到餐桌的过程中可能受到各种有害物质的污染。首先是农业种植、养殖业的源头污染严重，除了在农产品生产中存在的超量使用农药、兽药外，日益严重的全球污染对农业生态环境产生了很大的影响。环境中的有害物质导致农产品受到不同程度的污染，特别是有些污染物还可以通过食物链的生物富集、浓缩，导致污染物的浓度增加，引起人类食物中毒。其次是食品生产、加工、储藏、运输过程中的污染严重，既存在由于加工条件、加工工艺落后造成的卫生问题，还存在滥用食品添加剂甚至使用非食品加工用添加物的现象。

2005 年 2 月 18 日，英国食品标准局发出全球食物安全警告，宣布 400 多种食品受到“苏丹红一号”色素污染，必须收回，麦当劳、联合利华、亨氏等国际知名企业的一大批产品也在这批收回名单中；2008 年 6 月 5 日，英国食品标准局在英国一家知名的超市连锁店出售的鲑鱼体内发现孔雀石绿，欧洲国家所有的食品安全机构都发出了食品安全警报；2009 年 2 月 18 日，广州陆续发生市民因食用个别不良生猪养殖户违规使用“瘦肉精”的猪肉而中毒的事件，至 2 月 21 日，累计发病人数为 70 人；2009 年 3 月 25 日，湖北省五峰县共有四人因饮用甲醇勾兑的散装假酒而中毒死亡，12 人住院治疗。

2. 食源性疾病

食源性疾病是指通过摄食而进入人体的有毒有害物质（包括生物性病原体）所造成的疾病。一般指感染性和中毒性，包括常见的食物中毒、肠道传染病、人畜共患传染病、寄生虫病及化学性有毒有害物质所引起的疾病。食源性疾患的发病率居各类疾病总发病率的前列，是当前世界上最突出的卫生问题。

2009 年 6 月 21 日，河南省周口市实验幼儿园发生 214 人因该幼儿园食物制作室操作环节被细菌污染而导致的食物中毒事件；2018 年 8 月 25 日，桂林帝禾国际大酒店参加学术会议的五百余人在酒店吃过晚宴后陆续出现腹泻、呕吐、发烧等症状，92 人分别被送往桂林市多家医院治疗，官方通报为是一起由沙门氏菌感染引发的食源性疾病事件。另外，还有涉及全球的“苏丹红一号”国际食品安全紧急警告事件，涉及麦当劳、肯德基等著名食品企业的致癌物“丙烯酰胺”事件，日韩致癌聚氯乙烯（PVC）食品保鲜膜转道中国事件，以及发展中国家时有发生的农药、掺假食品造成的食物中毒事件等。

3. 食品新技术带来的问题

食品工程新技术多数与化工、生物以及其他的生产技术领域相结合，对食品卫生的影响有一个认识过程。例如，有关微波、辐射等技术对食品安全性的影响一直存在争议。另外，食品工程新技术所使用的配剂、介质、添加剂及其对食品卫生质量的影响也不能忽视，总之，食品工程新技术可能带来很多的食品安全新课题。

随着生物技术的不断发展，转基因作物给人类带来了巨大的社会效益和经济效益。然而转基因技术与任何一项新技术一样，在实际应用中有利有弊，特别是由于目前的科学水平还难以准确预测该技术所造成的生物变化对人体健康和环境的影响，尤其是长期效应，因此转基因食品的安全问题已越来越受到各国政府、消费者、国际组织的关注。

（三）食品安全的发展趋势

1. 与国际接轨，加强与国际组织的合作与交流

据 WTO 报告，早在 2002 年，国际食品及原料贸易额已达 5830 亿美元，年增长 5%。国际食品贸易的增长，一方面为人们的生活提供了丰富的食品，另一方面也为食品安全管理带来了挑战：错综复杂的国际食品供应链，扩大了食品安全管理的复杂性，增大了食源性疾病的大范围和广泛暴发的潜在风险等。

国际食品法典委员会 CAC 制定了一系列各成员国都认可的食品卫生应用准则。我国于 1985 年加入 CAC，并于 1995 年正式成立了中国食品法典协调小组，每年派越来越多的专家出席 CAC 各专业委员会的会议，及时掌握 CAC 的动态，并与我国相关标准法规紧密结合。

2. 建立国家食品安全控制与监测网络

随着电子信息技术的进步，食品安全控制系统和溯源技术也得到了快速发展，逐步实现系统地监测并收集食品加工、销售、消费全过程包括食源性疾病的各类信息，以便对人群健康与疾病的现状和发展趋势进行科学的评估和预测；早期鉴定病原物质，鉴别高危食品、高危人群；评估食品安全项目

的有效性，为卫生政策的规范和提出提供信息。

3. 加强食品安全控制技术的投入和研究

食品消费行为在现代社会受到多种因素的影响，不断地发生变化。首先，餐饮服务业的发展蒸蒸日上，在美国，2005 年全国从事饮食服务的有 1220 万人，2015 年达到 1400 万人，饮食销售额占商业服务集团收入的 90%；在中国，1999 年的饮食网点数约 100 万个，2019 年达到 4.3 千万个，饮食业的零售额在 2005 年达到 8900 多亿元，2018 年全国餐饮收入超过 4.2 万亿。其次，随着工作和生活节奏的加快和餐饮业的服务条件的改善，在外就餐的人数日益增加。再次，异地旅游越来越多，享受不同饮食文化的人数迅猛增加。消费模式的这些变化，无疑会带来新的食品安全问题。为了更好地对食品实施安全控制，需要加强与发达国家的合作，研究新的食品安全预防控制技术，以及食品的现代加工、贮藏技术等。

三、我国的食品安全监督管理

（一）食品安全监督管理体系

根据 WHO 和 FAO 的定义，食品安全监管是指：“由国家或地方政府机构实施的强制性管理活动，旨在为消费者提供保护，确保从生产、处理、储存、加工直到销售的过程中食品安全并适于人类食用，同时按照法律规定诚实而准确地贴上标签。”按此定义，食品安全监管即指国家有关部门对食品是否安全进行的监督与管理，目的是使市场上的一切食品都处于安全状态。

改革开放初期的食品安全监管是一种试图平衡吃饱与吃好、商品经济与计划经济的监管工作。由于市场经济并不繁荣，我国食品安全监管体系的建设也处在初级阶段，对现阶段监管体制改进没有很大的参考价值，因此不再赘述。

1993 年，国务院进行体制改革，撤销了轻工业部，成立了中国轻工业联合会，食品企业与轻工业主管部门正式分离，打破了政企合一的格局，食品产业获得前所未有的发展。

第一阶段（1994—2002 年）：这一阶段前期，卫生行政部门是食品卫生的主要监管部门，负责食品经营单位卫生许可证的审批发证，日常的食品卫生监督检查检验，对食品违法行为进行行政处罚，以及当发生食物中毒事故时对当事企业经营者采取临时控制措施等工作。2001 年，按照国家机构改革的要求，工商行政管理局开始承担流通领域的质量监督管理职能，同时农业部门负责种植养殖环节初级农产品的质量安全监管工作，这为后来的分段监管体制奠定了基础。在这段时期初期阶段，食品安全监管主要关注食品卫生水平，监管目的是防止食品污染和有害因素对人体的危害；在后期阶段，食品监管的理念逐渐从食品卫生转变为食品安全。

第二阶段（2003—2012 年）：随着经济社会的发展，消费者对食品的利益诉求日益增长，除了满足果腹这一基本属性外，消费者还期待更多质量安全且营养丰富的食品。与此同时，食品产业也发生了巨大的变化，生产力的极大解放使食品行业形成完整的产业体系。为了适应食品安全监管情况的新形势，我国于 2003 年成立了食药局。

食药局在成立之初并没有在食品监管上的实质职责，所担负的责任主要是组织协调和宽泛意义上的综合监督。由于食药部门与其他食品监管相关部门是平级单位，在级别上对其他部门没有领导地位，因此并不能发挥其组织协调和综合监督的作用。为了解决这个问题，国务院于 2009 年 2 月 28 日通过了《食品安全法》，重新划分了食品安全监管工作，形成了分段监管的局面。在这段时期，由于各个部门之间均是平级单位，对其他各部起不到领导和支配作用，因此出现了多头执法和监管缺失现象。分段监管人为地将食品产业链分开，分散了各部门之间的监管权限，加大了执法和守法的成本。

第三阶段（2013—2017 年）：为了解决分头监管的困境，2013 年 3 月国务院组建了新的食药局，将初级农畜产品以外的食品安全监管职责划归到食药局中，形成了以食品药品监督管理局及其派出机构为主，辅以工商、农业、卫生和畜牧等监管部门的监管体系。在这一时期内我国食品监管水平有了很大的提高，专管部门的设立提高了监管的效率，结束了“九龙治水”的监管局面。

第四阶段（2018 年至今）：2013 年的机构改革虽然在一定程度上解决了食品安全监管体系过于分散的问题，但是依旧存在某些问题。例如在执照办理方面，食品经营业户需要先去工商行政部门申领营业执照，之后才能在食药部门申请食品经营许可证的办理，两个部门之间信息沟通的不通畅使营业执照和食品经营许可证中间形成了办证的空白期，这不仅增加了经营业户办理执照的难度，而且使食品监管部门和工商行政部门在职责上形成相互掣肘的问题。从食品监管的实际工作来看，进一步整合监管权力，形成集中统一的监管体系是大势所趋。为进一步整合监管力量，推进食品药品监管水平继续向前发展，2018 我国决定撤销食药局，将其食品监管的职能划归到市场监管局中，使食品监管体系更加集中和明确。

（二）食品安全法

1. 食品安全法的修订历程

《中华人民共和国食品安全法》（以下简称《食品安全法》）已由中华人民共和国第十一届全国人民代表大会常务委员会第七次会议于 2009 年 2 月 28 日通过，自 2009 年 6 月 1 日起施行，《中华人民共和国食品卫生法》同时废止。根据《中华人民共和国食品安全法》，2009 年 7 月 8 日国务院第 73 次常务会议通过《中华人民共和国食品安全法实施条例》，自公布之日起施行。现行的《中华人民共和国食品安全法》于 2013 年 10 月 10 日和 2018 年 12 月 29 日两次修正，号称“史上最严”食品安全法。

《食品安全法》的立法宗旨是保证食品安全，保障公众身体健康和生命安全。它充分体现了“以人为本，构建和谐社会”的立法理念；从“农田到餐桌”的全程监管和重在源头的监管理念；发挥消费者制衡作用的理念；加大违法成本的经济学理念。

2. 食品安全法的主要内容

（1）确立了食品安全风险监测和评估制度

风险评估是系统地采用一切科学技术手段及相关信息进行定性或定量来描述某危害或某环节对人体健康风险的方法。国际上通用的食品风险分析方法可分为四大类，分别是：SPS《实施卫生和动植物检疫措施协议》的风险评估；CAC 的风险分析方法；欧盟的预防性原则措施以及 GMP、HACCP 体系。其中 CAC 的风险分析方法得到了广泛的应用。根据 CAC 的定义，风险分析（risk analysis）也称危险性分析，是通过对影响食品质量安全的各种物理、生物和化学危害进行评估，对风险的特征进行定性或定量的描述，并在参考有关因素的前提下，提出和实施风险管理措施，进行风险信息交流的过程。

食品安全风险监测是对食源性疾病、食品污染以及食品中的有害因素进行的监测。食品安全风险监测信息是食品安全风险评估专家委员会进行食品安全风险评估的根据之一。

《食品安全法》确立了食品安全风险监测制度，规定由国务院卫生行政部门会同国务院其他有关部门制定、实施国家食品安全风险监测计划。食品安全风险评估是对食品中生物性、化学性和物理性危害对人体健康可能造成的不良影响进行的科学评估，将食品安全风险评估结果作为制定食品安全标准和政策的科学依据，是人们对食品安全监管规律的深刻认识，已成为许多国家的普遍做法。据此，《食品安全法》确立了食品安全风险评估制度，规定国务院卫生行政部门负责组织食品安全风险评估工作，成立由医学、农业食品、营养等方面的专家组成的食品安全风险评估专家委员会进行食品安全风险评估。为了保证食品安全风险评估的结果得到利用，《食品安全法》规定，食品安全风险评估结果作为制定或者修订食品安全标准和对食品安全实施监督管理的科学依据。

（2）明确了统一制定食品安全国家标准的原则

根据《食品安全法》的规定，我国的食品安全标准体系包括国家标准。地方标准和企业标准三个部分。在《食品安全法》实施以前，食品标准存在政出多门的问题，针对同一种食品，既有国家标准，也有行业标准。如苹果既有国家标准，又有农业部颁布的无公害标准、绿色标准、外观等级标准，这些标准往往相互矛盾，给食品生产流通领域的管理带来问题。因此《食品安全法》从统一标准的原则出发，规定食品安全国家标准由国务院卫生行政部门负责制定、公布，除食品安全标准外，不得制定其他的食品强制性标准。同时，《食品安全法》还明确规定了制定食品安全标准的原则，即以保障公众身体健康为宗旨，做到科学合理、安全可靠。

（3）强化了生产经营者保证食品安全的社会责任

为了强化生产经营者保证食品安全的社会责任，《食品安全法》规定，食品生产经营者应当依照法律、法规和食品安全标准从事生产经营活动，对社会和公众负责，保证食品安全，接受社会监督，承担社会责任。《食品安全法》同时确立了以下制度，以进一步强化食品生产经营者作为保证食品安全第一责任人的法定义务。

①生产、流通、餐饮服务许可制度。《食品安全法》规定：国家对食品生产经营实行许可制度。从事食品生产、食品流通餐饮服务单位，应当依法取得食品生产许可、食品流通许可、餐饮服务许可。

②索票索证制度。《食品安全法》规定：食品生产者采购食品原料、食品添加剂、食品相关产品，应当查验供货者的许可证和食品合格证明文件；

食品经营者采购食品，应当查验供货者的许可证和食品合格证明文件。生产经营企业还应当建立并执行进货查验记录制度、出厂检验记录制度等台账制度。

③企业食品安全管理制度。《食品安全法》规定：食品生产经营企业应当建立健全本单位的食品安全管理制度，加强对职工食品安全知识的培训，配备专职或者兼职的食品安全管理人员，做好对所生产经营食品的检验工作，依法从事食品生产经营活动。

④食品召回和停止经营制度。《食品安全法》借鉴国际通行做法，明确了食品召回和停止经营制度，规定食品生产者发现其生产的食品不符合食品安全标准，应当立即停止生产，召回已经上市销售的食品，通知相关生产经营者和消费者，并记录召回和通知情况。

（4）加强了对食品添加剂的监管

目前，食品添加剂使用不规范甚至滥用，成为危害食品安全的重要源头。为此，《食品安全法》进一步加强了对食品添加剂的监管，规定食品添加剂应当在技术上确有必要且经过风险评估证明安全可靠，方可列入允许使用的范围。国务院卫生行政部门应当根据技术必要性和食品安全风险评估结果，及时对食品添加剂的品种使用范围、用量的标准进行修订。同时，食品生产者应当按照食品安全标准关于食品添加剂的品种、使用范围、用量的规定，使用食品添加剂；不得在食品生产中使用食品添加剂以外的化学物质，和其他可能危害人体健康的物质。

（5）加强了对保健食品的监管

保健食品是指具有特定保健功能的食品，它适用于特定人群，主要调节机体功能。近年来，随着国民经济的发展和群众生活水平的提高，人们对保健食品表现出了前所未有的热情，希望通过平衡膳食增进健康，这种需求促进了保健食品行业的迅速发展。目前，我国保健食品产业增长十分迅速，全国已审批保健食品 8900 多种，共有保健食品生产企业 1640 多家，年产值达到 1000 多亿元。

我国的保健食品主要分为两大类：一类是添加了中药材的保健食品，约占保健食品的 65%；另一类是国际通行的营养补充剂，约占保健食品的 35%。为了加强对保健食品的管理，1995 年施行的《食品卫生法》确立了对保健食品的审批制度，规定表明具有特定保健功能的食品，其产品及说明书必须由国务院卫生行政部门审查批准。此后，《保健食品管理办法》《保健食品通用标准》《保健食品生产规范》等法规和文件陆续出台，使保健食品的审评、注册生产、管理等各环节都逐步得到规范。但是就保健食品行业现状而言，还存在着一些企业搞虚假宣传，添加违禁物质等问题，需要法律加以严格规范。

为了加强对保健食品的监管，《食品安全法》明确规定：国家对声称具有特定保健功能的食品实行严格监管。有关监管部门应当依法履职，承担责任。具体管理办法由国务院规定：声称具有特定保健功能的食品不得对人体产生急性、亚急性或者慢性危害；其标签、说明书不得涉及疾病预防、治疗功能，内容必须真实，应当载明适宜人群、不适宜人群、功效成分或者标志性成分及其含量等；产品的功能和成分应当与标签、说明书相一致。《食品安全法》对保健食品的监管体制没有做出具体规定，只是原则上规定了要严格进行监管的办法，具体管理办法由国务院做出规定。按照国务院对食品药品监管部门职责的规定，目前是由该部门负责对保健食品进行监管，对保健食品的产品和说明书进行审批。

（6）明确了食品安全事故的处置程序

食品安全事故，是指食物中毒、食源性疾病、食品污染等源于食品，对人体健康有危害或者可能有危害的事故。近年来，我国食品安全事故时有发生，对食品安全和人民群众身体健康造成重大危害。

造成食品安全事故的原因很多，有主观上的原因，如食品生产经营者没有守法生产经营，主管部门监管不力等；也有客观上的原因，如食品的生产链条比较长，我国现阶段的食品生产经营总体水平不高等。因此，一方面要做好食品安全事故的预防工作，力争不发生事故；另一方面，也要看到食品安全事故的客观存在，积极做好食品安全事故的处置工作，避免事故危害的扩大，为此《食品安全法》明确规定了食品安全事故的处置机制，包括以下几个方面。

①报告制度。《食品安全法》规定：农业行政、质量监督、工商行政管理、食品药品监督管理部门在日常监督管理中发现食品安全事故，或者接到有关食品安全事故的举报，应当立即向行政部门通报，发生重大食品安全事故的，接到报告的县级卫生行政部门向本级人民政府和上级人民政府行政部门报告。任何单位或者个人不得对食品安全事故隐瞒、谎报、缓报，不得毁

灭有关证据。

②事故处置。县级以上卫生行政部门接到食品安全事故的报告后，应当立即会同同级卫生行政等部门进行调查处理，并采取措施防止或减轻社会危害：一是开展应急救援工作，组织救治因食品安全事故导致人身伤害的人员；二是封存可能导致食品安全事故的食品及其原料，并立即进行检验；对确认属于被污染的食品及其原料，责令食品生产经营者依法予以召回或者停止经营；三是封存被污染的食品相关产品，并责令进行清洗消毒；四是做好信息发布工作，依法对食品安全事故及其处理情况进行发布，并对可能产生的危害加以解释、说明。发生重大食品安全事故的，县级以上人民政府应当立即成立食品安全事故处置指挥机构，启动应急预案。

③责任追究。《食品安全法》规定：发生重大食品安全事故，市级以上人民政府卫生行政部门应当立即会同有关部门进行事故责任调查，督促有关部门履行职责，向本级人民政府提出事故责任调查处理报告。重大食品安全事故涉及两个以上省、自治区直辖市的，由国务院卫生行政部门依照上述规定组织事故责任调查。

（7）加大了对食品生产经营违法行为的处罚力度

为了切实保障人民群众的生命安全和身体健康，《食品安全法》加大了对食品生产经营违法行为的处罚力度，对用非食品原料生产食品或者在食品中添加食品添加剂以外的化学物质和其他可能危害人体健康的物质，用回收食品作为原料生产食品，生产经营营养成分不符合食品安全标准的专供婴幼儿和其他特定人群的主辅食品，经营病死、毒死或者死因不明的动物肉类或者生产经营这类动物肉类的制品等严重违法行为，规定了较为严厉的处罚措施。主要是：构成犯罪的，依照刑法追究刑事责任。尚不构成犯罪的，依法没收违法所得、违法生产经营的食品和用于违法生产经营的工具、设备、原料等物品，处以多达货值金额十倍的罚款，吊销许可证；对依照《食品安全法》规定被吊销食品生产、流通或者餐饮服务许可证的单位，其直接负责的主管人员五年内不得从事食品生产经营管理工作；违法的食品生产经营者给消费者造成损害的，依法承担赔偿责任。

关于民事赔偿责任，《食品安全法》特别规定了惩罚性民事赔偿责任和民事赔偿优先的原则。具体是：第一，惩罚性赔偿责任，生产不符合食品安全标准的食品或者销售明知是不符合食品安全标准的食品，消费者除要求赔偿损失外，还可以向生产者或销售者要求支付价款十倍的赔偿金。第二，对违法的食品企业既要给予罚款、罚金的行政处罚、刑事处罚，又要其承担民事赔偿责任。明确了民事赔偿责任优先的原则，违反本法规定，应当承担民事赔偿责任和缴纳罚款、罚金，其财产不足以同时支付时，先承担民事赔偿责任，这样可以使权益受到损害的消费者优先得到赔偿。

（三）食品安全标准体系

1. 国际食品安全标准体系

目前国际食品标准分属两大系统：FAO/WHO 的食品法典委员会（CAC）标准和国际化组织（1SO）系统的食品标准。

食品法典委员会（Codex Alimentarius Commission，CAC）成立于 1963 年，隶属联合国粮农组织（Food and Agriculture Organization of United Nation，FAO）和世界卫生组织（World Health Organization，WHO），是政府间有关食品管理法规、标准的协调机构，现有包括中国在内的 173 个成员国，覆盖全球 98% 的人口。

国际标准化组织（International Organization for Standardization，ISO），是一个全球性的非政府组织，是世界上最大的国际标准化专门机构，成立于 1946 年，现有 148 个成员国，中国国家标准化管理委员会（SAC）代表我国参加该组织的活动。

ISO 系统的食品标准国际标准化组织在食品标准化领域的活动，包括术语、分析方法和取样方法、产品质量和分级、操作、运输和贮存要求等方面。ISO 系统的食品标准主要由国际标准化组织中农产品、食品技术委员会（TC34）及其下设的 14 个分技术委员会（TC），及若干 ISO 指南组成的其他与食品实验室工作有关的标准分委员会组成。其中，与食品相关的绝大部分标准是由 ISO/TC34 制定的。

ISO 系统标准的特点有三：①自愿性。ISO 标准是自愿的，不强制执行。②应用广泛性。ISO 标准是应市场的需求，在利益相关各方意见一致的基础上制定的，从而保证了标准的广泛使用。例如，目前 140 个以上国家的成千上万的工商企业在执行 1SO9000 标准，拥有 1SO9000 证书。③ISO 标准的合格评定不是 ISO 的职责，即 ISO 本身不进行质量标准的认证，也不出具 ISO 系统标准证书，这些导则和标准的使用只是为世界范围内的合格评定提供了一致性和相关性。

值得一提的是，目前除上述两大国际食品标准系统外，一些国际组织、专业组织和跨国公司制定的标准在国际经济活动中客观上起着国际标准的作用，即“事实上的国际标准”。例如，美国提出的HACCP食品危害分析和关键控制点标准已经发展成为国际食品行业普遍采用的食品安全管理标准，作为食品企业质量安全体系认证的依据。

2. 我国食品安全标准体系

食品标准制定的依据是《中华人民共和国食品安全法》《标准化法》和有关国际组织的规定及实际生产技术经验等。食品标准是食品工业领域各类标准的总和，包括食品基础标准、食品产品标准、食品安全卫生标准、食品包装与标签标准、食品检验方法标准、食品管理标准以及食品添加剂标准等。

食品标准是食品行业中的技术规范，涉及食品行业各个领域的不同方面，它从多方面规定了食品的技术要求、抽样检验规则、标志、标签、包装、运输、贮存等。食品标准是食品安全卫生的重要保证，是国家标准的重要组成部分。食品标准是国家管理食品行业的依据，是企业科学管理的基础。我国食品质量与安全的标准化工作经过几十年的积累和发展，取得了可喜的成绩，特别是经过改革开放30多年的发展，现已初步形成了食品安全标准体系。

中国食品安全标准体系虽然已初步形成，但仍然不够完善，不够科学，存在着很多问题，主要表现在以下几个方面。

（1）未能形成科学完善的体系

虽然中国已经制定了许多有关食品质量安全方面的标准，但大多都是零散的，缺乏系统性，未能形成科学完善的标准体系，致使食品安全标准的制定和管理缺乏科学的宏观调控手段，使标准的覆盖面不均衡，重点也不突出。此外，现有的标准中，很多已不能适应新形势的需要，应予以调整、修订或废止；同时也应及时补充和完善中国急需的标准。以蔬菜标准为例，1995年以前制定的国家标准占总数的76%，况且很多技术指标已不能适应生产和贸易的实际需要。

（2）管理体制分散，缺乏统一的规划

食品安全标准管理涉及农业、卫生、质检、环保、经贸和工商等多部门，由于政出多门，各自为政，多头管理，最终造成了标准管理上的重复和空白，标准内容上的交叉、重复和矛盾。特别是行业标准，分由不同的部门立项、起草、审查、批准和发布，造成了生产、加工、流通标准的互不衔接，甚至相互矛盾，更没能形成完善的标准体系，对国内外食品贸易都具有负面的影响。

（3）标准的数量少，覆盖面不够广

目前中国农药残留量指标只有484项（包括国家标准和行业标准），占食品法典委员会（CAC）标准（2572项）的18.8%、欧盟标准（22289项）的2.2%，美国标准（8669项）的5.6%，日本标准（9052项）的5.3%，在标准数量上与国外相比有很大的差距。

标准的覆盖面也不够广。如在蔬菜中，中国大宗出口的蔬菜品种有24种，多数没有国家标准和行业标准，如紫苏叶、木薯等；采用新工艺加工的南瓜粉和蒜蓉等也没有相应的标准。另外，山野菜的出口量在逐步扩大，目前也没有国家标准或行业标准。

（4）标准水平低，对国际标准的采标率低

在制定标准时由于迁就国内生产落后和技术水平低的状况，再加上对标准的复审不及时，标龄太长，使不少国家标准的水平比国际标准和国外先进标准的水平明显偏低；另一方面，我国对国际标准总体采标率为43.5%，而实际上真正采标的只有24%左右，这也是中国食品质量安全水平低的重要原因之一。

食品安全标准体系是保障食品安全的重要环节，需要相关部门和食品工作者的共同努力，相信随着《食品安全法》的不断修订和完善，食品安全相关标准的不断改进，食品认证体系的不断发展和普及，我国的食品安全整体形势会越变越好。

四、食品安全的保障措施

（一）加强食品安全的监督管理

“民以食为天”，食品安全涉及千家万户的切身利益，关乎广大人民群众的身体健康与生命安全。近年来我国的食品安全形势日益严峻，各类食品安全问题层出不穷，如三聚氰胺、苏丹红、地沟油等食品安全事件，导致人们对食品安全问题空前关注。因此，加强食品安全监督管理工作，展开相关的思考与探索，意义重大。为了让人民群众能够吃得安全、吃得放心，应当加快对食品安全监督管理制度的改进与完善工作。

现阶段我国食品安全监管体系涉及的部门比较多，这些部门分别对食品产业各个环节行使监管职能。为了使监管工作有效执行，必须对各个部门的横向关系进行协调。横向的关系主要体现在同级部门之间，由于监管体系中各部门均是平级单位，某一部门对其他部门没有领导和命令的权力，因此只能依靠协调沟通来联系不同部门。现阶段我国的食品安全监管体系中市场监管局对食品的生产流通和销售环节进行监管，农业部门负责食用农产品的监管，林业部门负责食用林产品的监管，水利部门负责食用水产品的监管，畜牧部门负责畜禽产品的养殖以及定点屠宰食品的监管。在食品的销售环节，公安部门有办理食品违法犯罪案件的权力。为了加强各部门之间的沟通协作，我国成立食品安全委员职务来行使统一协调的职责。

食品安全监管体系的横向层面不仅体现在不同部门之间，还体现在不同省市自治区之间。得益于现代物流的快速发展，食品产业的产业链条往往涉及不同的省份，初级农产品的种植养殖、成品半成品的加工生产以及食品的流通销售等环节可以在不同的地区进行，某一地区的某一环节出现问题，所生产的不安全食品就可能波及到不同省份。例如，2006 年的“苏丹红鸭蛋”事件，其生产地区是在河北的某些小作坊，但是问题曝光却是在北京，整个事件涉及到的省份包括了广东、河北、山东等省份，小小的鸭蛋造成了严重的食品安全事件。与部门之间的情况类似，各省、自治区、直辖市之间的横向协调同样存在着诸多困难和问题，不同省份之间的沟通协作还涉及到了各自的利益分配和地方保护主义问题，地区之间的有效沟通协作依然需要不断探索和完善。

食品安全监管体系的建设是保证食品安全、提高人民生活质量和促进公共健康的需要，是我国食品工业发展，和参与国际食品贸易的需要。随着社会分工的细化和国际贸易的扩大，食品供给系统变得越来越复杂和多元化，食品供给链越来越长、环节越来越多、范围越来越广，加大了食品风险的发生概率。为了保证食品的安全供给，各个国家都建立了涉及所有食品从生产到消费的食品安全法律体系，为有关食品安全方面标准的制定、产品的质量检测检验、质量认证、信息服务等工作提供了系统的法律规范。发达国家食品安全体系的特点是有以下方面。

①从农田到餐桌全程管理；

②以危险性分析为立法科学基础；

③预防为主的原则；

④强调食品安全责任；

⑤法则的制订、修改和执行应公开与透明，明确消费者的知情权；

⑥食品的可追溯性和食品召回。

我国的食品安全监管尚处于不断发展、完善的阶段，保障食品安全的工作任重而道远。

（二）构建食品安全质量保证体系

构建科学合理的食品质量安全管理体系有利于保障食品的卫生安全，维护消费者的基本权益。尤其是我国，作为人口大国，食品的销量与储量一直居世界前列，消费者对食品的安全性的要求更高，建立科学合理的食品质量安全管理体系尤为迫切。

要想建立一个科学合理的食品质量安全管理体系，首先要对食品的危害进行风险分析，科学有效地分析食品中存在的危害会对人民群众的身体健康产生哪些不利的影响。国际上最为通用的风险分析系统包括风险评估、风险管理以及风险信息交流三个相互关联的部分，这三部分相辅相成相互作用，能够科学有效地对食品危害的风险进行分析，有利于食品安全质量管理体系的构建。

构建食品质量安全管理体系重要的一部分是根据市场需求，实施食品质量安全市场准入制度。要以“为人民服务，为了人民身体健康”为宗旨，贯彻国家的食品安全管理，进行科学合理的食品质量检测，不合格的产品禁止流入市场。进行食品加工的生产企业，要按照食品安全卫生生产规定进行食品的生产与加工，保障食品卫生。没有食品生产许可证的企业，不可以进行食品加工与生产。食品在加工之后，需由卫生和质检部门检验合格出厂。市场准入制度的建立，能够有效地防止不合格的食品流入市场，有利于食品质量安全管理体系的构建。

要想构建科学合理的食品质量安全管理体系，还要建立健全食品安全预警与应急处理机制。在食品安全问题出现的时候能够根据问题现象，提出合理的解决方法，以免危害进一步扩大。与此同时，还要加强对食品质量安全管理队伍的建设，加大执法力度，对生产黑心食品的加工商严惩不贷，取缔他们的生产，减少不合格的食品在市场的流通，只有这样才能够切实保障食品安全，保障人民群众的身体健康。

（三）加强食品安全教育与食品安全意识的培养

保障食品安全是多方面共同的责任，食品生产、流通的每一个环节都有它的特殊性，必须实行“从农场到餐桌”的全程综合管理，如实行良好的农业规范和良好的生产规范等。政府相关的管理部门、食品企业从业人员都应定期接受食品的生产、安全方面的知识培训，特别是要参与 HACCP 等食品安全质量控制系统的实施活动；农民、消费者则应不定期地接受食品的安全购买、安全烹饪、安全食用等知识的培训；新闻媒体也应提供足够的空间大力宣传食品安全知识，促进绿色消费。

保障食品安全的最终目的是为了预防与控制食源性疾病的发生和传播，保障大众的身体健康。食物可能在食物链的不同环节受到污染，因此不靠单一的预防措施来确保所有食品的安全。人类对食物数量和质量的追求对食品生产者、管理者来说是一个永不休止的挑战。但应该相信，21 世纪科学的发展和技术的进步将会使食品安全的保障系统进一步完善，我们的食品将会更加丰富、更加有营养、更加安全。

【教学案例】

“高科技”保障冬奥食品安全，助力健康中国建设

2022 年冬奥筹办已正式进入“北京周期”。北京市食品药品监管局与北京冬奥组委对接，制定了北京冬奥食品药品安全保障方案。据北京市食品药品监管局副局长、新闻发言人唐云华透露，北京将创新监管理念，实施“产地准出、销地准入、产销衔接、全程可溯”的产销两地共同监管的新模式，众多新技术、新手段都会率先应用于首都市民的日常食药安全保障中。

目前北京市食药监局已建立冬奥会食品药品服务保障工作筹备领导小组，制订食品药品安全统一保障的“三地同一”计划。该计划适用于京冀两地及北京、延庆、张家口三个赛区所有场馆的食品药品安全保障工作，覆盖运动员、教练员、志愿者、现场观众等各类人群，并研究建立各个环节的应急预案。针对北京是特大消费型城市，食品主要靠外埠供应的特点，监管模式也由过去的销地市场准入监管为主转变为产销两地共同监管，形成产地准

出、销地准入、产销衔接、全程可溯的新模式。依托食用农产品主要生产供应所在地省市政府，向源头延伸监管触角，将第一道监管关口从销地准入前移为产地准出，强化种植、养殖、生产加工环节的产地监管，实行产地、销地大监管、大协作。

食品及原材料来源可查，去向可追。随着产地认证、标准化配送、检测互认等方面启动试点示范，结合食品及食品原材料生产加工、物流配送和餐饮服务的特点，北京市食药监局建立起“从农田到餐桌”跨环节、跨区域、跨监管部门的全过程衔接制度，汇集包括产地、生产、包装、检验、物流、存储等所有供应链条上的信息，实现食品及原材料来源可查，去向可追，构建起完善的首都安全食品保障供给体系。

快速检测设备更灵敏更高效。针对现有快检设备检测能力较为分散、检测项目较少、检测限较高的薄弱环节，北京市已经在研发可同步大数量检测多种重点危害物质，而且检出限较低的高通量、高灵敏度快速筛查检测技术。这将与实验室检测形成互补，提高快速筛查的检测准确性，并做到同时段内可对大量餐饮食品或药品进行同步筛查。

一、提高食药安全保障能为市民带来什么?

市民可以“先享”高水准食药安全保障。食药安全保障是2022年北京冬奥会赛事服务保障的重要组成部分，更重要的是，本市将以此为契机，通过筹办冬奥食药安全服务保障工作，促使首都食药安全保障和管理水平整体提升，让冬奥会为首都市民享受更高水准的食药安全保障留下财富，满足市民对食药安全保障的新期待、新要求。

二、如何利用高科技手段提高食品安全监控效能?

随着科技发展，监管手段越来越先进，为消费者提供了更强有力的健康保障，如何利用高科技手段提高监控效能？最重要的就是建立食品药品电子监管中心。例如，以科技手段提升监管水平，建立集视频监控与语音对讲、应急查控与友情提示、信息研判与决策支持、12331投诉举报与应急指挥等功能于一体的食品药品电子监管中心。利用智能数字标牌、网络协作平台、云视频监控及服务平台、智能控制系统、远程字幕显示屏等一系列国内外领先装备，实现自助式服务、无人化管理，在服务重心前移的同时，大大提升监管效能。

（资料来源：“高科技”保障冬奥食品安全［EB/OL］. 北京晚报，2018-04-02)

【拓展阅读】

关于食品安全的小知识

1. 谈谈油炸方便面与非油炸方便面的区别

最新调查显示，我国居民年人均消费方便面26袋，是地地道道的方便面消费大国。然而，走进食品超市，对方便面再熟悉的人都会眼晕：油炸的、非油炸的，到底该选哪一种?

日本日清食品安全研究所所长山田敏广说，尽管非油炸类方便面已在日本诞生很久，可它在日本市场上的占有率至今仅为15%左右。用不用油炸，营养成分几乎没差别，选方便面，关键看个人口味。

2. 油炸、非油炸相差一道工艺

很多人明白，方便面经过油炸，就能长期保存。那么，非油炸方便面为什么也能保存那么长时间呢? 其实，两种方便面在压制和切面工艺上基本相同，只是最后干燥方式有差别。油炸过的方便面能持久持续干燥，面线表面构成很多小孔，注水后能迅速吸收水分，复水性强。

而非油炸方便面采用热风干燥工艺制成，复水性较差，因此过去常作为煮面食用。目前我国很多企业也正在利用高温、微波、冷冻或真空干燥等方法提高面块的复水潜力，期望实现冲泡即食。

3. 营养区别在热量上

选油炸还是非油炸，相当多人首先关心的是营养问题。日清食品安全研究所长期以来关注这一问题，并做了超多的验证、研究和分析。山田敏广所长介绍说，研究显示，两者营养成分几乎相同。它们都在蛋白质成分上比同质量的白米饭多1.7倍，钙质多3.8倍，铁质多两倍。根据营养学的观点，食物中蛋白质占15、脂质占25、碳水化合物占60，才是营养均衡的表现，而这两种方便面在这一点上都接近于这一理想状态。因此可以说，它们都是营养均衡、利于补充能量并且易被人体吸收的方便食物。

两者在营养成分上最大的不一样是热量。油炸方便面含油率在18%～20%，水分在10%以下；而非油炸方便面的水分含量较多，但脂肪含量仅为油炸方便面的1/4左右。至于油炸方便面内含能致癌的丙烯酰胺的说法，到目前为止，日本仍没有数据证明两者之间有必然联系。

4. 非油炸口感更清爽

对味觉体验要求苛刻的人也许会发现，方便面油炸还是不油炸，口感还是略有不一样的。山田敏广所长介绍说，非油炸方便面因为所需干燥时间较长，所以通常面线较细，且结构细密，口感接近于清淡的鲜切面。这就像为食客带来了一张白纸，能够添加自我喜欢的不一样的汤料来提味，变化较多。而油炸方便面的面块能够在很短时间内变软，易将汤料中的营养吸收进来，味道较浓，但油分略显偏大，食者可做的口味调整不大。

既然两种方便面仅仅差别在一点口感上，为什么非油炸方便面在日本和我国都如此少见呢？山田敏广所长指出，非油炸方便面产品特性和口感虽好，但热风干燥设备成本高，且微生物控制工程管理较繁琐，使得它的成本较高。相对而言，油炸方便面产品更加实惠，所以销路更广、种类更多。

（资料来源：方便面的油炸非油炸［J］. 质量与市场，2006.）

课后思考题

1. 食品安全的定义是什么？如何理解食品安全的绝对性和相对性？
2. 我国的食品安全现状如何？
3. 论述我国现行《食品安全法》的修订过程和主要内容。

推荐书目

1. 汤胜蓝，葛延风. 实现“健康中国 2030”目标——基于实证的研究［M］. 北京：人民卫生出版社，2019.

2. 闫妮. 食品法治：食品安全风险之治道变革［M］. 北京：法律出版社，2018.

3. 孙颖. 食品安全风险交流的法律制度研究［M］. 北京：中国法制出版社，2017.

4. 戚建刚. 共治型食品安全风险规制研究［M］. 北京：人民出版社，2017.

5. 曾祥华. 健康中国与食品安全［M］. 上海：上海交通大学出版社，2017.

6. 信春鹰. 中华人民共和国食品安全法解读［M］. 北京：中国法制出版社，2015.

7. 丁晓雯. 食品安全学［M］. 北京：中国农业大学出版社，2011.

8. 余桂恩. 食品营养与卫生［M］. 北京：高等教育出版社，2015.

9. 吉鹤立. 何食为安：中国食品安全知识手册［M］. 北京：团结出版社，2009.

专题八　国民幸福与心理健康

随着全球经济的飞速发展，人类逐渐思考经济增长与社会进步的关系，并在社会发展终极目标上逐步达成共识，把国民幸福作为衡量社会发展进步的重要指标。改革开放40多年来，我国国民经济迅猛发展。党的十九大报告提出，中国特色社会主义进入新时代，我国社会主要矛盾已经转化为人民日益增长的美好生活需要和不平衡不充分的发展之间的矛盾。新时代背景下，随着人们对美好生活需要的不断追求，心理健康越来越成为影响国民幸福的重要因子。本专题基于对幸福的内涵、幸福与健康关系的探讨，围绕国民心理健康素养现状与问题，旨在从个人、家庭、社会及政府方面探究提升国民心理健康与幸福的策略与途径。

一、国民幸福指数与幸福的内涵

（一）国民幸福指数

GDP是对生产和消费的商品及服务量的衡量，任何能增加商品和服务的行为都能增加GDP。即使一些行为是降低生活质量的，例如堵车、吸烟、离婚、交通事故等都会带来GDP的增长。在物资极度匮乏的时代，经济指标是一个国家是否发展良好的参考值。随着生产力的发展，社会越来越繁荣，当简单的需求得到极大满足时，财富就越不能用来衡量一个社会的成功与否。

国民幸福指数（Gross National Happiness，GNH）由前不丹国王吉格梅·辛格·旺楚克于1972年提出，它是评价生活质量的重要指数，较GDP更为全面，更为重视精神上的感受。

国民幸福指数的理念强调人类社会的真正发展是物质和精神的同步发展，并且相互影响。国民幸福指数四大基本元素是平等稳固的社会经济建设，文化价值的保护和发扬，自然环境的保护和高效管理制度的建立。国民幸福指数具体转化为四大支柱：资源保护和环境保护、公平和可持续的经济发展、传统文化的保留、优良的治理制度，让国民在物质生活和精神生活之间保持均衡。不丹政府把它们细化成了心理幸福、生态、卫生、教育、文化、生活标准、时间使用、社区活力及良好的管理状态这九大区域，每个区域都有相应的指数标准，最后开发出涵盖国民生活每个方面的72个“幸福指示器”，比如心理幸福区域，就包括了人们进行冥想、自私自利、嫉妒、镇静、同情、大方、挫折及自杀念头等指示器。每隔两年，政府都会对这个评价机制进行修改，以求与实际情况保持一致。GNH的提出揭示人类发展的本质是为了人类的幸福，对于转变发展的观念有着重要的意义。

（二）幸福的内涵

1. 关于幸福的思考

对于什么是幸福，自古以来是哲学家们经常研究的命题。苏格拉底认为，自我认知是通往幸福的道路；柏拉图的“洞穴比喻”影响了很多西方思想家，他们认为幸福就是寻找更深刻的意义；亚里士多德认为，幸福是在一生中按照美德理性生活；享乐主义相信要在简单的享受中实现幸福；斯多亚学派则认为，他们可以通过客观和理性达到幸福。亚当·斯密于其《道德感情论》中阐述：“幸福，即是平静与享乐。然而，在没有平静的情况下，享乐是不可能的；在完全平静的时候，则是无论发生什么事情都能够与其为乐。”把人类的“欲求”作为研究重点的社会心理学家亚伯拉罕·马斯洛的解释为：人的欲望的一个阶段一旦被达成，他/她就会把更高层次的欲望作为下一步实现的标准，所以“绝对的幸福是不存在的”。

在生活中，我们可能会经常用到“幸福”这个词语：“我要是能考上研究生，我就幸福了!”“我要是能拿到奖学金，我就很幸福。”“有很多钱，肯定会幸福。”“和自己爱的人在一起，就很幸福。”等等。似乎幸福与“拥有”有密切的关系，似乎是有了什么之后，才能够幸福。但恐怕多数人极少有机会去认真思考、了解以及研究幸福，幸福成了一个人人都熟悉，都想拥有，但却又模糊的理不清的一个领域。

幸福是什么？你怎么回答？

“越有钱，越幸福吗？”

诺贝尔经济学奖得主丹尼尔·卡内曼测量了美国不同人群中，年收入与幸福之间的关系。针对幸福的研究，丹尼尔·卡内曼在积极的方面选了正面情绪和生活满意度，在消极的方面选了压力和痛苦。在研究中将年收入划分为三组，分别是：三万元以下，三万元至七万元之间，七万元以上。这种划分基本上划分出了收入比较少的，中间的和比较富裕的人群。结果发现，在收入较少的群体中，其生活满意度和正面情绪随着收入的增加而增长；在收入中间的人群中能够看到情绪随着收入增高而增长的趋势趋于平缓；到了年收入七万元以上的人群，能看到正面情绪和收入之间已经是一条平坦的线了，即钱并不能让你更快乐，只能让你更满意一些。所以，并非越有钱越幸福！

美国数学家，抽样调查方法的创始人盖洛普在他的一项调查研究中，指出以丹麦为首的北欧国家跻身全球最幸福国家，而人均 GDP 最高的美国幸福指数不及北欧。丹麦、芬兰、挪威、瑞典、荷兰的受访者感觉很幸福，巴西、俄罗斯等国家的人也感觉幸福。盖洛普的研究表明，经济状况对幸福满意度有一定的支持，人均收入高在一定程度上支持幸福，但除此之外，健康、心理、社交、文化、发挥个人能力、教育等也会影响到幸福指数，穷国幸福指数也可能超过富国。研究表明，尽管收入越高会让人对生活感到更满意，但对于我们享受生活幸福感程度并没有太大影响。

“越看重什么，越幸福?”

心理学家 Sonja Lyubomirsky 研究发现：调查一个人看重什么东西和生活满意度之间的关系，结果发现假如一个人越看重钱，那么生活满意度会直线下降，而如果更看重爱以及和别人的关系，那么生活满意度会比较高。

为什么呢? 越看重金钱，越有可能忽略生活中重要的东西，比如健康、爱，并且获得金钱是一个永不满足的目标。如果一个人以获得更多金钱为目的，可能他在生活中找不到重要的目标，不清楚怎么从爱中获得幸福，不清楚自己在生活中真正想要的东西，好像只有金钱是能够看到的目标，那生活满意度可想而知。

2. 什么是真实的幸福

积极心理学之父塞利格曼将真实的幸福内涵定义为：积极情绪（positive emotion）、投入（engagement）、人际关系（relationship）、意义和目的（meaning and purpose）、成就（accomplishment）。

积极情绪主要是我们的感受，包含愉悦、狂喜、入迷、温暖、舒适等。投入与心流有关，指的是完全沉浸在一项吸引人的活动中，时间好像停止，自我意识的消失。投入与积极情绪是不同的，甚至是相反的，因为如果你问一个正在体验心流的人“你在想什么，你感觉怎么样”，他们通常会说：“什么也没想，什么感觉也没有。”当人处于心流状态中，往往趋向人、物合一。由于心流需要注意力的高度集中，因此它动用了我们全部的认知和情感资源，让我们无暇思考和感觉。体验心流是没有捷径的，因为要达到心流，需要投入最强的优势和才能。然而，获得积极情绪则是有捷径的，比如逛街，看电视，玩游戏。这就是积极情绪和心流之间的一项差异。因此，你需要找出你的品格优势，学习如何更多地使用它们进而达到心流。回忆：你上一次开怀大笑是什么时候？上一次为了不起的成就而自豪是什么时候？上一次感觉到深刻的意义是什么？尽管每个人经历的时间点不一样，但相同的是这些经历大多与他人有关，积极情绪在一个人孤独的时候极少出现。他人或朋友是一个人在低潮时最好和最可靠的解药，在你的生活中是否有这样一个人，即使凌晨2点仍然刻意打电话倾诉烦恼？如果有，那你很可能会比回答“没有”的人活得更长。积极的人际关系对幸福带来深刻的正面影响，与此同时，缺少积极的人际关系会产生较多负面影响。意义则是指归属于和致力于某种你认为超越自我的东西，有主观成分，但不是单纯的主观感受，与主观的判断不同，更多从历史、逻辑和一致性的角度出发的冷静客观的评判。例如，林肯很忧郁，他曾经在绝望的时候认为自己的人生毫无意义，但是在我们看来，从历史发展的角度来看，他的人生充满意义。成就（或成绩）可以用来描述人类在无强迫的自由状态下会选择追求什么。有人为了成功、成就、胜利、成绩本身而追求它们，生活中常见的是，把成就作为终极追求的人生目标，即使它不能带来任何积极情绪、意义、关系，只是为了赢而赢。例如，对财富的追求，无论采取什么路径，只要赢了就是好的，只要积累了更多的财富就赢了。追求成就人生的人们，经常会忘我地投入到他们的工作中，也常如饥似渴地追求快乐，并在胜利时感受到转瞬即逝的积极情绪，还有可能是为了更大的目标而赢。把这部分内容纳入到幸福内涵中，不是推荐或者反对追求成就人生，而是说明幸福与我们所追求的东西有密切的关系，是我们必须要去面对和思考的。

二、国民幸福与健康的关系

（一）幸福与健康

没有健康，就无法实现幸福。近期众多研究发现，健康不是单向地决定着幸福，幸福可有利于健康，而不幸福则损害着健康。迪勒（Ed Diener）发现不幸福是影响健康最大的风险因素，吸烟可使人减少2~3年的寿命，而不幸福使人减少七年的寿命。另一研究显示，男性失去配偶后的一个月内，死亡率高于一般男性人群两倍，而女性失去配偶后的一个月内，其死亡率高于一般女性人群三倍。

Pressman and Cohen做了幸福与疼痛的研究，发现积极的生活态度可减轻疼痛，并提高疼痛的阈值及耐受性。Tang则发现，压抑的情绪可增加休息痛的程度，降低疼痛的忍耐力。积极的情绪可缓冲压力，让人们在强烈的压力下不会崩溃。积极的情绪还能提高免疫力，减少感染的机会。生活态度积极的人群更愿意锻炼身体、实施健康饮食，而且不吸烟、不酗酒的比例更高。

对健康的人群来说，保持机体正常的功能状态及防止生病是主要目标。幸福感可以促进机体保持正常功能，减少患疾病的风险（如感冒及感染），并可避免早亡；对慢性病病人而言，控制症状及保持幸福的状态是重要目标，幸福感可以减轻疾病症状（如过敏及哮喘等），延长存活时间，实现与疾病共存。因此，提高个体的幸福感，可以保持及改善个体的健康状态；若提高社会的幸福感，可以保持及改善群体的健康状态。以上充分地印证了幸福与健康良性循环的观点，即健康促进人们幸福，幸福提升人们健康。

（二）无助感、掌控感与健康

在20世纪60年代中期，美国心理学家塞利格曼和史蒂夫·迈尔以及布鲁斯·奥维米尔在实验中发现了“习得性无助”。在实验中，给栅栏一边的狗施加电击，但只要狗跳到栅栏的另一边，就可以躲避电击，在这样的实验条件下，狗很快就学会了从栅栏的一边跳到另一边。但在另一组实验条件下，狗被绑在栅栏的一边不能动弹，只能默默忍受电击的痛苦，当解除绳子的束缚，让这些狗在电击的时候可以自由行动，它们也不会跳到栅栏的另一边去，而只是瘫软在地上，忍受电击的痛苦，其状态很像是患了抑郁症。塞利格曼将这一实验现象命名为“习得性无助”（Learned Helplessness）：现实不一定是无助的，但动物学会了无助的状态，即便能改变，也不去尝试了。后来，还有心理学家用其他动物重复过类似的实验，比如大白鼠，得到了相同的结果。

我们都曾听说过有人因为感到绝望而生病甚至死去的故事，是否无助感会影响身体，破坏健康呢？反过来，获得掌控感，能否增进健康呢？

塞利格曼及其学生针对老鼠和癌症设计了相关实验。他们在老鼠腹侧植入了具有 50% 致死率的肿瘤。然后，随即将老鼠分成三个小组：一组受到 64 次轻度痛苦的，可逃避的电击（掌控组）；一组受到同等程度的，不可逃避的电击（无助组）；另一组无电击（对照组）。然后观察哪些老鼠因癌症而死亡，哪些老鼠幸免于癌症。结果正如最初预想的，在没有遭受电击的对照组中，有 50% 的老鼠死亡。无助组中有 75% 的老鼠死亡，这说明无助感削弱了体质；掌控组中有 25% 的老鼠死亡，这表明掌控感的确促进了健康。在一项 1996—2002 年的跟踪调查中，有超过两万名健康的英国成年人参与，其间有 994 人死亡，其中 365 人死于心血管疾病。科学家评估了许多变量，包括吸烟、社会阶层、敌对情绪、神经质等，同时还评估了掌控感。结果显示，在吸烟、社会阶层以及其他心理变量相同的情况下，由心血管疾病引起死亡的人受到掌控感的影响较为强烈。

（三）积极乐观与健康

研究发现，大约有 1/10 的人（或老鼠、狗）从一开始就感觉很无助，他（它）们不需要实验室事件来诱发消极倾向；约有 1/3 的人（或老鼠、狗）从未表现出无助。那么，什么样的人从来都不会感到无助，这些人又是怎么解释这些消极事件的呢？塞利格曼在对这些问题的研究中走向了认知“习得性乐观”的领域。

在 1986 年，有 1306 名退伍军人参与了明尼苏达多相人格测验（MMPI），研究者并对其追踪研究了十年。结果显示，最乐观的男性的心血管患病率比平均人群低 25%，而最不乐观的男性的心血管得病率比平均人群高 25%。近日，一项纳入 15 项研究涉及近 23 万人的研究再次证实乐观的人心脏更健康，乐观可以预防心脏病发作、中风和过早死亡。研究者发现，与悲观主义者相比，乐观主义者患心脏病风险要低 35%，死亡风险要低 14%。

为什么积极、乐观的人不容易生病呢？一方面，乐观者认为自己的行为会影响到健康，愿意尝试，更容易接受医学建议；而悲观者认为自己是无助的，无论做什么都不会有任何改观，容易陷入消极失望。另一方面，乐观的人更善于解决问题，能更快地找到解决办法，他们更容易实现目标，他们也更关注自身的健康。

三、国民心理健康素养现状与问题

（一）国家心理健康的相关政策

《健康中国行动（2019—2030）》中明确提出：加强心理健康服务体系建设和规范化管理。加大全民心理健康科普宣传力度，提升心理健康素养。加强对抑郁症、焦虑症等常见精神障碍和心理行为问题的干预，加大对重点人群心理问题早期发现和干预力度。加强严重精神障碍患者报告等级和救治救助管理。全面推进精神障碍社区康复服务。提高突发事件心理危机的干预能力和水平。到2030年，常见精神障碍防治和心理行为问题识别干预水平显著提高。

当前，我国常见精神障碍和心理行为问题人数逐年增多，个人极端情绪引发的恶性案（事）件时有发生。我国抑郁症患病率达到2.1%，焦虑障碍患病率达4.98%。截至2017年底，全国已登记在册的严重精神障碍患者581万人。同时，公众对常见精神障碍和心理行为问题的认知率仍比较低，更缺乏防治知识和主动就医意识，部分患者及家属仍然有病耻感。加强心理健康管理，有助于促进社会稳定、人际关系和谐，进而提升公众幸福感。

到2022年和2030年，居民心理健康素养水平将分别提升到20%和30%；失眠患病率、焦虑障碍患病率、抑郁症患病率上升趋势减缓；每10万人口精神科执业（助理）医师达到3.3名和4.5名；抑郁症治疗率在现有基础上提高30%和80%；登记在册的精神分裂症治疗率达到80%和85%；登记在册的严重精神障碍患者规范管理率达到80%和85%；建立精神卫生医疗机构、社区康复机构及社会组织、家庭相互衔接的精神障碍社区康复服务体系；建立和完善心理健康教育、心理热线服务、心理评估、心理咨询、心理治疗、精神科治疗等衔接合作的心理危机干预和心理援助服务模式。

为推进健康中国行动，进一步加强儿童青少年心理健康工作，促进儿童青少年心理健康和全面素质发展，国家出台了《儿童青少年心理健康行动方案（2019—2022年）》。

方案的总体目标：（1）基本建成有利于儿童青少年心理健康的社会环境。（2）形成学校、社区、家庭、媒体、医疗卫生机构等联动的心理健康服务模式。（3）落实儿童青少年心理行为问题和精神障碍的预防干预措施。（4）加强重点人群心理疏导。

方案的具体目标：（1）各级各类学校建立心理服务平台或依托校医等人员开展学生心理健康服务。（2）学前教育、特殊教育机构配备专兼职心理健康教育教师。（3）50%的家长学校或家庭教育指导服务站点开展心理健康教育。（4）60%的二级以上精神专科医院设立儿童青少年心理门诊。（5）30%的儿童专科医院、妇幼保健院、二级以上综合医院开设精神（心理）门诊。（6）各地市设立或接入心理援助热线。（7）儿童青少年心理健康核心知识知晓率达到80%。

（二）国民心理健康素养现状

心理健康素养（Mental Health Literacy，MHL）的概念源自健康素养。素养不仅包括知识，也包括信念态度、行为技能。心理健康素养是指帮助人们认识、处理或预防心理疾病的相关知识和信念。心理健康素养是一个能综合反映个体或群体的心理健康状况的相关理念、认知、行为、技能水平的健康指标，被认为是独立于遗传与自然、社会与经济环境、心理服务等因素之外的一个心理健康的重要影响因素。世界卫生组织认为健康素养是指个人获取和理解基本健康信息和服务，并运用这些信息和服务做出正确决策，以维护和促进自身健康的能力。心理健康是“大健康”的重要组成部分，心理健康素养自然成为健康素养的重要成分。

2018年2月至3月，中科院心理研究所陈祉妍教授的团队对国民心理健康素养进行了调查，回收有效成年人答卷是14895份。过去一些心理健康素养的研究往往关注知识层面的测查，甚至仅关注是否知晓常见心理疾病。然而，仅掌握知识并不足以维护个体的心理健康，还需要在态度上的重视及在行为上的实践能力。因此，该研究对知识、行为、意识这三个方面进行测查。心理健康知识的测查内容，不仅包括心理疾病相关的知识——成因与预防、症状与识别和治疗，而且包括身心健康（生理与心理健康之间的相互影响）、危机干预与自杀预防、儿童心理健康以及其他的心理健康基本知识与原理。心理健康行为的测查内容，以情绪调节技能为核心，考察个体觉察自身情绪和使用各种策略调节自身情绪的能力。心理健康意识的测查内容聚焦于个体对心理健康的重视程度。

调查结果如下：

1. 群体差异较大欠发达地区和低学历人群值得关注

调查发现，心理健康素养存在着显著的地区差异：发达城市好于小城镇，东部经济发达地区好于中西部欠发达地区。这种地域差异对应的是心理健康工作发展的地区不平衡，特别是人才资源的地域不平衡。在我国的欠发达地区，心理健康问题十分突出，亟需具有较高心理健康素养的专业工作者开展心理健康工作，改善该地区的居民心理健康状况，但此次调查结果再次凸显了在欠发达地区心理健康人才资源与需求的不匹配。低学历人群的心理健康素养偏低，一般而言，他们在工作、生活等多方面往往面临更大的压力，因此他们的心理健康出问题的风险更大。调查发现高中及以下学历的人群，掌握的心理健康知识最少，对心理健康的重视程度最低，心理健康行为最欠缺。

2. 重点职业人群存在心理健康素养不足的问题

在该调查中重点关注了心理健康工作者、医疗卫生工作者、教育工作者和媒体工作者这四类职业人群。结果发现，心理健康工作者在知识、行为、意识上的得分均高于其他职业，这一结果符合预期，但仍然存在着发展不均衡，知识不全面的情况，尚需加强专业学习，提高专业水平。医疗卫生工作者的心理健康知识总分最低，由于心、身之间的密切关系，许多生理疾病患者同时伴有焦虑、抑郁等心理问题，也有相当比例的就医者是因为情绪问题引发的躯体不适，如果医疗卫生工作者缺乏心理健康素养，很可能会给自身及患者带来多方面的不良影响，不仅贻误治疗时机，还会增加患者的治疗成本，增加医疗负担。因此，我国医疗卫生工作者的心理健康素养有待进一步提高。教育工作者的心理健康知识与行为得分居中，相对于医疗卫生工作者与媒体工作者，总体素养较好，特别是在儿童教育、儿童保护、心理疾病症状与预防等知识维度上得分较高，也符合他们的职业特点。媒体工作者在危机干预与自杀预防、儿童保护、心理健康基本知识与原理等知识维度上得分较高。

3. 部分常见疾病知晓率过低

其实在本次调查中对常见疾病知晓率的调查是采用较低地标准来评估的，询问的第一步就是，是否听说过这个疾病，所以这就意味着在本次调查中，即使某种疾病获得90%以上的知晓率，也不代表人们对该种疾病能够普遍地准确识别。但知晓率偏低的疾病则十分值得关注，因为这意味着人们非但不能识别，而且甚至没有听说过这种疾病。知晓率最低的三种疾病是：惊恐障碍、读写困难和疑病症。这三种疾病在人群中并不罕见。但是它们有一个共同的特点，就是纵然发生在身边，人们也常常无法正确识别。

（三）常见心理疾病

1. 抑郁症

抑郁是现代世界一个非常广泛的问题。未来发生临床性抑郁症的人可占全部人口的10%左右。而且，问题可能会变得更加糟糕。世界卫生组织估计，2020年，抑郁症可能成为全球第二大健康问题。抑郁症是一类（而不只是单一一种）复杂疾病，有生理易感性基础，与后天环境发生相互作用，导致人体表现出一系列"抑郁症状"的持续动态过程。以往抑郁症通常出现在中年后期的人群当中；但是，现在大多数人第一次出现抑郁症状是在他们二十多岁的时候，还有大量案例出现在十几岁。抑郁症的症状表现在如下方面。

（1）情绪持续化低落。觉得空虚，没有价值感。人们对抑郁症有一点小小的误会，总是以为抑郁症的患者每天都是"难过""伤心"的。有一些抑郁症患者，更准确地描述：觉得空虚、毫无价值感。而"抑郁"的反义词也并非"高兴"，而是"有生命力"。

（2）对周围一切事物都失去兴趣。重点是，"对一切事物都失去兴趣"。医生一般会问来访者，你平时喜欢做什么？周末喜欢干吗？典型的抑郁症来访者会说，我以前还去跳跳舞，看看电影，但现在都提不起兴趣了……好像对什么都不感兴趣了。

（3）食欲激增或丧失，体重明显变化。人的情绪总是跟食欲有关。更严格的诊断是，体重在一个月内有超过5%的变化。但刻意减肥、增肥并不计入数据。有些抑郁症的来访者，在相当长一段时间里面，并不能感受到自己体重真的有变化。

（4）睡眠出现问题。出现入睡困难，夜里反复醒来，或者在凌晨三四点钟醒来，但只能清醒至天明，醒来后身体依然很沉重、很疲惫。

（5）行为发生改变（烦躁或行动缓慢）。抑郁症的患者往往会发生旁人可以观察到的行为变化：行动和思维变得迟缓。比如以前挺干净整齐的一个人，忽然变得邋里邋遢、蓬头垢面；以前挺机灵的一个人，最近思维特别混乱、反应很慢。

（6）自我评价低，消极思维。这似乎也是不能控制的，没有人愿意消极思维，而且抑郁症的来访者，会努力地想要更积极一些，甚至会因为自己的"消极"而不断自责。但这是抑郁症的症状，亦是身体里化学作用的结果，其实是超出抑郁症来访者自己控制能力范围。

（7）思维迟缓，注意力不集中。如加班加了三天三夜之后，大脑再思考时反应速度特别慢，注意力怎么也没办法集中，就如电脑同时打开多个程序后，运行速度大大下降，甚至会出现反应不过来，页面停止的情况。

（8）有死亡的念头。死亡的念头会反复出现，觉得活着没意思，死了才是解脱。

2. 焦虑症

焦虑症（anxiety），又称为焦虑性神经症，是神经症这一大类疾病中最常见的一种，以焦虑情绪体验为主要特征。可分为慢性焦虑，即广泛性焦虑（generalized anxiety）和急性焦虑，即惊恐发作（panic attack）两种形式。主要表现为：无明确客观对象的紧张担心，坐立不安，还有植物神经功能失调症状，如心悸、手抖、出汗、尿频等，即运动性不安。注意区分正常的焦虑情绪，如焦虑严重程度与客观事实或处境明显不符，或持续时间过长，则可能为病理性的焦虑。

（1）慢性焦虑（广泛性焦虑）。情绪症状指在没有明显诱因的情况下，患者经常出现与现实情境不符的过分担心、紧张害怕等情绪，这种紧张害怕常常没有明确的对象和内容。患者感觉自己一直处于一种紧张不安、提心吊胆，恐惧、害怕、忧虑的内心体验中。植物神经症状表现为头晕、胸闷、心慌、呼吸急促、口干、尿频、尿急、出汗、震颤等躯体方面的症状。

（2）急性焦虑（惊恐发作）。濒死感或失控感，在正常的日常生活中，患者几乎跟正常人一样。而一旦发作时（有的有特定触发情境，如封闭空间等），患者突然出现极度恐惧的心理，体验到濒死感或失控感。植物神经系统症状同时出现如胸闷、心慌、呼吸困难、出汗、全身发抖等。一般持续几分钟到数小时，发作开始突然，发作时意识清楚。极易误诊，发作时患者往往拨打"120"急救电话，去看心内科的急诊，甚至去到医院后慢慢就恢复平静了。尽管患者看上去症状很重，但是相关检查结果大多正常，因此往往诊断不明确。发作后患者仍极度恐惧，担心自身病情，往往辗转于各大医院各个科室，做各种各样的检查，但不能确诊。既耽误了治疗也造成了医疗资源的浪费。

3. 疑病症

疑病症，指对自身感觉或征象做出患有不切实际的病态解释，致使整个心身被由此产生的疑虑、烦恼和恐惧所占据的一种神经症，以对自身健康的过分关心和持难以消除的成见为特点。通俗地讲，患者怀疑自己患了某种事实上并不存在的疾病。最初往往表现为过分关心自身健康和身体任何轻微变化，做出与实际健康状况不相符的疑病性解释，伴有相应的疑病性不适，逐渐出现日趋系统化的疑病症状。疑病症状可为全身不适，某一部位的疼痛或功能障碍，甚至是具体的疾病。症状以骨骼肌肉和胃肠系统多见，就部位而言、以头、颈、腹部居多。常伴有焦虑、忧虑、恐惧和植物神经功能障碍症状。患者也知道烦恼于健康不利，苦于无法解脱、不能自拔。四处求医、陈述病情始末，又不相信检查结果和医生的解释或保证。

生活中这一类人活得很痛苦，这种痛苦不仅仅是身体上，还有心理上的，总感觉自己身体有病，反复去医院看。他们身体有一点儿不舒服就怀疑自己得了大病，看电视、报纸上提到一些疾病，也会把那些症状往自己身上套，怀疑自己是不是得了那种疾病，每天都很焦虑，忧心忡忡。他们也不明白为什么自己就这么害怕疾病，也不知道如何回归正常的生活。例如，李先生，今年45岁，前年因为长期工作导致腰部肌筋膜炎，经常感到酸痛不适，肌肉僵硬板滞。自从得了筋膜炎，就觉得全身的筋都不好了，好多关节都疼，筋也疼，怀疑自己手脚都有毛病，经常去医院检查、开药。每天都忧心忡忡，家人经常安慰他，让他放心，但都难以打消他内心的忧虑。时间久了，家人也很烦，李先生更加失落，感到家人不能理解自己的痛苦和处境，不能体谅和关心自己。

四、提升国民心理健康与幸福的策略与途径

（一）个人和家庭

1. 提高心理健康意识，主动学习和了解心理健康知识

每个人的一生中都会遇到多种心理健康问题，科学认识心理健康与身体健康之间的相互影响，学会管理自己的情绪，保持积极健康的情绪，避

免持续消极情绪对身体健康造成伤害。重视心理调节，及时疏导情绪，预防心理行为问题和精神障碍发生，不能缓解时，可选择寻求心理咨询与心理治疗。

2. 使用科学的方法缓解压力

不论处在人生的何种阶段，总是会感到不同的压力，其实成长、生活就是一个不断去承受各种压力，不断与各种压力共存，不断缓解的过程。正确认识重大生活、工作变故等事件对人的心理造成的影响，学会科学有益的心理调适方法，学习基本的减压知识，运用健康的减压方式，调整自己的状态。积极寻求人际支持，适当倾诉与求助。保持健康的生活方式，积极参加社会活动，培养健康的兴趣爱好。

3. 正确认识抑郁、焦虑等常见情绪问题

感觉心情压抑、愉悦感缺乏、兴趣丧失，伴有精力下降、食欲下降、睡眠障碍、自我评价下降、对未来感到悲观失望等表现。这些表现在许多人身上都会随着经历的一些事情偶有出现，但是如果以上这些表现持续存在两周以上，甚至伴有自伤、自杀的念头或行为，那就要警惕可能患有抑郁障碍；突然或经常莫名其妙地感到紧张、害怕、恐惧，常伴有明显的心慌、出汗、头晕、口干、呼吸急促等躯体症状，严重时有濒死感、失控感，如频繁发生，可能患有焦虑障碍。短期的抑郁、焦虑情绪，可通过自我调适或心理咨询予以缓解和消除，不用过分担心。不论是抑郁障碍还是焦虑障碍都可以通过药物结合心理干预的方式治疗，以保证学习、工作、生活的正常继续。

4. 关怀和尊重精神疾病患者，减少歧视

一提到精神疾病患者，很多人会避之唯恐不及，并且还会伴有很强的恐惧心理，担心自己会受到伤害。但其实绝大部分的精神疾病患者并不会伤害别人，反而伤害自己的比较多。调查显示，重性精神疾病患者中存在暴力倾向或行为的人约占8%~10%，而在未患病的普通人中则有近20%的人使用过暴力。根据国内外流行病学数据表明，有90%的精神疾病患者可以通过及时治疗、坚持服药和定期回访等方式控制病情，并且通过系统的康复手段预防和控制疾病复发。很多患者完全可以回归正常生活，继续上学、工作，并结婚生子。例如针对躁郁症和精神分裂症，药物和心理治疗同时进行是可以大大提高患者生活质量的，患者有能力正常工作和生活。比起疾病本身给患者带来的影响，社会的歧视和病人由此而产生的病耻感才是精神疾病患者回归正常生活的最大障碍。减少社会歧视就是对精神疾病患者最大的帮助。每一个人在一生中都会有一段时间可能出现情绪或精神方面的问题，戴着有色眼镜去看待精神疾病患者并不能让我们远离精神疾病。去了解他们、科学地认识疾病，才能帮助我们有效预防和尽早发现精神疾病。基于你的知识和善意，去接纳他们、理解他们；多给他们一个微笑，一点力所能及的帮助；当他们受到误解和排斥时，支持他们、抵制偏见和反对歧视。

5. 出现心理行为问题要及时、主动求助

心理问题就如感冒发烧一样，任何人在任何时候都可能会经历，生病了需要的是治疗和专业帮助。理性看待心理问题，如果依靠自身已有经验与现有资源无法有效调整自己的心理状态，学会向医院的相关科室、专业的心理咨询机构和社会工作服务机构等寻求专业帮助。要认识到求助于专业人员既不等于自己有病，更不等于病情严重，而是负责任、有能力的表现。

6. 精神疾病治疗要遵医嘱

诊断精神疾病，要去精神专科医院或综合医院专科门诊。确诊后应及时接受正规治疗，听从医生的建议选择住院治疗或门诊治疗，主动执行治疗方案，遵照医嘱全程、不间断、按时按量服药，在病情得到有效控制后，不急于减药、停药。门诊按时复诊，及时、如实地向医生反馈治疗情况，听从医生指导。精神类药物必须在医生的指导下使用，不得自行任意服用。

7. 关注家庭成员心理状况

家庭成员之间要平等沟通交流，尊重家庭成员的不同心理需求。当与家庭成员发生矛盾时，不采用过激的言语或伤害行为，不冷漠回避，而是要积极沟通加以解决。及时疏导不良情绪，营造相互理解、相互信任、相互支持、相互关爱的家庭氛围和融洽的家庭关系。

（二）社会

1. 各级各类医疗机构和专业心理健康服务机构

对存在心理行为问题的个体，提供规范的诊疗服务，减轻患者心理痛苦，促进患者康复。医务人员应重视心理因素在疾病治疗过程中的作用，特别是癌症、心脑血管疾病、糖尿病、消化系统疾病等患者及其家属适当辅以心理教育与调整。专业人员可指导使用运动方案辅助治疗抑郁、焦虑等常见心理行为问题，例如正念、瑜伽等方法。有条件的相关社会组织、高等院校、科研院所、医疗机构对心理健康从业人员开展服务技能和伦理道德的培训，不断提升服务能力和专业素养。

2. 精神卫生医疗机构

应对各类临床科室医务人员开展心理健康知识和技能培训，普及心理咨询和治疗技术在临床诊疗中的应用，提高抑郁、焦虑、认知障碍、孤独症等心理行为问题和常见精神障碍的筛查、识别、处置能力。

3. 各机关、企事业单位、高校和其他用人单位

可依托本单位党团、工会、人力资源部门、卫生室等设立心理健康辅导室，并建立心理健康服务团队。通过购买服务的形式，为员工（学生）提供健康宣传、心理评估、教育培训、咨询辅导等服务，传授情绪管理、压力管理等自我心理调适方法以及抑郁、焦虑等常见心理行为问题的识别方法，主动为员工（学生）寻求心理健康服务创造有利条件。对处于特定时期、特定岗位，或经历特殊突发事件的员工（学生），特别是一些突发的危机事件发生时，要及时进行心理疏导和援助。

（三）政府

1. 利用媒体和各种宣传平台

充分利用各媒体与宣传平台，例如广播、电视、书刊、动漫、网站、微信、微博、移动客户端等平台，组织创作、播出心理健康宣传教育精品，传播自尊自信、乐观向上的现代文明理念和心理健康知识。

2. 建立心理咨询（辅导）室

各城乡社区等综合服务管理机构建立心理咨询（辅导）室或社会工作室（站），配备专兼职心理健康辅导人员或社会工作者，搭建基层心理健康服务平台。培育社会化的心理健康服务机构，鼓励有条件的心理咨询专业人员创办社会心理服务机构。通过向社会心理服务机构购买服务等方式，逐步扩大服务覆盖面。

3. 心理健康工作人员培养

加大应用型心理健康工作人员培养力度，推进高等院校开设相关专业。进一步加强心理健康工作人员培养和使用的制度建设，设立心理健康服务岗位。支持精神卫生医疗机构能力建设，完善人事薪酬分配制度，体现心理治疗服务的劳务价值。逐步将心理健康工作人员纳入专业技术岗位设置与管理体系，畅通职业发展渠道。

4. 建立精神卫生综合管理机制

各级政法、卫生健康部门会同公安、民政、司法行政、残联等单位多渠道开展严重精神障碍患者日常发现、登记、随访、危险性评估、服药指导等服务，动员社区组织、患者家属参与居家患者管理服务。建立精神卫生医疗机构，社区康复机构及社会组织、家庭相互衔接的精神障碍社区康复服务体系，加强精神卫生医疗机构对社区康复机构的技术指导。鼓励和引导通过举办精神障碍社区康复机构或通过政府购买服务等方式委托社会组织提供精神卫生社区康复服务。

5. 重视并开展心理危机干预和心理援助工作

卫生健康、政法、民政等单位建立和完善心理健康教育、心理热线服务、心理评估、心理咨询、心理治疗、精神科治疗等衔接合作的心理危机干预和心理援助服务模式。将心理危机干预和心理援助纳入各类突发事件应急预案和技术方案，加强心理危机干预和心理援助队伍的专业化、系统化建设。相关部门推动建立为公众提供公益服务的心理援助热线，由专业人员接听，对来电者开展心理健康教育、心理咨询和心理危机干预，降低来电者自杀或自伤的风险。

【教学案例】

急需心理帮助的女大学生

小雨（化名）是一个美丽而热情的女孩，从小就在优越的环境中长大。小雨的父母都是高中的老师，由于父母工作比较忙，在小雨一岁时就把她送到乡下的奶奶家抚养。虽然在乡下条件比不上城里，但只要小雨要什么奶奶总能满足她，父母也定期来奶奶家看她，而且每次来总带很多礼物，还会给她很多零花钱。直到她上中学时奶奶病逝，小雨回到城里和父母生活。父母因为从小没能很好地照顾她，感到愧疚于她，对回到家后的小雨更是格外呵护，这样的生活一直伴随着她走进了大学。

刚进大学时，小雨各方面表现得都还不错，积极又热情。大一时，她参加了学校的各类学生干部、干事的竞选，结果都失败了。长这么大，第一次体会到如此“沉重”的打击，一向好胜的小雨陷入了自我否定的泥潭中。她的情绪往往会因为一件很小的事情而大起大落，反复无常。但她努力学习，成绩还不错，每次都能拿到学校的“优秀奖学金”。在寝室里小雨好与人争执，很少忍让，长此以往，寝室的同学都不敢“惹”她了。小雨的人际关系也开始出现了危机，总怀疑别人在议论她，对每个室友都充满了敌意。每次看到别人高兴地在一起玩或学习时，内心充满了孤独感；晚上常常做恶梦，入睡困难，精神状态不佳；没有胃口，常常不知道自己为什么发脾气，也很难控制自己的消极情绪。小雨很痛苦，想努力改变自己，但效果不佳。到大二时，她逐渐精神萎靡，对生活缺乏热情，自我否定几乎表现在她生活的所有内容中，甚至产生了自闭的状态。很多晚上都是睁着眼看着天花板发呆，痛苦极了，不知道如何是好？

你觉得小雨的心理状态如何？出了什么问题？应该如何帮助她呢？

【拓展阅读】

总体幸福感量表（GWB）（中国版）

以下问卷涉及到您近期对生活的感受与看法，无好坏之分，根据自己的现实情况和切身体验回答，并请您仔细阅读每道题目，在相应的答案代码上打√即可。

＊一、你的总体感觉怎样（在过去的一个月里）？					
好极了 1	精神很好 2	精神不错 3	精神时好时坏 4	精神不好 5	精神很不好 6
二、你是否为自己的神经质或“神经病”感到烦恼（在过去的一个月里）？					
极端烦恼 1	相当烦恼 2	有些烦恼 3	很少烦恼 4	一点也不烦恼 5	
＊三、你是否一直牢牢地控制着自己的行为、思维、情感或感觉（在过去的一个月里）？					
绝对的 1	大部分是的 2	一般来说是的 3	控制得不太好 4	有些混乱 5	非常混乱 6

续表

四、你是否由于悲哀、失去信心、失望或有许多麻烦而怀疑还有任何事情值得去做（在过去的一月里）？

极端怀疑	非常怀疑	相当怀疑	有些怀疑	略微怀疑	一点也不怀疑
1	2	3	4	5	6

五、你是否正在受到或曾经受到任何约束、刺激或压力（在过去的一个月里）？

相当多	不少	有些	不多	没有
1	2	3	4	5

*六、你的生活是否幸福、满足或愉快（在过去的一个月里）？

非常幸福	相当幸福	满足	略有些不满足	非常不满足
1	2	3	4	5

*七、你是否有理由怀疑自己曾经失去理智、或对行为、谈话、思维或记忆失去控制（在过去的一个月里）？

一点也没有	只有一点点	不严重	有些严重	非常严重
1	2	3	4	5

八、你是否感到焦虑、担心或不安（在过去的一个月里）？

极端严重	非常严重	相当严重	有些	很少	无
1	2	3	4	5	6

*九、你睡醒之后是否感到头脑清晰和精力充沛（在过去的一个月里）？

天天如此	几乎天天	相当频繁	不多	很少	无
1	2	3	4	5	6

十、你是否因为疾病、身体的不适、疼痛或对患病的恐惧而烦恼（在过去的一个月里）？

所有的时间	大部分时间	很多时间	有时	偶尔	无
1	2	3	4	5	6

续表

＊十一、你每天的生活中是否充满了让你感兴趣的事情（在过去的一个月里）？					
所有的时间 1	大部分时间 2	很多时间 3	有时 4	偶尔 5	无 6
十二、你是否感到沮丧和忧郁（在过去的一个月里）？					
所有的时间 1	大部分时间 2	很多时间 3	有时 4	偶尔 5	无 6
＊十三、你是否情绪稳定并能把握住自己（在过去的一个月里）？					
所有的时间 1	大部分时间 2	很多时间 3	有时 4	偶尔 5	无 6
十四、你是否感到疲劳、过累、无力或筋疲力竭（在过去的一个月里）？					
所有的时间 1	大部分时间 2	很多时间 3	有时 4	偶尔 5	无 6
＊十五、你对自己健康关心或担忧的程度如何（在过去的一个月里）？					
不关心　0　1　2　3　4　5　6　7　8　9　10　非常关心					
＊十六、你感到放松或紧张的程度如何（在过去的一个月里）？					
松弛　0　1　2　3　4　5　6　7　8　9　10　紧张					
十七、你感觉自己的精力、精神和活力如何（在过去的一个月里）？					
无精打采　0　1　2　3　4　5　6　7　8　9　10　精力充沛					
十八、你忧郁或快乐的程度如何（在过去的一个月里）？					
非常忧郁　0　1　2　3　4　5　6　7　8　9　10　非常快乐					

总体幸福感量表［GeneralWell 一 BeingSchedule（Fazio，1977）］是为美国国立卫生统计中心制订的一种定式型测查工具，用来评价受试者对幸福的陈述。本量表共有 33 项，1996 年，我国的学者段建华对该量表进行修订，即采用该量表的前 18 项对被试者进行施测，单个项目得分与总分的相关在 0.49 和 0.78 之间，分量表与总表的相关为 0.56 与 0.88 之间，内部一致性系

数在男性为0.91、在女性为0.95。

记分：按选项0～10累积相加，其中带*的选项为反向题。全国常模得分男性为75分，女性为71分，得分越高，主观幸福感越强烈。

抑郁评价量表

填表注意事项：请仔细阅读每一条，把题目的意思看明白，然后按照自己最近一周以来的实际情况，在适当的方格里划一个勾。

	偶尔	有时	经常	持续
1. 我觉得闷闷不乐，情绪低沉。				
2. 我觉得一天之中早晨最好。				
3. 我一阵阵地哭出来或是想哭。				
4. 我晚上睡眠不好。				
5. 我的胃口跟以前一样。				
6. 我跟异性交往时像以前一样开心。				
7. 我发现自己体重下降。				
8. 我有便秘的烦恼。				
9. 我的心跳比平时快。				
10. 我无缘无故感到疲劳。				
11. 我的头脑像往常一样清楚。				
12. 我觉得经常做的事情并没有困难。				
13. 我感到不安，心情难以平静。				
14. 我对未来抱有希望。				
15. 我比以前更容易生气激动。				
16. 我觉得决定什么事很容易。				
17. 我觉得自己是个有用的人，有人需要我。				
18. 我的生活过得很有意思。				
19. 假如我死了别人会过得更好。				
20. 平常感兴趣的事情我照样感兴趣。				

计分：正向计分题A、B、C、D按1、2、3、4分计；反向计分题按4、

3、2、1 计分。反向计分题号：2、5、6、11、12、14、16、17、18、20。

总分乘以 1. 25 取整数，即得标准分。

按照中国常模，SDS 标准分的分界值为 53 分，其中 53～62 分为轻度抑郁，63～72 分为中度抑郁，72 分以上为重度抑郁，低于 53 分属正常群体

焦虑自评量表

焦虑是一种比较普遍的精神体验，长期存在焦虑反应的人易发展为焦虑症。本量表包含 20 个项目，分为四级评分，请您仔细阅读以下内容，根据最近一星期的情况如实回答。

填表说明：所有题目均共用答案，请在 A、B、C、D 下划“√”，每题限选一个答案。

姓名性别：□男□女

自评题目：

答案：A 没有或很少时间；B 小部分时间；C 相当多时间；D 绝大部分或全部时间。

1. 我觉得比平时容易紧张或着急　A　B　C　D
2. 我无缘无故地感到害怕　A　B　C　D
3. 我容易心里烦乱或感到惊恐　A　B　C　D
4. 我觉得我可能将要发疯　A　B　C　D
5. 我觉得一切都很好　A　B　C　D
6. 我手脚发抖打颤　A　B　C　D
7. 我因为头疼、颈痛和背痛而苦恼　A　B　C　D
8. 我觉得容易衰弱和疲乏　A　B　C　D
9. 我觉得心平气和，并且容易安静坐着　A　B　C　D
10. 我觉得心跳得很快　A　B　C　D
11. 我因为一阵阵头晕而苦恼　A　B　C　D
12. 我有晕倒发作，或觉得要晕倒似的　A　B　C　D
13. 我吸气呼气都感到很容易　A　B　C　D
14. 我的手脚麻木和刺痛　A　B　C　D
15. 我因为胃痛和消化不良而苦恼　A　B　C　D
16. 我常常要小便　A　B　C　D

17. 我的手脚常常是干燥温暖的 A B C D

18. 我脸红发热 A B C D

19. 我容易入睡并且一夜睡得很好 A B C D

20. 我做恶梦 A B C D

评分标准：正向计分题 A、B、C、D 按 1、2、3、4 分计；反向计分题（标注＊的题目题号：5、9、13、17、19）按 4、3、2、1 计分。总分乘以 1.25 取整数，即得标准分。低于 50 分者为正常；50～60 分者为轻度焦虑；61～70 分者为中度焦虑，70 分以上者为重度焦虑。

课后思考题

1. 抑郁症有什么表现？
2. 焦虑症有什么表现？
3. 疑病症有什么表现？

推荐书目

1. 傅小兰，张侃．中国国民心理健康发展报告（2017—2018）［M］．北京：社会科学文献出版社，2019.

2. 王俊秀．中国社会心态研究报告（2018）［M］．北京：社会科学文献出版社，2019.

3. 马丁·塞利格曼．持续的幸福［M］．杭州：浙江人民出版社，2012.

4. 陈惠雄．经济社会发展与国民幸福［M］．杭州：浙江大学出版社，2008.

5. 彭凯平．吾心可鉴：澎湃的福流［M］．北京：清华大学出版社，2016.

专题九　健康中国与科学健身

"健康是人类永恒的价值追求。"2017 年 10 月 18 日，习近平总书记在十九大报告中指出，实施健康中国战略。"健康中国"国家战略强调坚持预防为主，关口前移，普及健康生活、优化健康服务、建设健康环境。作为健康促进的有效手段，体育是健康投资最经济的方式。然而研究表明，大众健身的科学化程度有待提高，对健康的认知还处于表层，需要进一步深化。只有树立大健康观，利用科学的健身手段和方法，才能增进身心健康，提高生活质量，实现对美好生活的追求。

本专题首先从"健康中国"的大背景下阐述了科学健身和健康中国、科学健身和人民健康的内在关联，详细说明了我国健康和医疗卫生服务体系发展的现状，并在此基础上提出了科学健身的方法、原则和注意事项以及推动科学健身的策略，从而使大众能够增强科学健身的意识，形成崇尚健身、追求健康文明生活方式的良好社会氛围，真正发挥出科学健身在"健康中国"中的重大支撑作用。

一、科学健身在健康中国建设中的作用

（一）健康中国视角下科学健身的内涵

1. "健康中国"的提出

（1）2015 年 2 月，李克强总理在政府工作报告中首次提出"打造健康中国"。党的十八届五中全会进一步提出了"推进健康中国建设"的任务要求。

（2）习近平总书记深刻指出："没有全民健康，就没有全面小康。"全民健康是全面小康的重要基石，既是全面建成小康社会的核心目标之一，也是全面建成小康社会的重要保障。

2. 健身运动与科学健身

（1）健身运动的概念

健身运动是根据人体生命科学的原理，运用不同的运动方式，通过各种形式练习，以增强人们的体质、提高生活质量、延长人类生命为目的的体育运动。它不是某一个单一的项目，而是一个广义的概念，是有益于身心的运动项目的概括，包括健美、康复健身、体形修塑以及娱乐与休闲等。

（2）科学健身的概念

科学健身是指为促进人体健康，达到理想的生活质量的一种行为方式，科学健身包括智力、肢体及社会的行为，这种行为结果使身体健康状况得到明显的改善，而不仅仅是一种摆脱疾病的状态。

3. 健身运动的特点

（1）健身性与流行性

随着社会的快速发展，健康观念和健身意识正在逐步成为社会的主导意识，运动健身消费也成为一种时尚。深受人们喜爱的健身项目有很多，比如慢跑、自行车、游泳、户外拓展等，这些运动项目在生活中极为常见，看似简单，但实际上却蕴含着深刻的科学健身原理。

（2）趣味性与竞技性

任何的运动项目都具有一定的娱乐性和趣味性，另外，人们在参与健身的过程中往往不是孤立的，需要大众共同的参与，同时创造热闹、愉悦的氛围。因此，人们在这种环境和氛围下会深深领略到运动所具有的美感，从而给人们的生活带来无穷的乐趣。

同时，健身运动中大多数项目也都具有一定的竞技性，有自己的比赛规则，也正是有了竞技性的存在，健身运动才能够很快地流行起来。但需要注意的是，人们从事健身运动看重的并不是竞技性的特点，而更多的是娱乐和休闲，期望在比赛中体会到独有的乐趣。

（3）文化性与教育性

以社会文化行为出现的健身运动好似一股巨大的文化潮流进入人们的生活方式，成为人们社会生活中必不可少的内容。健身运动中的大多数项目都具有丰富的文化内涵，品味高雅而又时尚，给人们带来一种高尚的文化享受，健身运动的文化性可见一斑。

健身运动在增进人们健康、改善人体机能、提高身体素质的过程中，它所带来的趣味性、多功能性、团队意识、文化性等特征具有极大的吸引力，更激励人们前来参加，潜移默化地接受健身运动的教育功能。

（4）经济性与商业性

随着健身运动的发展，健身运动已经成为体育产业发展的支柱领域，这说明健身运动具有经济性和商业性的特点。在体育的社会属性中，经济属性是基本属性之一，它直接决定着健身运动的发展和社会化程度。由此可见，现代健身运动的迅猛发展，不仅会给我国的体育产业带来积极的影响，同时还会带动其他相关产业和整个社会经济的发展。

4. 科学健身的内涵

科学健身是为促进人体健康，达到理想的生活质量的一种行为方式，它包括了增强体质、发展身体素质和完善身体的几层内涵，具有强健身体和健全身心的综合含义。

（二）科学健身与人民健康

1. 我国健康发展现状

（1）我国居民健康水平逐步提高

“十二五”期间，我国人均预期寿命到2015年预计比2010年提高一岁；2010—2014年，婴儿死亡率由13.1%下降到8.9%，五岁以下儿童死亡率由16.4%下降到11.7%，孕产妇死亡率由30人/10万人下降到21.7人/10万人，均提前实现了卫生“十二五”规划要求，居民健康水平总体处于中高收入国家水平。从国际上看，中国作为全球最大的发展中国家，用较少的卫生资源，成功为全球五分之一的人口提供了较好的医疗卫生服务。

（2）我国居民健康面临严峻形势

一是重大传染病和重点寄生虫病防控形势依然严峻，新发传染病威胁不容忽视，特别是随着全球化进程加快，新发传染病防控难度加大。

二是慢性病已成为重大的公共卫生问题，发病人数快速上升，疾病负担日益沉重。我国现有慢性病确诊患者2.6亿人，占总人口的19.1%，慢性病死亡占总死亡的比例由1991年的73.8%上升至2011年的85%，导致的疾病负担占总疾病负担的70%。

三是在自然环境与生活行为方式方面，我国人群死亡前十位疾病的病因和疾病危险因素中，人类生物学因素占31.43%，行为生活方式因素占37.73%，环境因素占20.04%，医疗卫生保健因素占10.08%。因此，自然环境和生活行为方式是影响人类健康的重要因素，特别是空气质量恶化，城市地区大气污染，农村地区水污染、土壤污染成为主要问题。

四是在社会环境方面，人口老龄化、新型城镇化、贫困人口全面脱贫，要求医疗保障和医疗卫生服务更加公平可及。

2014 年，我国 65 岁以上人口超过 1.37 亿人，占比达到 10.1%，2020 年将超过 12%，80 岁以上高龄老人将达到 3067 万人。老年健康服务需求快速增长，对医养结合、康复护理等提出更高要求。

流动人口增加，给基本公共卫生服务均等化带来挑战。我国流动人口 2013 年达到 2.45 亿，占总人口的 18%，预计到 2030 年达到 3.1 亿人，对基础设施和公共服务均提出更高要求。

贫困人口实现脱贫对健康精准扶贫提出更高要求。十八届五中全会提出，农村贫困人口脱贫是全面建成小康社会最艰巨的任务，要求实施脱贫攻坚工程，实现现行标准下农村贫困人口的脱贫，贫困县全部摘帽，解决区域性整体贫困。为实现上述目标，推进贫困地区基本医疗卫生服务均等化，防止因病致贫和因病返贫的任务艰巨。

（3）医疗卫生服务体系与群众健康需求之间存在较大差距

我国医疗卫生服务供需矛盾依然突出。2004—2013 年，入院人数由 0.67 亿人增长到 1.92 亿人，增长了 187%；年诊疗人次由 39.91 亿人次增长到 73.14 亿人次，增长了 83.26%。随着医疗保障水平的继续提高、人口老龄化程度的不断加深，“十三五”时期医疗服务需求总量继续维持较高水平。同时，服务供给能力因体系结构不合理和优质人力资源匮乏等原因而严重滞后。2004—2013 年，卫生技术人员数只增加了 60.74%，执业（助理）医师数仅增长了 39.82%。随着全面建成小康社会目标的实现，“十三五”期间群众多层次、多样化健康服务需求进一步释放，优质医疗卫生资源短缺、结构布局不合理的问题将进一步凸显。

在供需矛盾日益突出的情况下，卫生发展方式和服务模式亟待转变。基层医疗卫生机构能力不足，高层级医疗服务机构功能定位不清，医疗卫生服务缺乏整合，是目前我国医疗卫生服务体系存在的突出问题。一方面，服务需求向大医院集中，医院规模继续扩张，基层能力有待提升。2004—2013 年 800 张床位以上医院数量年均增速达到 17.43%，大型医院规模扩张势头迅猛。从服务量分布看，2009—2013 年，医院入院人数占比从 64.03% 增长到

72.90%，而基层医疗卫生机构入院人数占比则从31.01%下降到了22.38%。另一方面，服务供给体系单一。2014年，民营医院床位数占比不足1/5，诊疗人次占比仅为10.9%，入院人数占比仅为12.7%，难以满足群众多元化、多层次健康服务需求。

“十三五”时期，随着经济发展和消费结构加快升级，健康在国民经济和社会发展中的地位进一步提升，群众健康意识明显增强，对医疗卫生服务水平和多元化、多层次健康服务的需求进一步提升。同时，随着经济发展进入新常态，卫生发展不能依赖于国家和社会的高投入，而要从体系和服务结构调整中提高卫生服务的效益；卫生发展不能走追求简单规模扩张的发展模式，而要集中力量提升健康促进和服务质量水平，卫生发展方式和服务模式也亟待转变。

（4）体制机制问题日益突出

深化医药卫生体制改革进入攻坚阶段，深层次矛盾凸显叠加，三医联动改革任务艰巨。尤其是医疗保障的公平性和专业化水平迫切需要进一步提升，尚未发挥有效的费用控制作用和医疗服务行为引导作用；公立医院以药补医机制尚未有效破除，医疗服务价格形成机制亟待改革，现代管理制度尚未建立；药品生产流通秩序不规范的问题依然存在。

维护和增进健康相关的行政管理体制高度分散化，造成人民健康的主要责任主体缺位；医疗、医保、医药三医分管，人民健康主体责任缺位；医疗保障缺乏统一管理，难以有效发挥医疗服务购买者和费用控制者的角色；医疗机构管理职权分散，医疗卫生资源属地化管理难以实现；等等。

2. 科学健身对身体的十大好处

（1）运动可使肌肉发达，骨骼坚固，关节灵活。经常运动可改善骨骼代谢，使骨骼变得坚实；反之，缺乏运动的人，会发生骨质疏松症，骨骼松脆易折。

（2）运动可增强心血管的功能。坚持长期体育锻炼的人，心脏收缩有力，可以使供应心脏组织的冠状动脉的口径加大，增加单位组织中毛细血管的数量。

（3）运动可增强肺功能，特别是经常参加耐力运动，如长跑或游泳的运动员，肺活量明显增加。

（4）运动可促进体内的物质代谢，机体对能源物质和氧的利用更充分，有利于节约能源，减轻心血管的负担。

（5）运动还可以调节中枢神经系统的兴奋与抑制过程，使之活动趋于平衡，反应灵活，有利于适应外界环境的变化。

（6）运动还能增强免疫力，有利于增强抗病能力。

（7）运动除了对人体的生理机能产生有利作用外，还会对人的心理产生积极的影响。

（8）科学的运动可以缓解精神压力，有利于消除一些同心理紧张有关的不良行为，如考前紧张、失眠等。

（9）运动可以对抗焦虑或抑郁状态，可以改善睡眠，相关研究表明科学的运动所产生的效果甚至优于药物。

（10）运动还有利于培养坚韧不拔、不畏艰难的顽强意志和勇敢拼搏的奋斗精神，形成良好的心理素质。

（三）科学健身与健康中国

1. 健康中国的内涵

（1）健康中国是一个奋斗目标，是全面小康社会下的全民健康蓝图。健康中国是中国人民在全面建成小康社会、实现中华民族伟大复兴中国梦新征程中向世界展示全新形象的奋斗目标。

总目标：按全面建设小康社会的要求，从大健康、大卫生的高度出发，将健康融入经济社会发展各项政策，打造健康环境和健康社会，培育健康人群，发展健康产业，建立起更加公平有效的基本医疗卫生制度。形成以健康为中心的经济社会发展模式，实现人人享有健康的生产生活环境和社会环境，人人形成健康的生活方式和行为方式，人人享有有效方便的医疗卫生服务，地区间人群健康差异明显缩小，大幅度提高全民健康水平。

分目标：①营造健康环境。有效控制影响健康的危险因素，完善环境卫生和文化体育等基础设施，改善生态环境，完善健康支持性环境，建立有利于健康的自然环境，实现人人享有健康的生产生活环境。

②建设健康社会。转变社会发展模式，以人的健康为根本出发点和落脚点，完善社会制度，提高基本公共服务水平，健全公共安全保障体系，完善社会支持系统，构建和谐的社会关系，形成有利于健康的社会发展模式，实现人人享有健康的社会环境。

③培育健康人群。建立完善基本医疗卫生制度，有效防控重大疾病。全

面优化健康服务，发展传播健康文化，提升健康素养，改善重点人群健康状况，形成有利于健康的生活方式和行动方式，实现人人病有所医。

④发展健康产业：转变经济发展模式，将健康需求作为拉动内需的重要抓手，在经济结构转型升级过程中大力发展健康服务业，推动形成有利于健康的经济发展模式。

（2）健康中国是一个创新型发展理念，核心是健康优先。健康中国是在“四个全面”战略布局引领下维护全民健康理念的创新，是为解决当前和长远健康问题而形成的一种整体性思维方式，是一个由科学健康观、科学卫生观、科学医学观等构成的创新思想和观念体系，旨在解决当前全民健康存在的突出矛盾和问题，核心是健康优先，实质是要求政府、社会和个人都树立起健康优先的发展理念，目标是构建健康友好型（全民健康型）社会。

健康友好型社会就是全社会都采取有利于健康的生活方式、生产方式、消费方式，建立健康与经济社会的协调发展、良性互动关系，是一种以健康友好为特征的新的社会发展形态。

健康友好型社会要求经济社会发展的各个方面必须符合健康发展要求和规律，向着有利于维护健康的方向发展。健康友好型经济发展模式、社会发展模式、文化价值观、科技创新体系、服务体系是健康友好型社会的基本要素，也是建设健康友好型社会的基本途径和措施。

（3）健康中国是一面旗帜，凝聚着政府、社会和全体国民的共同理想。目前，我国经济发展进入新常态，必须确立新的发展理念，紧紧抓住全面建成小康社会存在的短板，在补齐短板上多用力。针对健康保障方面存在的问题，政府要进一步加大投入，各部门要密切合作，公民个人高度关注，形成多方共建，共享健康发展新模式。

党的十八届五中全会以来从维护全民健康和实现长远发展出发，提出“推进健康中国建设”要求，就是将健康中国作为实现全面小康社会和中华民族伟大复兴“中国梦”的重要内容，以全民健康促进全面小康社会和“两个一百年”宏伟目标的实现。

2. 科学健身的现实意义

（1）增强国民体质，提高健康水平

从目前我们得到的一些数据来看，我国人民的健康水平不容乐观，国民参加科学健身的行为不甚理想，人们对科学健身意义的认识和科学健身的行为之间存在较大的不一致性。据中国人民大学调查表明，我国每周只锻炼一次或几乎不参加体育锻炼的职工高达62.9%；而且国人在对健康的投资方面还存在一大误区，即把“身体健康，体质强壮”的希望押在药物和保健品上。因此，科学健身对于提高大众对体育锻炼意义的认识，形成科学的“体育健身观”，并投身体育锻炼具有重大的现实意义。

（2）推动群众体育全面发展

首先，科学健身促进了体育场馆设施的健设，丰富了群众体育活动的内容；其次，科学健身能够培养国民体育意识，增加体育人口，推动全社会参与体育运动，为国民终身体育的发展奠定良好的基础；第三，科学健身促进竞技体育的普及并为竞技体育输送优秀的后备人才，而竞技体育取得的辉煌成绩，也能鼓舞和激励广大群众积极参加体育锻炼，竞技体育科学的训练方法、科研成果也可以给群众提供科学的指导和有益的借鉴。

（3）促进社会主义物质文明和精神文明的建设

科学健身促进体育产业的发展，适应社会主义市场经济体制改革的需要，人们对体育锻炼健身价值、娱乐价值的认识将越发深刻，从而更自觉自愿地通过体育投资来谋求健康的体魄，这有助于增加文化消费比例，并刺激和带动体育产业和相关行业的发展。

科学健身通过人与人、人与社会的广泛接触，通过比赛和交流，通过在运动中不断克服来自自身和外界的种种困难，通过体育锻炼这个特殊的教育过程，可以培养人们热爱祖国的民族精神；树立团结友爱、互助协作的集体主义观念和文明礼貌、公正无私、遵纪守法的社会风尚；增强民主意识和法制观念，培养奋发向上的竞争精神和进取意识以及勇敢、顽强、坚毅、果断等优良品质。

二、科学健身的方法、原则和注意事项

（一）科学健身的方法

1. 必要的热身

热身是在开始运动前的必要过程。当肌肉越松弛时，它们也更容易被驾驭和扩展，做这些运动将使你减少受伤机会，因此，花上10分钟的时间，让你的身体完全地活动开，有稍稍出汗的感觉是最好的。你需要明白这一步是你健身锻炼的良好开端。

2. 不要过激运动

科学健身的首要目标是要一直坚持下去，那么你就不要期望一下就拿到“金牌”。因此，当你发觉自己的心跳如此之快，以至不能一口气说完一句话时，就意味着你的运动过激了，这也是大多数人半途而废的首要原因。不管怎样，只要你不过分给自己压力，并持之以恒，你就会从中受益。

3. 逐步增加运动量和运动强度

可能经常健身的同学会遇到这种情况：在达到某种程度后你通常进入一个停滞的状态，大家可能会认为“我并没看到身体的任何变化”——于是他们会加快步伐，给自己制造更大的挑战，比如加大运动量、加大运动强度，以期达到使身体有所改变的效果。然而，此时你的迫切心情却让你步入了误区。

你最好逐步地提高运动的持续时间和强度，只是你不必一次性地同时做到，时间和强度取其中之一就好了。过一段时间之后，你最终会惊喜地发现：你的肌肉又开始充满了新的活力。

4. 动作要规范

不规范的动作会给关节、肌肉、韧带带来意外的损伤，而且会降低动作的“美感”。比如，练杠铃深蹲时，若含胸弓腰，不但影响训练质量，且会造成腰椎损伤；练习篮球运动中的单手肩上投篮技术时，若肘关节外翻不但会使篮球不容易投进，而且会让人有种动作“难看”的感觉。因此，科学健身的各项运动技术动作要力求规范。

5. 状态不佳时降低运动量或停止锻炼

人体的运动机能有高峰期和低谷期，身体状态不佳时就要降低运动量，或休息一两天，以作调整。千万不要勉强去做，受伤往往是在状态不佳或精力不济时造成的。

6. 注意运动的保护和帮助

运动的保护和帮助是避免运动损伤的有效手段之一，不同的运动项目都有不同的保护动作，保护动作可以自己完成也可以让身边的同伴加以保护帮助。比如篮球或者足球落地不稳倒地后的翻滚缓冲动作可以自己完成；健身房大负重的杠铃力量训练可以找伙伴加以保护帮助等。

7. 运动后的放松运动

运动后马上静止不动，会让高度运转的神经、肌肉得不到缓冲，这时候激素水平、血压等都没降下来，对心脑血管很不好。而运动后做放松，会让肌体各个部位逐渐适应从运动到停止运动这一变化，保护身体健康。

运动时候消耗能量会让肌肉中聚集许多“废弃物”。比如乳酸，如果身体在运动后不注意放松运动，它们会延长身体的恢复时间，还会对身体造成侵蚀。而且如果不做主动的放松，这些废弃物会在身体中慢慢分解，其间会影响进一步的锻炼，而运动后做充足的放松运动，会让身体中的废物加快速度分解，使身体更快地恢复正常。

（二）科学健身的五项基本原则

1. 循序渐进原则

科学健身要由易到难，由简到繁；安排运动量时要由小到大，由弱到强，逐渐增加。以身体适应为标准，只有坚持长期锻炼，才能取得理想的效果。

2. 全面发展原则

科学健身不是单纯发展某一项运动能力或身体某一器官的生理机能，而是通过运动健身使机体在整体上能有全面、协调的发展，只有全面协调发展身体素质，才是健身效果评价的坚实基础。

3. 区别对待原则

针对健身人群不同年龄、性别、爱好、身体条件、职业特点、锻炼基础等诸方面的因素，区别对待，会使健身运动更具有针对性。比如我们有比较胖的同学可以先进行健步走、慢跑、游泳等有氧运动减掉多余的脂肪，提高肌肉力量和心肺能力，等身体各项素质提高到一定水平后再进行篮球、足球等大强度的运动项目。

4. 经常性原则

科学健身要经常化，不能“三天打鱼两天晒网”，一定要持之以恒，才会有效果。一旦参加了运动健身，并对身体产生了良好影响的，就应该坚持下去，有句名言说得好：“生命在于运动”。

5. 安全无害原则

安全无害原则是科学健身的保证。运动前要做好“热身”，即运动前的准备活动，使机体各器官、各系统协调起来进入运动状态；运动过程中要集中精力，全身心投入其中并防止运动损伤；身体有特殊情况的同学一定要告知体育老师，让体育老师帮助选择合适的运动项目。

（三）科学健身的注意事项

1. 注意季节变化

比如有些同学习惯晨练，夏季的晨练时间可以在早上 6 点到 7 点之间，但到了冬季，晨练的时间应该往后推迟一个小时，因为冬天 6 点钟太阳还没有升起，植物由于没有光照会产生大量的二氧化碳，早晨空气中二氧化碳的浓度会很高，在这样的环境下锻炼对身体不利；还有夏季锻炼身体一定注意补充水分，切忌不要运动完喝冰镇饮料和洗凉水澡，冬季锻炼身体要更多地注意保暖和延长准备活动时间等。

2. 注意空腹不锻炼

空腹运动，容易出现头晕、出虚汗、胃痉挛等低血糖的症状。低血糖还会影响脂肪酸的代谢。特别是冬季，气候寒冷，运动之前最好能吃点东西，如热粥或热牛奶等，既能补充能量，又可祛寒。

3. 注意练后莫急食

寒冬酷冷，刚运动后，四肢躯体皮肤、心脏、肺、甚至消化道黏膜及周围组织已处于“冷适应”状态，倘若立即进食太热、太烫的食物，消化道黏膜会产生强烈的应激反应，可招致微血管的破裂、出血。此外，运动过程中的血液大量进入运动器官，胃、肠、胰腺等消化器官血量相对减少，消化液分泌减少，立即进食不利于食物完全、彻底地消化和吸收。

4. 注意患病不锻炼

比如得了感冒，人会感觉疲劳乏力，如果有发热，更会加重体能消耗。体力运动时机体代谢增强，不仅不利于感冒的康复，而且还将使病程延长或加重。此外，人患感冒时，免疫系统处于应激状态，运动会使肌肉的应激加速，加重免疫系统的疲惫，降低肌肉的抵抗力。

5. 注意与体育教师建立联系

同学们要养成与体育教师建立良好人际关系的好习惯，当在锻炼中遇到问题的时候可以咨询体育教师寻求帮助，比如选择适合自己的运动项目、科学健身的指导、运动损伤后的恢复、运动技术的提高等，与体育教师建立良好的人际关系可以使我们的科学健身事半功倍。

三、推动科学健身的策略

（一）重塑科学健身新理念

1. 合理的饮食

蛋白质、脂类、碳水化合物、维生素、矿物质、水、膳食纤维七大营养物质要均衡摄取，食物多以谷类为主，多吃蔬果、奶类、大豆，适量吃鱼、禽、蛋、肉，少盐少油。同时注意三餐的热能分配，比例大约为早餐30%、午餐50%、晚餐20%较为合适。

2. 充足的睡眠

睡眠是人们正常的生理需要，但绝非睡眠时间越长越好。不同年龄的人对睡眠时间的需求是不完全相同的。年龄越小，大脑皮层兴奋性越低，对疲劳的耐受性也越差，因此需要睡眠的时间也越长。而到了老年，大脑皮层功能不如青年人那么活跃，体力活动也大为减少，所以需要睡眠时间也相应地减少。一般来说，新生儿每天睡眠时间不少于20小时；婴幼儿约15小时，学龄儿童约10小时；成年人约需8小时，老年人5至6小时就够了。这只是一个大致的平均数，每个人每天所需的睡眠时间差异很大，这与人的性格、健康状况、工作环境、劳动强度等许多因素有关，与每个人的睡眠习惯也有一定关系。

现实生活中，有许多人的睡眠时间远远少于上述时间，但他们同样工作、生活得很好。所以，睡眠的好坏，并不是完全取决于睡眠的时间，而要看睡眠的质量，也就是整个睡眠中深睡时间的长短。比如，有些老年人每天睡眠的时间加起来常常超过5～6小时，但仍然时时犯困，主要是老年人真正能达到深睡和中睡的时间并不多，而大部分时间是在浅睡和轻睡中度过，所以质量不高。相反，有些人睡眠的总时间并不长，但能保证一定的深睡时间，也能取得很好的休息效果，不会感到“缺觉”。

所以，睡眠的好与坏，不应简单地以睡眠时间的长短来衡量，而应以是否消除了疲劳，精力是否充沛来评判。

3. 科学的运动量

（1）了解自己的身体状况。运动量可以用运动时间来控制，青少年每次锻炼把握在40～60分钟；运动强度用心率来控制，运动时心率可以达到个人最大心率的60%～75%为宜。

（2）要注意运动时的主观感觉。当运动负荷适宜时，人体可有微汗或中等程度地出汗，也会让人感觉心情舒畅。如果负荷过大，机体过于疲劳，则锻炼者会满头大汗，浑身湿透。同时伴有胸闷气短，甚至嗓子眼发咸、头晕等不舒服感觉。

（3）关注运动后恢复的情况。适宜负荷运动后，应该感觉神清气爽，晚间睡眠较好，第二天体力充沛，倍感舒服，渴望运动。而如果第二天感觉疲劳，没有精神，则有可能是运动过量了，需要降低运动强度，减少运动时间。

（4）运动负荷不是一成不变的，随着身体素质的改善，应该逐步提高运动强度和运动量，达到对身体的最佳刺激，产生最好的健身效果。

（5）注意体重及身体成分的变化。一段时间的适宜负荷运动后，体重会有轻微下降，如果同时伴有饮食控制，体重则会下降得更为明显。但无论如何，每周体重下降不应超过两公斤，体重下降过快也意味着运动负荷可能过大了。

4. 保持良好的心态

（1）写下你开始健身的原因并时刻记住它。无论你开始健身的原因是什么，把它写下来放在最显眼的地方，在你锻炼的时候随时可以看到。一个简短的词语，比如“我的朋友”“我的偶像”或“我要像个男子汉”等即可。这样每当你想要懈怠或放弃的时候，你锻炼的初衷会时刻警醒着你。

（2）制定一个切合实际的目标。要是你的目标根本不可能实现，那你就会彻底失去对锻炼的兴趣了。你应当要明确自己当前的能力，再去制定一个切合实际的目标，缩短自己和目标的差距，才能够以持续高涨的激情运动下去。

（3）寻找志同道合的健友。正所谓近朱者赤近墨者黑，你的朋友圈影响着你的生活方式，健身与否也会深受此影响。所以寻找志同道合的小伙伴很重要，他会让你养成更好的健身习惯。

跟着一群志同道合的人，畅快淋漓地讨论着共同的话题。这种无形的支持和信任能够让你的健身房之旅事半功倍。

（4）刻下属于自己的座右铭。合适的座右铭将会让你始终状态满满地去锻炼。它可以是某一本书上的一句话，网络上看到的语句，或是你自己创建的。

比如："今天的行动决定明天的结果。""未来的你一定会感谢现在拼命的自己。""痛，是软弱正在离开你的身体。""自己选择的路，跪着也要走完。"

写下自己的座右铭，并把它设为手机屏保，当你看时间、听歌、或是收到短信时，它都可以时刻出现在你的视线内。好的座右铭能引领你的健身生涯踏上新的台阶。

（二）推出科学健身新政策

全民健身日是指2009年10月1日起施行的《全民健身条例》第十二条中规定的，应当在当日加强全民健身宣传，积极组织和参与全民健身活动，组织开展免费健身指导服务，向公众免费开放公共体育设施的活动日。具体时间为每年的8月8日，即是为了纪念北京成功举办奥运会，也是为了倡导人民群众更广泛地参加体育健身运动。

2019年"全民健身日"，以"健康中国行动"为活动主题；2014年，国务院下发《关于加快发展体育产业促进体育消费的若干意见》；2016年，国务院印发《"健康中国2030"规划纲要》；2016年6月15日，国务院印发《全民健身计划（2016—2020）》；2017年8月10日，国家体育总局公布《全民健身指南》；2016年11月21日，山东省政府正式发布《山东省全民健身实施计划（2016—2020年）》；2017年12月1日，山东省第十二届人民代表大会常务委员会第三十三次会议通过《山东省全民健身条例》，2018年3月1日起正式实施；2016年5月6日，《国务院办公厅关于强化学校体育促进学生身心健康全面发展的意见》由国务院办公厅下发，自2016年4月21日起实施。

（三）营造科学健身新氛围

1. 提高健身意识

健身意识是积极参与身体锻炼自觉性的反映，正确的健身意识来自对健身意义的深刻理解，并对参加健身运动发挥着积极的促进作用。只有有了正确的健身意识才能主动养成良好的健身习惯，也只有有了良好的健身习惯才能营造出科学的健身氛围。现在我们开设的科学健身类课程就是为了提高同学们的健身意识。

2. 丰富健身场所和设施

健身场所和设施的丰富程度直接影响着参加体育健身的积极性。我校目前拥有的健身场所和设施大家都比较清楚，平时锻炼身体和体育课都能用得上，今年已经动工的室内综合运动馆也已经开工，相信体育馆完工以后将极大丰富我校的健身环境。

3. 增加科学健身指导人员

通过前面的学习我们可以看到，目前能够指导大家进行科学健身的指导人员一般都是在校的体育教师，但是相对于1.5万在校生来说是完全不够的。下一步我们将在马克思主义学院和公共课教学部的指导下通过多种渠道培养我校大学生成为科学健身的指导人员，以满足我校师生的科学健身需求。

4. 强化宣传和引导

科学健身的宣传和引导不能只局限在传统的媒体和健身场所的条幅上，增加各类趣味性比赛项目，培养各类健身团体，打造各类健身品牌都是强化科学健身的宣传和引导。比如我们的校运会已经由原来的一年一次，增加到一年两次，每年的啦啦操比赛已经成为我校的品牌活动，等等。

【教学案例】

科学瘦身

小李是一名办公室文职人员，因常伏案工作，故身体偏胖，为此感到十分苦恼。小李表示："姐妹们鼓励我在空余时间多做运动，可借此消耗体内多余脂肪和热量。我采纳了她们的意见，可效果却不理想。应该说运动强度还是很大，累得我经常感觉腹中饥饿，吃几块糕点后，我又继续运动，可一段时间以后，我发觉体重不但没有减轻，反而有上升的迹象，这到底是怎么了?"

小李咨询了健身专家后得知："多"是一个相对数字，什么样的运动量才算"多"，"多"到什么程度才会合适，这其中有许多科学的道理，不能一概而论，急于求成的减肥方法都是不可取的。正确的方法是：在专家的指导下，制订一个合乎自身情况的、循序渐进的锻炼计划，每周锻炼5~6次，每次45~60分钟，加上合理的膳食，最终小李在经过半年的科学减肥后瘦身成功。

科学避免运动损伤

几个月前，50 多岁的老郑开始出现肩关节疼痛，他想当然地认为是长期坐办公室、运动不够导致的。于是老郑特意去游泳健身中心办理了一张年卡，并给自己制定了一份锻炼日程表，每天坚持游泳1000 米以上。这样坚持了整整三个月，老郑惊奇地发现，他的胳膊在水里时确实不感到疼痛，可一到岸上就疼，而且发展到后来，疼痛越来越剧烈，甚至连胳膊都抬不起来，晚上更是疼得睡觉都睡不着。万般无奈，老郑来到医院运动医学门诊，磁共振检查结果显示，老郑肩袖撕裂、肌腱断裂。幸亏老郑的肩袖撕裂长度还没达到五厘米，假如继续坚持游泳，大幅度地挥动胳膊，很可能撕裂长度会增加，一旦肩袖撕裂长度超过五厘米，将会影响手术效果。老郑最终接受了微创手术。

在运动伤患者中，肩袖撕裂的占了相当大比例。事实上，90% 的肩痛患者不需要手术，只需在专业医生的指导下，进行正确的康复运动，就会自我痊愈。但遗憾的是，很多患者因为康复运动不当，导致病情延误甚至加重。

【拓展阅读】

口罩增负荷 运动要当心

几天前，在武汉武昌江滩，一名40 多岁的男跑友在晨跑时突然倒下，经120 抢救无效，不幸去世。据悉，该跑友晨跑的前一晚曾有饮酒行为，晨跑时又戴了口罩，不少人推测，该跑友猝死与饮酒和戴口罩有关。刚刚复学不久，全国已接连发生多起学生戴口罩跑步猝死事件，多个省份已取消中考的体育考试。那么，戴口罩跑步究竟会不会导致猝死？疫情期间，大家在跑步时，又该如何避免运动伤害呢？

戴口罩跑步是否可取

国家体育总局体育运动科学研究所运动康复与体能训练研究中心研究员高晓嶙表示，戴口罩跑步可能是该跑者猝死的诱因之一，但将戴口罩跑步和运动猝死建立直接联系还需要进一步的科研考证。“戴着口罩相当于给自由呼吸增加了一道限制，造成呼吸不畅的感觉，尤其是在跑步时，原本需要增加通气量吸入更多氧气，但口罩束缚住了这个通道，呼吸不畅的感觉就会更明显。如果普通的跑步爱好者不能适应的话，就有可能会诱发心血管方面的一些问题。”

“与其说不戴口罩跑步更好，不如说大家要加强对戴口罩跑步的正确认识。”高晓嶙说：“事实上，可以把戴口罩跑步认为是增加运动负荷的一种方式，你不能说增加运动负荷是好是坏，还是要看你加得是否合理、是否科学。在国际上也有一部分人把戴口罩作为专业训练的一种手段，用特定的口罩限制吸入呼出的气流量，造成类似缺氧的呼吸受阻情况，加强心肺训练。”

高晓嶙强调：“对于一般人来说，不能简单地认为戴上口罩就可以照常出门运动，因为你的身体并不适应这个负荷，戴上口罩相当于加上了一个大的运动负荷，相应地你就要减少运动的强度或者调整自己的运动计划，来达到平衡，否则口罩就是对身体的一个新的刺激，可能会引起一些潜在性的心血管问题，增加发生心律失常或者猝死的运动风险，像武汉的这位跑友在饮酒、高温情况下戴口罩长跑显然是脱离了科学运动的大原则。”

运动是一把双刃剑

对于有学生跑步猝死事件，国家体育总局体育运动科学研究所科学健身与健康促进研究中心主任徐建方表示，由于长时间缺乏体育锻炼或者体育锻炼不系统，即使布置了体育家庭作业，学生们无论是运动量还是运动强度都会不足，而且居家饮食控制上更放松，因此体质水平会有一定下降，不能为了满足考试需要，短时间直接进行大强度运动。

运动始终是一把双刃剑。高晓嶙解释道：“运动的好处就是说它可以锻炼身体，在循序渐进地坚持运动，慢慢加大运动强度之后，身体对于心血管疾病的抵抗能力和预防能力就会加强，相应地发生心血管意外的风险也会降低。但是运动风险本身就存在于运动中，包括饮酒问题、睡眠不好、工作压力大，处在这种疲劳状态下，都会增加运动意外发生的几率。此外，也要注意外界环境，酷暑或者严寒和温度骤变的情况下，也不适合进行大强度的运动。”

如何避免运动伤害

在跑步时如何最大程度避免运动伤害的发生？高晓嶙建议：“首先调整好自身状态，不要在过度疲劳、饭后即刻、饥饿、感冒、发烧等状态时运动，要在一个比较好的身体状态下进行。其次要注意天气变化，及时增减衣物，温度太高的情况下不要穿太厚，影响身体散热，运动前要注意做好准备活动。另外，定期的医疗体检也必不可少，要经常检查身体是否有潜在心血管疾病，或其他可能需要限制运动的疾病，做到心中有数。此外，在运动中，也要严密监测自己的运动状况，及时观察心率变化，提早做出调整。在运动强度上一定要循序渐进，综合多方面因素制定科学合理的运动方案。”

对于学生的体育课安全问题，徐建方建议：“疫期复课首先是孩子们体能的恢复，逐渐达到原来水平或者练习的项目所需要的水平才能进行有一定强度和运动量的体育课，同时对体育课强度和量的设定一定要有一个明显的由低到中再到高的逐步适应过程。要把体育课的安全性摆在第一位，然后才是科学性、合理性和专业性。”

（资料来源：刘思彤．口罩增负荷 运动要当心．中国体育报，2020－05－12）

久“宅”家中 运动护眼

新冠肺炎疫情期间，停课不停学。青少年看手机、电脑等电子产品的时间增加，对眼睛的危害很大。如何保护视力？

以脊柱健康促视力健康

在这个特殊的“假期”，电脑、手机、电视等电子产品占据着青少年每天生活的大部分时间，不少家长们非常担心这会影响孩子们的视力发育。疫情期间，该如何科学护眼呢？对此，国家体育总局运医所运动健康医学研究中心主任厉彦虎等专家研发推出的青少年近视防控操、90 秒青少年脊柱课间牵拉操、睡前视力操等，能够有效缓解用眼疲劳，预防脊柱健康问题，达到了较好地改善青少年学生脊柱健康和视力健康的效果。

厉彦虎表示：“经研究发现，青少年视力问题与颈椎变形相关联，所以改善青少年视力问题，针对颈椎锻炼是非常重要的，以脊柱健康促进视力健康。因此我们提出通过颈椎和脊柱干预视力的理念，让全国的孩子们每天在家学习之余，多做青少年近视防控操、90 秒青少年脊柱课间牵拉操等练习，对颈椎和视力的保护都有好处。”

青少年近视防控操包括点头、仰头、侧头、转头、胸部纵向牵拉、胸部左旋牵拉、胸部右旋牵拉、挺身胸部伸展、脊柱侧方牵拉、脊柱前方牵拉向后仰、俯身、弓箭步等动作，每组做三至五次，简单易学。

厉彦虎说："青少年近视防控操是从颈椎、胸椎、脊柱等各个生理角度进行三维牵拉，保证脊柱各个关节及神经都得到放松。青少年白天学习之余就可以在家练习做操，对改善视力非常有帮助。"此外，厉彦虎还提醒青少年练习近视防控操一定要按照标准规范练习，还要注意自己的行为规范。因为身体端正的时候能够保证脊椎里面的神经是平衡的，所以端正姿势是第一要素；此外，进行看书、写字等动作时，曲度是反向的，从脊柱健康来讲，坐和低头是不允许的，要符合脊椎的生理曲度。当然，家长与孩子每天一起积极地锻炼并监督孩子也是非常关键的。

专家表示，户外活动保护眼睛的机理，目前主要是大自然光线能够促使眼底释放多巴胺延缓眼轴增长，强调的是白天能够接触自然光线，因此，在阳台这样的能照射到太阳的地方也不失为护眼"宝地"。可以在早晨、中午、下午的不同时间段，在开窗通风防病的同时，尽情地让孩子们"目"浴阳光，看看远处。

踢毽子缓解眼疲劳

写完作业后，家住北京的蔡晶晶在自家的阳台上踢起了毽子。在新冠肺炎疫情期间，这已经成为蔡晶晶参加健身活动的常态。

今年上四年级的蔡晶晶在疫情期间，每天都坚持居家健身。做一套广播体操、30 个仰卧起坐，已经成为每天的必修课。然而，随着在家使用电脑时间的增加，蔡晶晶会感到眼睛不舒服。于是，在妈妈的建议下，小姑娘开始每天增加踢毽子的环节。经过一段时间的锻炼，她明显觉得眼睛比之前舒服许多。"原来看完书后，都会觉得眼睛有发紧的感觉，后来在家中踢毽子后，感觉眼睛舒服了不少。"蔡晶晶说。

众所周知，长期伏案看书写字或是看电脑、手机等，十分容易造成眼睛疲劳，而参与踢毽子运动时，双眼以毽子为目标，不停地上下调节运动，使其放松和收缩，这样便可以改善睫状肌的紧张状态，而眼外肌也可以不断地活动，促进眼球组织的血液循环，消除眼睛疲劳，改善视力。

其实，说到踢毽子，蔡晶晶的妈妈刘宏是一位长期参与该运动的爱好者。她说："踢毽子看似只有下肢在运动，可由于踢毽子时有很多花样动作，而且需要保持身体平衡，所以对于全身肌体都能起到锻炼的作用。其次，踢毽子可以改善下肢的力量和关节的灵活程度。再有，就是可以锻炼人们的反应能力，使人们的大脑得到锻炼。特别是踢毽子可以起到缓解眼睛疲劳的作用，非常适合小朋友参加。所以，我从小就带着女儿踢毽子。”

相关研究表明，踢毽子可以对人体的呼吸、血液循环等起到积极的促进作用。而且，还能够提高人们的心肺功能，促进消化和新陈代谢。

那么，居家期间，怎样才能更好地参加踢毽子运动呢？刘宏介绍，首先，居家踢毽子时一定要选择一块相对宽敞的场地，阳台是不错的选择。其次，要挑选一双柔软的鞋子，最好以运动鞋为佳，如果穿着皮鞋、拖鞋等不适合运动的鞋子，在踢毽子时往往会造成脚部扭伤的现象。最关键的是，居家踢毽子为了不影响到邻居，柔软的运动鞋可以将噪音减少到最小。同时，还要穿着宽松舒适的运动服装，运动起来更加方便。再有，踢毽子之前一定要做好准备活动，对脚踝关节、膝关节等进行合理的运动。

视力健康操做起来

“学校通知线上教学后，我爸妈就开始操心我的视力问题了，老害怕我近视，天天督促我做他们找来的视力健康操，课间做，睡前做。”河南商丘一小学四年级学生李然说。疫情没有结束，学校停课不停学，每天数个小时集中在电子产品前学习，视力健康成了家长忧心的事。李然的父母都近视，他们更关注女儿的视力问题，线上教学开展没几天，他们就网上搜索保护视力的方法，让女儿尝试，最终决定让女儿每天坚持做视力健康操。

李然妈妈丁女士说：“我是高度近视，她爸是低度近视，我一直都担心孩子的眼睛遗传不好，平时看书都规定时间，电子产品更是轻易不让碰。但现在也是没办法，学校的课必须要上，功课不能落下，只能课下做好视力保护了。”李然妈妈搜索到某权威媒体网站推出的一套视力健康操，仔细看了介绍查询了相关报道后，和李然爸爸一致认为可靠，决定督促孩子每天练习。“首先平台可靠，再一看视力健康操推出单位是体育部门就更有保障了，运动运动没坏处。”

学生们长时间在家利用手机、电脑学习，同时户外运动不足，影响脊柱生理功能，带来继发近视等系列健康问题。为此，国家体育总局组织专家，采用医学思维和运动康复方法，专门针对学生视力健康问题，编创了简便、易行的视力健康操，这套操包括了“课间视力操”和“睡前视力操”。这套操与直接作用于眼睛的眼保健操所不同的是，它是通过运动保障脊柱健康，间接达到保护视力的目的。李然妈妈说：“刚搜到时我不了解没有锻炼眼睛怎么来预防近视呢？查询了相关报道后才知道这个是有试验数据作支撑的，有科学依据，我觉得很好。”这套操的创编者在实际工作中发现许多学生都有脊柱侧弯的问题，而脊柱健康影响着视力健康，所以有了创编这套操的想法。

为配合学生紧张的学习时间方便练习，视力健康操简便易行用时短，只需每天坚持练习即可。课间视力操分为四节，涵盖了颈部、胸部、脊柱、髋部运动。睡前视力操共五节，包括颈部、肩部、腹部、上背部、脊柱、放松运动。每节仅几个动作，用时最多10分钟。李然说：“这套操时间不长，和眼保健操一样简单，每天练习不觉得困难。”

网球居家练　停课不停学

“护眼问题也是我们网球教练员比较担心的，因为居家过度使用电子产品，担心孩子们的视力下降，直接影响到自身网球技术的提高。”安徽首界网球训练营教练刘佳祺说：“事实上，网球运动对于护眼再合适不过了。网球的颜色本身就是视觉上比较舒服的黄绿色，在训练的过程中眼睛对网球的追踪恰好对视力的恢复也很有帮助，因此疫情期间，我们也停课不停练，发挥运动作用，保证健康生活。疫情期间的网球日常训练主要是教练录制教学短视频示范训练方法，由家长辅助监督的方式训练。”

刘佳祺说：“孩子们的训练主要由三部分组成。基本动作练习主要是网球正反手以及发球动作复习，队员们每天在网课后进行挥拍训练，缓解上网课的紧张情绪，在复习的基础上进一步加深肌肉记忆。由于疫情来的比较突然，滞留在外地的队员，我们也想办法让他们就地取材进行训练，比如用毛巾、衣架，甚至是树枝代替球拍进行挥拍练习。对于体能的训练，我们会通过多种形式锻炼孩子们的心肺功能、四肢力量、核心力量，方式多变又有趣，在娱乐的同时锻炼身体。同时，我们也鼓励家长督促孩子练习的同时参与到锻炼中去，既陪伴孩子，又增加了训练的竞争性和趣味性，一起进行接球游戏或是挥拍锻炼。”

“此外，体感练习主要练习球感、平衡、反应、协调性，以提高身体素质为主，通过竞赛或游戏的方式练习，避免使队员产生枯燥反感的心理情绪。在体感练习中，反应练习能提高视觉的敏锐力，视线的移动能锻炼眼睛睫状肌；核心力量练习不仅能锻炼腹部，还能增强背部力量，帮助队员保持眼睛与书本的距离；四肢力量的拓展能帮助形成正确的学习姿势，保护眼睛。”

刘佳祺说："训练的时间安排是在孩子们下午网课结束之后，每次 40 分钟到一个小时，这样孩子们在学习结束后可以迅速缓解视疲劳，学习之余也增强了身体素质，巩固了网球技术，保持对网球运动的兴趣，进而保证了每天锻炼一小时的训练量。虽然疫情阻挡了去球场的脚步，但是并没有降低队员们对网球的热情，很多家长反映孩子们之前在学校的网课过后沉迷手机游戏，现在到时间就自觉放下手机拿起球拍练习，这也是一举多得的事情。"

（资料来源：冯蕾，王灿，李金霞，刘昕彤．久"宅"家中运动护眼［EB/OL］．中国体育报，2020－3－18）

课后思考题

1. 健康中国与科学健身的关系是什么？
2. 如何制订科学合理的居家健身计划，促进身心健康发展？
3. 如何通过运动的良药，从"治已病"转向"防未病"？

推荐书目

1. 易锋，刘德华．大学生体育健身原理与方法［M］．苏州：苏州大学出版社，2015.

2. 陈跃华．运动健身科学原理与方法研究［M］．北京：中国水利水电出版社，2013.

3. 于德淮．运动损伤防与治［M］．沈阳：辽宁科学技术出版社，2010.

附 《“健康中国2030”规划纲要》

（中共中央、国务院2016年10月25日印发并实施）

目　录

序　言

健康是促进人的全面发展的必然要求，是经济社会发展的基础条件。实现国民健康长寿，是国家富强、民族振兴的重要标志，也是全国各族人民的共同愿望。

党和国家历来高度重视人民健康。新中国成立以来特别是改革开放以来，我国健康领域改革发展取得显著成就，城乡环境面貌明显改善，全民健身运动蓬勃发展，医疗卫生服务体系日益健全，人民健康水平和身体素质持续提高。2015 年我国人均预期寿命已达 76.34 岁，婴儿死亡率、五岁以下儿童死亡率、孕产妇死亡率分别下降到 8.1‰、10.7‰和 20.1/10 万，总体上优于中高收入国家平均水平，为全面建成小康社会奠定了重要基础。同时，工业化、城镇化、人口老龄化、疾病谱变化、生态环境及生活方式变化等，也给维护和促进健康带来一系列新的挑战，健康服务供给总体不足与需求不断增长之间的矛盾依然突出，健康领域发展与经济社会发展的协调性有待增强，需要从国家战略层面统筹解决关系健康的重大和长远问题。

推进健康中国建设，是全面建成小康社会、基本实现社会主义现代化的重要基础，是全面提升中华民族健康素质、实现人民健康与经济社会协调发展的国家战略，是积极参与全球健康治理、履行2030年可持续发展议程国际承诺的重大举措。未来15年，是推进健康中国建设的重要战略机遇期。经济保持中高速增长将为维护人民健康奠定坚实基础，消费结构升级将为发展健康服务工作创造广阔空间，科技创新将为提高健康水平提供有力支撑，各方面制度更加成熟更加稳定将为健康领域可持续发展构建强大保障。

为推进健康中国建设，提高人民健康水平，根据党的十八届五中全会战略部署，制定本规划纲要。本规划纲要是推进健康中国建设的宏伟蓝图和行动纲领。全社会要增强责任感、使命感，全力推进健康中国建设，为实现中华民族伟大复兴和推动人类文明进步做出更大贡献。

第一篇　总体战略

第一章　指导思想

推进健康中国建设，必须高举中国特色社会主义伟大旗帜，全面贯彻党的十八大和十八届三中、四中、五中全会精神，以马克思列宁主义、毛泽东思想、邓小平理论、“三个代表”重要思想、科学发展观为指导，深入学习贯彻习近平总书记系列重要讲话精神，紧紧围绕统筹推进“五位一体”总体布局和协调推进“四个全面”战略布局，认真落实党中央、国务院决策部署，坚持以人民为中心的发展思想，牢固树立和贯彻落实新发展理念，坚持正确的卫生与健康工作方针，以提高人民健康水平为核心，以体制机制改革创新为动力，以普及健康生活、优化健康服务、完善健康保障、建设健康环境、发展健康产业为重点，把健康融入所有政策，加快转变健康领域发展方式，全方位、全周期维护和保障人民健康，大幅提高健康水平，显著改善健康公平，为实现“两个一百年”奋斗目标和中华民族伟大复兴的中国梦提供坚实健康基础。

主要遵循以下原则:

健康优先。把健康摆在优先发展的战略地位，立足国情，将促进健康的理念融入公共政策制定实施的全过程，加快形成有利于健康的生活方式、生态环境和经济社会发展模式，实现健康与经济社会良性协调发展。

改革创新。坚持政府主导，发挥市场机制作用，加快关键环节改革步伐，冲破思想观念束缚，破除利益固化藩篱，清除体制机制障碍，发挥科技创新和信息化的引领支撑作用，形成具有中国特色、促进全民健康的制度体系。

科学发展。把握健康领域发展规律，坚持预防为主、防治结合、中西医并重，转变服务模式，构建整合型医疗卫生服务体系，推动健康服务从规模扩张的粗放型发展转变到质量效益提升的绿色集约式发展，推动中医药和西医药相互补充、协调发展，提升健康服务水平。

公平公正。以农村和基层为重点，推动健康领域基本公共服务均等化，维护基本医疗卫生服务的公益性，逐步缩小城乡、地区、人群间基本健康服务和健康水平的差异，实现全民健康覆盖，促进社会公平。

第二章 战略主题

“共建共享、全民健康”，是建设健康中国的战略主题。核心是以人民健康为中心，坚持以基层为重点，以改革创新为动力，预防为主，中西医并重，把健康融入所有政策，人民共建共享的卫生与健康工作方针，针对生活行为方式、生产生活环境以及医疗卫生服务等健康影响因素，坚持政府主导与调动社会、个人的积极性相结合，推动人人参与、人人尽力、人人享有，落实预防为主，推行健康生活方式，减少疾病发生，强化早诊断、早治疗、早康复，实现全民健康。

共建共享是建设健康中国的基本路径。从供给侧和需求侧两端发力，统筹社会、行业和个人三个层面，形成维护和促进健康的强大合力。要促进全社会广泛参与，强化跨部门协作，深化军民融合发展，调动社会力量的积极性和创造性，加强环境治理，保障食品药品安全，预防和减少伤害，有效控制影响健康的生态和社会环境危险因素，形成多层次、多元化的社会共治格局。要推动健康服务供给侧结构性改革，卫生计生、体育等行业要主动适应人民健康需求，深化体制机制改革，优化要素配置和服务供给，补齐发展短板，推动健康产业转型升级，满足人民群众不断增长的健康需求。要强化个人健康责任，提高全民健康素养，引导形成自主自律、符合自身特点的健康生活方式，有效控制影响健康的生活行为因素，形成热爱健康、追求健康、促进健康的社会氛围。

全民健康是建设健康中国的根本目的。立足全人群和全生命周期两个着力点，提供公平可及、系统连续的健康服务，实现更高水平的全民健康。要惠及全人群，不断完善制度、扩展服务、提高质量，使全体人民享有所需要的、有质量的、可负担的预防、治疗、康复、健康促进等健康服务，突出解决好妇女儿童、老年人、残疾人、低收入人群等重点人群的健康问题。要覆盖全生命周期，针对生命不同阶段的主要健康问题及主要影响因素，确定若干优先领域，强化干预，实现从胎儿到生命终点的全程健康服务和健康保障，全面维护人民健康。

第三章　战略目标

到 2020 年，建立覆盖城乡居民的中国特色基本医疗卫生制度，健康素养水平持续提高，健康服务体系完善高效，人人享有基本医疗卫生服务和基本体育健身服务，基本形成内涵丰富、结构合理的健康产业体系，主要健康指标居于中高收入国家前列。

到 2030 年，促进全民健康的制度体系更加完善，健康领域发展更加协调，健康生活方式得到普及，健康服务质量和健康保障水平不断提高，健康产业繁荣发展，基本实现健康公平，主要健康指标进入高收入国家行列。到 2050 年，建成与社会主义现代化国家相适应的健康国家。

到 2030 年具体实现以下目标：

人民健康水平持续提升。人民身体素质明显增强，2030 年人均预期寿命达到 79.0 岁，人均健康预期寿命显著提高。

主要健康危险因素得到有效控制。全民健康素养大幅提高，健康生活方式得到全面普及，有利于健康的生产生活环境基本形成，食品药品安全得到有效保障，消除一批重大疾病危害。

健康服务能力大幅提升。优质高效的整合型医疗卫生服务体系和完善的全民健身公共服务体系全面建立，健康保障体系进一步完善，健康科技创新整体实力位居世界前列，健康服务质量和水平明显提高。

健康产业规模显著扩大。建立起体系完整、结构优化的健康产业体系，形成一批具有较强创新能力和国际竞争力的大型企业，成为国民经济支柱性产业。

促进健康的制度体系更加完善。有利于健康的政策法律法规体系进一步健全，健康领域治理体系和治理能力基本实现现代化。

健康中国建设主要指标

领域：健康水平　指标：人均预期寿命（岁）

2015 年：76.34　2020 年：77.3　2030 年：79.0

领域：健康水平　指标：婴儿死亡率（‰）

2015 年：8.1　2020 年：7.5　2030 年：5.0

领域：健康水平　指标：5 岁以下儿童死亡率（‰）

2015 年：10.7　2020 年：9.5　2030 年：6.0

领域：健康水平　指标：孕产妇死亡率（1/10 万）

2015 年：20.1　2020 年：18.0　2030 年：12.0

领域：健康水平　指标：城乡居民达到《国民体质测定标准》合格以上的人数比例（%）

2015 年：89.6（2014 年）　2020 年：90.6　2030 年：92.2

领域：健康生活　指标：居民健康素养水平（%）

2015 年：10　2020 年：20　2030 年：30

领域：健康生活　指标：经常参加体育锻炼人数（亿人）

2015 年：3.6（2014 年）　2020 年：4.35　2030 年：5.3

领域：健康服务与保障　指标：重大慢性病过早死亡率（%）

2015 年：19.1（2013 年）　2020 年：比 2015 年降低 10%　2030 年：比 2015 年降低 30%

领域：健康服务与保障　指标：每千常住人口执业（助理）医师数（人）

2015 年：2.2　2020 年：2.5　2030 年：3.0

领域：健康服务与保障　指标：个人卫生支出占卫生总费用的比重（%）

2015 年：29.3　2020 年：28 左右　2030 年：25 左右

领域：健康环境　指标：地级及以上城市空气质量优良天数比率（%）

2015 年：76.7　2020 年：>80 2030 年：持续改善

领域：健康环境 指标：地表水质量达到或好于Ⅲ类水体比例（%）

2015 年：66　2020 年：>70　2030 年：持续改善

领域：健康产业　指标：健康服务业总规模（万亿元）　2015 年：-
2020 年：>8　2030 年：16

第二篇　普及健康生活

第四章　加强健康教育

第一节　提高全民健康素养

推进全民健康生活方式行动，强化家庭和高危个体健康生活方式指导及干预，开展健康体重、健康口腔、健康骨骼等专项行动，到 2030 年基本实现以县（市、区）为单位全覆盖。开发推广促进健康生活的适宜技术和用品。建立健康知识和技能核心信息发布制度，健全覆盖全国的健康素养和生活方式监测体系。建立健全健康促进与教育体系，提高健康教育服务能力，从小抓起，普及健康科学知识。加强精神文明建设，发展健康文化，移风易俗，培育良好的生活习惯。各级各类媒体加大健康科学知识宣传力度，积极建设和规范各类广播电视等健康栏目，利用新媒体拓展健康教育。

第二节　加大学校健康教育力度

将健康教育纳入国民教育体系，把健康教育作为所有教育阶段素质教育的重要内容。以中小学为重点，建立学校健康教育推进机制。构建相关学科教学与教育活动相结合、课堂教育与课外实践相结合、经常性宣传教育与集中式宣传教育相结合的健康教育模式。培养健康教育师资，将健康教育纳入体育教师职前教育和职后培训内容。

第五章　塑造自主自律的健康行为

第一节　引导合理膳食

制订实施国民营养计划，深入开展食物（农产品、食品）营养功能评价研究，全面普及膳食营养知识，发布适合不同人群特点的膳食指南，引导居民形成科学的膳食习惯，推进健康饮食文化建设。建立健全居民营养监测制度，对重点区域、重点人群实施营养干预，重点解决微量营养素缺乏、部分人群油脂等高热能食物摄入过多等问题，逐步解决居民营养不足与过剩并存问题。实施临床营养干预。加强对学校、幼儿园、养老机构等营养健康工作的指导。开展示范健康食堂和健康餐厅建设。到2030年，居民营养知识素养明显提高，营养缺乏疾病发生率显著下降，全国人均每日食盐摄入量降低20%，超重、肥胖人口增长速度明显放缓。

第二节 开展控烟限酒

全面推进控烟履约，加大控烟力度，运用价格、税收、法律等手段提高控烟成效。深入开展控烟宣传教育。积极推进无烟环境建设，强化公共场所控烟监督执法。推进公共场所禁烟工作，逐步实现室内公共场所全面禁烟。领导干部要带头在公共场所禁烟，把党政机关建成无烟机关。强化戒烟服务。到2030年，15岁以上人群吸烟率降低到20%。加强限酒健康教育，控制酒精过度使用，减少酗酒。加强有害使用酒精监测。

第三节 促进心理健康

加强心理健康服务体系建设和规范化管理。加大全民心理健康科普宣传力度，提升心理健康素养。加强对抑郁症、焦虑症等常见精神障碍和心理行为问题的干预，加大对重点人群心理问题早期发现和及时干预力度。加强严重精神障碍患者报告登记和救治救助管理。全面推进精神障碍社区康复服务。提高突发事件心理危机的干预能力和水平。到2030年，常见精神障碍防治和心理行为问题识别干预水平显著提高。

第四节 减少不安全性行为和毒品危害

强化社会综合治理，以青少年、育龄妇女及流动人群为重点，开展性道德、性健康和性安全宣传教育和干预，加强对性传播高危行为人群的综合干预，减少意外妊娠和性相关疾病传播。大力普及有关毒品危害、应对措施和治疗途径等知识。加强全国戒毒医疗服务体系建设，早发现、早治疗成瘾者。加强戒毒药物维持治疗与社区戒毒、强制隔离戒毒和社区康复的衔接。建立集生理脱毒、心理康复、就业扶持、回归社会于一体的戒毒康复模式，最大限度减少毒品社会危害。

第六章 提高全民身体素质

第一节 完善全民健身公共服务体系

统筹建设全民健身公共设施，加强健身步道、骑行道、全民健身中心、体育公园、社区多功能运动场等场地设施建设。到2030年，基本建成县乡村三级公共体育设施网络，人均体育场地面积不低于2.3平方米，在城镇社区实现15分钟健身圈全覆盖。推行公共体育设施免费或低收费开放，确保公共体育场地设施和符合开放条件的企事业单位体育场地设施全部向社会开放。加强全民健身组织网络建设，扶持和引导基层体育社会组织发展。

第二节 广泛开展全民健身运动

继续制订实施全民健身计划，普及科学健身知识和健身方法，推动全民健身生活化。组织社会体育指导员广泛开展全民健身指导服务。实施国家体育锻炼标准，发展群众健身休闲活动，丰富和完善全民健身体系。大力发展群众喜闻乐见的运动项目，鼓励开发适合不同人群、不同地域特点的特色运动项目，扶持推广太极拳、健身气功等民族民俗民间传统运动项目。

第三节 加强体医融合和非医疗健康干预

发布体育健身活动指南，建立完善针对不同人群、不同环境、不同身体状况的运动处方库，推动形成体医结合的疾病管理与健康服务模式，发挥全民科学健身在健康促进、慢性病预防和康复等方面的积极作用。加强全民健身科技创新平台和科学健身指导服务站点建设。开展国民体质测试，完善体质健康监测体系，开发应用国民体质健康监测大数据，开展运动风险评估。

第四节 促进重点人群体育活动

制订实施青少年、妇女、老年人、职业群体及残疾人等特殊群体的体质健康干预计划。实施青少年体育活动促进计划，培育青少年体育爱好，基本实现青少年熟练掌握一项以上体育运动技能，确保学生校内每天体育活动时间不少于一小时。到2030年，学校体育场地设施与器材配置达标率达到100%，青少年学生每周参与体育活动达到中等强度三次以上，国家学生体质健康标准达标优秀率25%以上。加强科学指导，促进妇女、老年人和职业群体积极参与全民健身。实行工间健身制度，鼓励和支持新建工作场所建设适当的健身活动场地。推动残疾人康复体育和健身体育广泛开展。

第三篇 优化健康服务

第七章 强化覆盖全民的公共卫生服务

第一节 防治重大疾病

实施慢性病综合防控战略，加强国家慢性病综合防控示范区建设。强化慢性病筛查和早期发现，针对高发地区重点癌症开展早诊早治工作，推动癌症、脑卒中、冠心病等慢性病的机会性筛查。基本实现高血压、糖尿病患者管理干预全覆盖，逐步将符合条件的癌症、脑卒中等重大慢性病早诊早治适宜技术纳入诊疗常规。加强学生近视、肥胖等常见病防治。到2030年，实现全人群、全生命周期的慢性病健康管理，总体癌症五年生存率提高15%。加强口腔卫生，12岁儿童患龋率控制在25%以内。

加强重大传染病防控。完善传染病监测预警机制。继续实施扩大国家免疫规划，适龄儿童国家免疫规划疫苗接种率维持在较高水平，建立预防接种异常反应补偿保险机制。加强艾滋病检测、抗病毒治疗和随访管理，全面落实临床用血核酸检测和预防艾滋病母婴传播，疫情保持在低流行水平。建立结核病防治综合服务模式，加强耐多药肺结核筛查和监测，规范肺结核诊疗管理，全国肺结核疫情持续下降。有效应对流感、手足口病、登革热、麻疹等重点传染病疫情。继续坚持以传染源控制为主的血吸虫病综合防治策略，全国所有流行县达到消除血吸虫病标准。继续巩固全国消除疟疾成果。全国所有流行县基本控制包虫病等重点寄生虫病流行。保持控制和消除重点地方病，地方病不再成为危害人民健康的重点问题。加强突发急性传染病防治，积极防范输入性突发急性传染病，加强鼠疫等传统烈性传染病防控。强化重大动物源性传染病的源头治理。

第二节 完善计划生育服务管理

健全人口与发展的综合决策体制机制，完善有利于人口均衡发展的政策体系。改革计划生育服务管理方式，更加注重服务家庭，构建以生育支持、幼儿养育、青少年发展、老人赡养、病残照料为主题的家庭发展政策框架，引导群众负责任、有计划地生育。完善国家计划生育技术服务政策，加大再生育计划生育技术服务保障力度。全面推行知情选择，普及避孕节育和生殖健康知识。完善计划生育家庭奖励扶助制度和特别扶助制度，实行奖励扶助金标准动态调整。坚持和完善计划生育目标管理责任制，完善宣传倡导、依法管理、优质服务、政策推动、综合治理的计划生育长效工作机制。建立健全出生人口监测工作机制。继续开展出生人口性别比治理。到2030年，全国出生人口性别比实现自然平衡。

第三节　推进基本公共卫生服务均等化

继续实施完善国家基本公共卫生服务项目和重大公共卫生服务项目，加强疾病经济负担研究，适时调整项目经费标准，不断丰富和拓展服务内容，提高服务质量，使城乡居民享有均等化的基本公共卫生服务，做好流动人口基本公共卫生计生服务均等化工作。

第八章　提供优质高效的医疗服务

第一节　完善医疗卫生服务体系

全面建成体系完整、分工明确、功能互补、密切协作、运行高效的整合型医疗卫生服务体系。县和市域内基本医疗卫生资源按常住人口和服务半径合理布局，实现人人享有均等化的基本医疗卫生服务；省级及以上分区域统筹配置，整合推进区域医疗资源共享，基本实现优质医疗卫生资源配置均衡化，省域内人人享有均质化的危急重症、疑难病症诊疗和专科医疗服务；依托现有机构，建设一批引领国内、具有全球影响力的国家级医学中心，建设一批区域医学中心和国家临床重点专科群，推进京津冀、长江经济带等区域医疗卫生协同发展，带动医疗服务区域发展和整体水平提升。加强康复、老年病、长期护理、慢性病管理、安宁疗护等接续性医疗机构建设。实施健康扶贫工程，加大对中西部贫困地区医疗卫生机构建设支持力度，提升服务能力，保障贫困人口健康。到2030年，15分钟基本医疗卫生服务圈基本形成，每千常住人口注册护士数达到4.7人。

第二节　创新医疗卫生服务供给模式

建立专业公共卫生机构、综合和专科医院、基层医疗卫生机构“三位一体”的重大疾病防控机制，建立信息共享、互联互通机制，推进慢性病防、治、管整体融合发展，实现医防结合。建立不同层级、不同类别、不同举办主体医疗卫生机构间目标明确、权责清晰的分工协作机制，不断完善服务网络、运行机制和激励机制，基层普遍具备居民健康守门人的能力。完善家庭医生签约服务，全面建立成熟完善的分级诊疗制度，形成基层首诊、双向转诊、上下联动、急慢分治的合理就医秩序，健全治疗－康复－长期护理服务链。引导三级公立医院逐步减少普通门诊，重点发展危急重症、疑难病症诊疗。完善医疗联合体、医院集团等多种分工协作模式，提高服务体系整体绩效。加快医疗卫生领域军民融合，积极发挥军队医疗卫生机构作用，更好为人民服务。

第三节　提升医疗服务水平和质量

建立与国际接轨、体现中国特色的医疗质量管理与控制体系，基本健全覆盖主要专业的国家、省、市三级医疗质量控制组织，推出一批国际化标准规范。建设医疗质量管理与控制信息化平台，实现全行业全方位精准、实时管理与控制，持续改进医疗质量和医疗安全，提升医疗服务同质化程度，再住院率、抗菌药物使用率等主要医疗服务质量指标达到或接近世界先进水平。全面实施临床路径管理，规范诊疗行为，优化诊疗流程，增强患者就医获得感。推进合理用药，保障临床用血安全，基本实现医疗机构检查、检验结果互认。加强医疗服务人文关怀，构建和谐医患关系。依法严厉打击涉医违法犯罪行为特别是伤害医务人员的暴力犯罪行为，保护医务人员安全。

第九章　充分发挥中医药独特优势

第一节　提高中医药服务能力

实施中医临床优势培育工程，强化中医药防治优势病种研究，加强中西医结合，提高重大疑难病、危急重症临床疗效。大力发展中医非药物疗法，使其在常见病、多发病和慢性病防治中发挥独特作用。发展中医特色康复服务。健全覆盖城乡的中医医疗保健服务体系。在乡镇卫生院和社区卫生服务中心建立中医馆、国医堂等中医综合服务区，推广适宜技术，所有基层医疗卫生机构都能够提供中医药服务。促进民族医药发展。到 2030 年，中医药在治未病中的主导作用、在重大疾病治疗中的协同作用、在疾病康复中的核心作用得到充分发挥。

第二节　发展中医养生保健治未病服务

实施中医治未病健康工程，将中医药优势与健康管理结合，探索融健康文化、健康管理、健康保险为一体的中医健康保障模式。鼓励社会力量举办规范的中医养生保健机构，加快养生保健服务发展。拓展中医医院服务领域，为群众提供中医健康咨询评估、干预调理、随访管理等治未病服务。鼓励中医医疗机构、中医医师为中医养生保健机构提供保健咨询和调理等技术支持。开展中医中药中国行活动，大力传播中医药知识和易于掌握的养生保健技术方法，加强中医药非物质文化遗产的保护和传承运用，实现中医药健康养生文化创造性转化、创新性发展。

第三节　推进中医药继承创新

实施中医药传承创新工程，重视中医药经典医籍研读及挖掘，全面系统继承历代各家学术理论、流派及学说，不断弘扬当代名老中医药专家学术思想和临床诊疗经验，挖掘民间诊疗技术和方药，推进中医药文化传承与发展。建立中医药传统知识保护制度，制定传统知识保护名录。融合现代科技成果，挖掘中药方剂，加强重大疑难疾病、慢性病等中医药防治技术和新药研发，不断推动中医药理论与实践发展。发展中医药健康服务，加快打造全产业链服务的跨国公司和国际知名的中国品牌，推动中医药走向世界。保护重要中药资源和生物多样性，开展中药资源普查及动态监测。建立大宗、道地和濒危药材种苗繁育基地，提供中药材市场动态监测信息，促进中药材种植业绿色发展。

第十章　加强重点人群健康服务

第一节　提高妇幼健康水平

实施母婴安全计划，倡导优生优育，继续实施住院分娩补助制度，向孕产妇免费提供生育全过程的基本医疗保健服务。加强出生缺陷综合防治，构建覆盖城乡居民，涵盖孕前、孕期、新生儿各阶段的出生缺陷防治体系。实施健康儿童计划，加强儿童早期发展，加强儿科建设，加大儿童重点疾病防治力度，扩大新生儿疾病筛查，继续开展重点地区儿童营养改善等项目。提高妇女常见病筛查率和早诊早治率。实施妇幼健康和计划生育服务保障工程，提升孕产妇和新生儿危急重症救治能力。

第二节　促进健康老龄化

推进老年医疗卫生服务体系建设，推动医疗卫生服务延伸至社区、家庭。健全医疗卫生机构与养老机构合作机制，支持养老机构开展医疗服务。推进中医药与养老融合发展，推动医养结合，为老年人提供治疗期住院、康复期护理、稳定期生活照料、安宁疗护一体化的健康和养老服务，促进慢性病全程防治管理服务同居家、社区、机构养老紧密结合。鼓励社会力量兴办医养结合机构。加强老年常见病、慢性病的健康指导和综合干预，强化老年人健康管理。推动开展老年心理健康与关怀服务，加强老年痴呆症等的有效干预。推动居家老人长期照护服务发展，全面建立经济困难的高龄、失能老人补贴制度，建立多层次长期护理保障制度。进一步完善政策，使老年人更便捷获得基本药物。

第三节　维护残疾人健康

制定实施残疾预防和残疾人康复条例。加大符合条件的低收入残疾人医疗救助力度，将符合条件的残疾人医疗康复项目按规定纳入基本医疗保险支付范围。建立残疾儿童康复救助制度，有条件的地方对残疾人基本型辅助器具给予补贴。将残疾人康复纳入基本公共服务，实施精准康复，为城乡贫困残疾人、重度残疾人提供基本康复服务。完善医疗机构无障碍设施，改善残疾人医疗服务。进一步完善康复服务体系，加强残疾人康复和托养设施建设，建立医疗机构与残疾人专业康复机构双向转诊机制，推动基层医疗卫生机构优先为残疾人提供基本医疗、公共卫生和健康管理等签约服务。制定实施国家残疾预防行动计划，增强全社会残疾预防意识，开展全人群、全生命周期残疾预防，有效控制残疾的发生和发展。加强对致残疾病及其他致残因素的防控。推动国家残疾预防综合试验区试点工作。继续开展防盲治盲和防聋治聋工作。

第四篇　完善健康保障

第十一章　健全医疗保障体系

第一节　完善全民医保体系

健全以基本医疗保障为主体、其他多种形式补充保险和商业健康保险为补充的多层次医疗保障体系。整合城乡居民基本医保制度和经办管理。健全基本医疗保险稳定可持续筹资和待遇水平调整机制，实现基金中长期精算平衡。完善医保缴费参保政策，均衡单位和个人缴费负担，合理确定政府与个人分担比例。改进职工医保个人账户，开展门诊统筹。进一步健全重特大疾病医疗保障机制，加强基本医保、城乡居民大病保险、商业健康保险与医疗救助等的有效衔接。到2030年，全民医保体系成熟定型。

第二节 健全医保管理服务体系

严格落实医疗保险基金预算管理。全面推进医保支付方式改革，积极推进按病种付费、按人头付费，积极探索按疾病诊断相关分组付费（DRGs）、按服务绩效付费，形成总额预算管理下的复合式付费方式，健全医保经办机构与医疗机构的谈判协商与风险分担机制。加快推进基本医保异地就医结算，实现跨省异地安置退休人员住院医疗费用直接结算和符合转诊规定的异地就医住院费用直接结算。全面实现医保智能监控，将医保对医疗机构的监管延伸到医务人员。逐步引入社会力量参与医保经办。加强医疗保险基础标准建设和应用。到2030年，全民医保管理服务体系完善高效。

第三节 积极发展商业健康保险

落实税收等优惠政策，鼓励企业、个人参加商业健康保险及多种形式的补充保险。丰富健康保险产品，鼓励开发与健康管理服务相关的健康保险产品。促进商业保险公司与医疗、体检、护理等机构合作，发展健康管理组织等新型组织形式。到2030年，现代商业健康保险服务业进一步发展，商业健康保险赔付支出占卫生总费用比重显著提高。

第十二章 完善药品供应保障体系

第一节 深化药品、医疗器械流通体制改革

推进药品、医疗器械流通企业向供应链上下游延伸开展服务，形成现代流通新体系。规范医药电子商务，丰富药品流通渠道和发展模式。推广应用现代物流管理与技术，健全中药材现代流通网络与追溯体系。落实医疗机构药品、耗材采购主体地位，鼓励联合采购。完善国家药品价格谈判机制。建立药品出厂价格信息可追溯机制。强化短缺药品供应保障和预警，完善药品储备制度和应急供应机制。建设遍及城乡的现代医药流通网络，提高基层和边远地区药品供应保障能力。

第二节 完善国家药物政策

巩固完善国家基本药物制度，推进特殊人群基本药物保障。完善现有免费治疗药品政策，增加艾滋病防治等特殊药物免费供给。保障儿童用药。完善罕见病用药保障政策。建立以基本药物为重点的临床综合评价体系。按照

政府调控和市场调节相结合的原则，完善药品价格形成机制。强化价格、医保、采购等政策的衔接，坚持分类管理，加强对市场竞争不充分药品和高值医用耗材的价格监管，建立药品价格信息监测和信息公开制度，制定完善医保药品支付标准政策。

第五篇 建设健康环境

第十三章 深入开展爱国卫生运动

第一节 加强城乡环境卫生综合整治

持续推进城乡环境卫生整洁行动，完善城乡环境卫生基础设施和长效机制，统筹治理城乡环境卫生问题。加大农村人居环境治理力度，全面加强农村垃圾治理，实施农村生活污水治理工程，大力推广清洁能源。到2030年，努力把我国农村建设成为人居环境干净整洁、适合居民生活养老的美丽家园，实现人与自然和谐发展。实施农村饮水安全巩固提升工程，推动城镇供水设施向农村延伸，进一步提高农村集中供水率、自来水普及率、水质达标率和供水保证率，全面建立从源头到龙头的农村饮水安全保障体系。加快无害化卫生厕所建设，力争到2030年，全国农村居民基本都能用上无害化卫生厕所。实施以环境治理为主的病媒生物综合预防控制策略。深入推进国家卫生城镇创建，力争到2030年，国家卫生城市数量提高到全国城市总数的50%，有条件的省（自治区、直辖市）实现全覆盖。

第二节 建设健康城市和健康村镇

把健康城市和健康村镇建设作为推进健康中国建设的重要抓手，保障与健康相关的公共设施用地需求，完善相关公共设施体系、布局和标准，把健康融入城乡规划、建设、治理的全过程，促进城市与人民健康协调发展。针对当地居民主要健康问题，编制实施健康城市、健康村镇发展规划。广泛开展健康社区、健康村镇、健康单位、健康家庭等建设，提高社会参与度。重点加强健康学校建设，加强学生健康危害因素监测与评价，完善学校食品安全管理、传染病防控等相关政策。加强健康城市、健康村镇建设监测与评价。到2030年，建成一批健康城市、健康村镇建设的示范市和示范村镇。

第十四章　加强影响健康的环境问题治理

第一节　深入开展大气、水、土壤等污染防治

以提高环境质量为核心，推进联防联控和流域共治，实行环境质量目标考核，实施最严格的环境保护制度，切实解决影响广大人民群众健康的突出环境问题。深入推进产业园区、新城、新区等开发建设规划环评，严格建设项目环评审批，强化源头预防。深化区域大气污染联防联控，建立常态化区域协作机制。完善重度及以上污染天气的区域联合预警机制。全面实施城市空气质量达标管理，促进全国城市环境空气质量明显改善。推进饮用水水源地安全达标建设。强化地下水管理和保护，推进地下水超采区治理与污染综合防治。开展国家土壤环境质量监测网络建设，建立建设用地土壤环境质量调查评估制度，开展土壤污染治理与修复。以耕地为重点，实施农用地分类管理。全面加强农业面源污染防治，有效保护生态系统和遗传多样性。加强噪声污染防控。

第二节　实施工业污染源全面达标排放计划

全面实施工业污染源排污许可管理，推动企业开展自行监测和信息公开，建立排污台账，实现持证按证排污。加快淘汰高污染、高环境风险的工艺、设备与产品。开展工业集聚区污染专项治理。以钢铁、水泥、石化等行业为重点，推进行业达标排放改造。

第三节　建立健全环境与健康监测、调查和风险评估制度

逐步建立健全环境与健康管理制度。开展重点区域、流域、行业环境与健康调查，建立覆盖污染源监测、环境质量监测、人群暴露监测和健康效应监测的环境与健康综合监测网络及风险评估体系。实施环境与健康风险管理。划定环境健康高风险区域，开展环境污染对人群健康影响的评价，探索建立高风险区域重点项目健康风险评估制度。建立环境健康风险沟通机制。建立统一的环境信息公开平台，全面推进环境信息公开。推进县级及以上城市空气质量监测和信息发布。

第十五章　保障食品药品安全

第一节　加强食品安全监管

完善食品安全标准体系，实现食品安全标准与国际标准基本接轨。加强

食品安全风险监测评估，到2030年，食品安全风险监测与食源性疾病报告网络实现全覆盖。全面推行标准化、清洁化农业生产，深入开展农产品质量安全风险评估，推进农兽药残留、重金属污染综合治理，实施兽药抗菌药治理行动。加强对食品原产地指导监管，完善农产品市场准入制度。建立食用农产品全程追溯协作机制，完善统一权威的食品安全监管体制，建立职业化检查员队伍，加强检验检测能力建设，强化日常监督检查，扩大产品抽检覆盖面。加强互联网食品经营治理。加强进口食品准入管理，加大对境外源头食品安全体系检查力度，有序开展进口食品指定口岸建设。推动地方政府建设出口食品农产品质量安全示范区。推进食品安全信用体系建设，完善食品安全信息公开制度。健全从源头到消费全过程的监管格局，严守从农田到餐桌的每一道防线，让人民群众吃得安全、吃得放心。

第二节 强化药品安全监管

深化药品（医疗器械）审评审批制度改革，研究建立以临床疗效为导向的审批制度，提高药品（医疗器械）审批标准。加快创新药（医疗器械）和临床急需新药（医疗器械）的审评审批，推进仿制药质量和疗效一致性评价。完善国家药品标准体系，实施医疗器械标准提高计划，积极推进中药（材）标准国际化进程。全面加强药品监管，形成全品种、全过程的监管链条。加强医疗器械和化妆品监管。

第十六章 完善公共安全体系

第一节 强化安全生产和职业健康

加强安全生产，加快构建风险等级管控、隐患排查治理两条防线，切实降低重特大事故发生频次和危害后果。强化行业自律和监督管理职责，推动企业落实主体责任，推进职业病危害源头治理，强化矿山、危险化学品等重点行业领域安全生产监管。开展职业病危害基本情况普查，健全有针对性的健康干预措施。进一步完善职业安全卫生标准体系，建立完善重点职业病监测与职业病危害因素监测、报告和管理网络，遏制尘肺病和职业中毒高发势头。建立分级分类监管机制，对职业病危害高风险企业实施重点监管。开展重点行业领域职业病危害专项治理。强化职业病报告制度，开展用人单位职业健康促进工作，预防和控制工伤事故及职业病发生。加强全国个人辐射剂量管理和放射诊疗辐射防护。

第二节 促进道路交通安全

加强道路交通安全设施设计、规划和建设，组织实施公路安全生命防护工程，治理公路安全隐患。严格道路运输安全管理，提升企业安全自律意识，落实运输企业安全生产主体责任。强化安全运行监管能力和安全生产基础支撑。进一步加强道路交通安全治理，提高车辆安全技术标准，提高机动车驾驶人和交通参与者综合素质。到2030年，力争实现道路交通万车死亡率下降30%。

第三节 预防和减少伤害

建立伤害综合监测体系，开发重点伤害干预技术指南和标准。加强儿童和老年人伤害预防和干预，减少儿童交通伤害、溺水和老年人意外跌落，提高儿童玩具和用品安全标准。预防和减少自杀、意外中毒。建立消费品质量安全事故强制报告制度，建立产品伤害监测体系，强化重点领域质量安全监管，减少消费品安全伤害。

第四节 提高突发事件应急能力

加强全民安全意识教育。建立健全城乡公共消防设施建设和维护管理责任机制，到2030年，城乡公共消防设施基本实现全覆盖。提高防灾减灾和应急能力。完善突发事件卫生应急体系，提高早期预防、及时发现、快速反应和有效处置能力。建立包括军队医疗卫生机构在内的海陆空立体化的紧急医学救援体系，提升突发事件紧急医学救援能力。到2030年，建立起覆盖全国、较为完善的紧急医学救援网络，突发事件卫生应急处置能力和紧急医学救援能力达到发达国家水平。进一步健全医疗急救体系，提高救治效率。到2030年，力争将道路交通事故死伤比基本降低到中等发达国家水平。

第五节 健全口岸公共卫生体系

建立全球传染病疫情信息智能监测预警、口岸精准检疫的口岸传染病预防控制体系和种类齐全的现代口岸核生化有害因子防控体系，建立基于源头防控、境内外联防联控的口岸突发公共卫生事件应对机制，健全口岸病媒生物及各类重大传染病监测控制机制，主动预防、控制和应对境外突发公共卫生事件。持续巩固和提升口岸核心能力，创建国际卫生机场（港口）。完善国际旅行与健康信息网络，提供及时有效的国际旅行健康指导，建成国际一流的国际旅行健康服务体系，保障出入境人员健康安全。

提高动植物疫情疫病防控能力，加强进境动植物检疫风险评估准入管理，强化外来动植物疫情疫病和有害生物查验截获、检测鉴定、除害处理、监测防控规范化建设，健全对购买和携带人员、单位的问责追究体系，防控国际动植物疫情疫病及有害生物跨境传播。健全国门生物安全查验机制，有效防范物种资源丧失和外来物种入侵。

第六篇　发展健康产业

第十七章　优化多元办医格局

进一步优化政策环境，优先支持社会力量举办非营利性医疗机构，推进和实现非营利性民营医院与公立医院同等待遇。鼓励医师利用业余时间、退休医师到基层医疗卫生机构执业或开设工作室。个体诊所设置不受规划布局限制。破除社会力量进入医疗领域的不合理限制和隐性壁垒。逐步扩大外资兴办医疗机构的范围。加大政府购买服务的力度，支持保险业投资、设立医疗机构，推动非公立医疗机构向高水平、规模化方向发展，鼓励发展专业性医院管理集团。加强政府监管、行业自律与社会监督，促进非公立医疗机构规范发展。

第十八章　发展健康服务新业态

积极促进健康与养老、旅游、互联网、健身休闲、食品融合，催生健康新产业、新业态、新模式。发展基于互联网的健康服务，鼓励发展健康体检、咨询等健康服务，促进个性化健康管理服务发展，培育一批有特色的健康管理服务产业，探索推进可穿戴设备、智能健康电子产品和健康医疗移动应用服务等发展。规范发展母婴照料服务。培育健康文化产业和体育医疗康复产业。制定健康医疗旅游行业标准、规范，打造具有国际竞争力的健康医疗旅游目的地。大力发展中医药健康旅游。打造一批知名品牌和良性循环的健康服务产业集群，扶持一大批中小微企业配套发展。

引导发展专业的医学检验中心、医疗影像中心、病理诊断中心和血液透析中心等。支持发展第三方医疗服务评价、健康管理服务评价，以及健康市场调查和咨询服务。鼓励社会力量提供食品药品检测服务。完善科技中介体系，大力发展专业化、市场化医药科技成果转化服务。

第十九章　积极发展健身休闲运动产业

进一步优化市场环境，培育多元主体，引导社会力量参与健身休闲设施建设运营。推动体育项目协会改革和体育场馆资源所有权、经营权分离改革，加快开放体育资源，创新健身休闲运动项目推广普及方式，进一步健全政府购买体育公共服务的体制机制，打造健身休闲综合服务体。鼓励发展多种形式的体育健身俱乐部，丰富业余体育赛事，积极培育冰雪、山地、水上、汽摩、航空、极限、马术等具有消费引领特征的时尚休闲运动项目，打造具有区域特色的健身休闲示范区、健身休闲产业带。

第二十章　促进医药产业发展

第一节　加强医药技术创新

完善政产学研用协同创新体系，推动医药创新和转型升级。加强专利药、中药新药、新型制剂、高端医疗器械等创新能力建设，推动治疗重大疾病的专利到期药物实现仿制上市。大力发展生物药、化学药新品种、优质中药、高性能医疗器械、新型辅料包材和制药设备，推动重大药物产业化，加快医疗器械转型升级，提高具有自主知识产权的医学诊疗设备、医用材料的国际竞争力。加快发展康复辅助器具产业，增强自主创新能力。健全质量标准体系，提升质量控制技术，实施绿色和智能改造升级，到 2030 年，药品、医疗器械质量标准全面与国际接轨。

第二节　提升产业发展水平

发展专业医药园区，支持组建产业联盟或联合体，构建创新驱动、绿色低碳、智能高效的先进制造体系，提高产业集中度，增强中高端产品供给能力。大力发展医疗健康服务贸易，推动医药企业走出去和国际产业合作，提高国际竞争力。到 2030 年，具有自主知识产权新药和诊疗装备国际市场份额大幅提高，高端医疗设备市场国产化率大幅提高，实现医药工业中高速发展和向中高端迈进，跨入世界制药强国行列。推进医药流通行业转型升级，减少流通环节，提高流通市场集中度，形成一批跨国大型药品流通企业。

第七篇　健全支撑与保障

第二十一章　深化体制机制改革

第一节　把健康融入所有政策

加强各部门各行业的沟通协作，形成促进健康的合力。全面建立健康影响评价评估制度，系统评估各项经济社会发展规划和政策、重大工程项目对健康的影响，健全监督机制。畅通公众参与渠道，加强社会监督。

第二节　全面深化医药卫生体制改革

加快建立更加成熟定型的基本医疗卫生制度，维护公共医疗卫生的公益性，有效控制医药费用不合理增长，不断解决群众看病就医问题。推进政事分开、管办分开，理顺公立医疗卫生机构与政府的关系，建立现代公立医院管理制度。清晰划分中央和地方以及地方各级政府医药卫生管理事权，实施属地化和全行业管理。推进军队医院参加城市公立医院改革、纳入国家分级诊疗体系工作。健全卫生计生全行业综合监管体系。

第三节　完善健康筹资机制

健全政府健康领域相关投入机制，调整优化财政支出结构，加大健康领域投入力度，科学合理界定中央政府和地方政府支出责任，履行政府保障基本健康服务需求的责任。中央财政在安排相关转移支付时对经济欠发达地区予以倾斜，提高资金使用效益。建立结果导向的健康投入机制，开展健康投入绩效监测和评价。充分调动社会组织、企业等的积极性，形成多元筹资格局。鼓励金融等机构创新产品和服务，完善扶持措施。大力发展慈善事业，鼓励社会和个人捐赠与互助。

第四节　加快转变政府职能

进一步推进健康相关领域简政放权、放管结合、优化服务。继续深化药品、医疗机构等审批改革，规范医疗机构设置审批行为。推进健康相关部门依法行政，推进政务公开和信息公开。加强卫生计生、体育、食品药品等健康领域监管创新，加快构建事中和事后监管体系，全面推开“双随机、一公开”机制建设。推进综合监管，加强行业自律和诚信建设，鼓励行业协会商会发展，充分发挥社会力量在监管中的作用，促进公平竞争，推动健康相关行业科学发展，简化健康领域公共服务流程，优化政府服务，提高服务效率。

第二十二章 加强健康人力资源建设

第一节 加强健康人才培养培训

加强医教协同，建立完善医学人才培养供需平衡机制。改革医学教育制度，加快建成适应行业特点的院校教育、毕业后教育、继续教育三阶段有机衔接的医学人才培养培训体系。完善医学教育质量保障机制，建立与国际医学教育实质等效的医学专业认证制度。以全科医生为重点，加强基层人才队伍建设。完善住院医师与专科医师培养培训制度，建立公共卫生与临床医学复合型高层次人才培养机制。强化面向全员的继续医学教育制度。加大基层和偏远地区扶持力度。加强全科、儿科、产科、精神科、病理、护理、助产、康复、心理健康等急需紧缺专业人才培养培训。加强药师和中医药健康服务、卫生应急、卫生信息化复合人才队伍建设。加强高层次人才队伍建设，引进和培养一批具有国际领先水平的学科带头人。推进卫生管理人员专业化、职业化。调整优化适应健康服务产业发展的医学教育专业结构，加大养老护理员、康复治疗师、心理咨询师等健康人才培养培训力度。支持建立以国家健康医疗开放大学为基础、中国健康医疗教育慕课联盟为支撑的健康教育培训云平台，便捷医务人员终身教育。加强社会体育指导员队伍建设，到 2030 年，实现每千人拥有社会体育指导员 2.3 名。

第二节 创新人才使用评价激励机制

落实医疗卫生机构用人自主权，全面推行聘用制，形成能进能出的灵活用人机制。落实基层医务人员工资政策。创新医务人员使用、流动与服务提供模式，积极探索医师自由执业、医师个体与医疗机构签约服务或组建医生集团。建立符合医疗卫生行业特点的人事薪酬制度。对接国际通行模式，进一步优化和完善护理、助产、医疗辅助服务、医疗卫生技术等方面人员评价标准。创新人才评价机制，不将论文、外语、科研等作为基层卫生人才职称评审的硬性要求，健全符合全科医生岗位特点的人才评价机制。

第二十三章 推动健康科技创新

第一节 构建国家医学科技创新体系

大力加强国家临床医学研究中心和协同创新网络建设，进一步强化实验室、工程中心等科研基地能力建设，依托现有机构推进中医药临床研究基地和科研机构能力建设，完善医学研究科研基地布局。加强资源整合和数据交汇，统筹布局国家生物医学大数据、生物样本资源、实验动物资源等资源平台，建设心脑血管、肿瘤、老年病等临床医学数据示范中心。实施中国医学科学院医学与健康科技创新工程。加快生物医药和大健康产业基地建设，培育健康产业高新技术企业，打造一批医学研究和健康产业创新中心，促进医研企结合，推进医疗机构、科研院所、高等学校和企业等创新主体高效协同。加强医药成果转化推广平台建设，促进医学成果转化推广。建立更好的医学创新激励机制和以应用为导向的成果评价机制，进一步健全科研基地、生物安全、技术评估、医学研究标准与规范、医学伦理与科研诚信、知识产权等保障机制，加强科卫协同、军民融合、省部合作，有效提升基础前沿、关键共性、社会公益和战略高科技的研究水平。

第二节 推进医学科技进步

启动实施脑科学与类脑研究、健康保障等重大科技项目和重大工程，推进国家科技重大专项、国家重点研发计划重点专项等科技计划。发展组学技术、干细胞与再生医学、新型疫苗、生物治疗等医学前沿技术，加强慢病防控、精准医学、智慧医疗等关键技术突破，重点部署创新药物开发、医疗器械国产化、中医药现代化等任务，显著增强重大疾病防治和健康产业发展的科技支撑能力。力争到2030年，科技论文影响力和三方专利总量进入国际前列，进一步提高科技创新对医药工业增长贡献率和成果转化率。

第二十四章 建设健康信息化服务体系

第一节 完善人口健康信息服务体系建设

全面建成统一权威、互联互通的人口健康信息平台，规范和推动“互联网+健康医疗”服务，创新互联网健康医疗服务模式，持续推进覆盖全生命周期的预防、治疗、康复和自主健康管理一体化的国民健康信息服务。实施健康中国云服务计划，全面建立远程医疗应用体系，发展智慧健康医疗便民惠民服务。建立人口健康信息化标准体系和安全保护机制。做好公民入伍前与退伍后个人电子健康档案军地之间接续共享。到2030年，实现国家省市县四级人口健康信息平台互通共享、规范应用，人人拥有规范化的电子健康档案和功能完备的健康卡，远程医疗覆盖省市县乡四级医疗卫生机构，全面实现人口健康信息规范管理和使用，满足个性化服务和精准化医疗的需求。

第二节　推进健康医疗大数据应用

加强健康医疗大数据应用体系建设，推进基于区域人口健康信息平台的医疗健康大数据开放共享、深度挖掘和广泛应用。消除数据壁垒，建立跨部门跨领域密切配合、统一归口的健康医疗数据共享机制，实现公共卫生、计划生育、医疗服务、医疗保障、药品供应、综合管理等应用信息系统数据采集、集成共享和业务协同。建立和完善全国健康医疗数据资源目录体系，全面深化健康医疗大数据在行业治理、临床和科研、公共卫生、教育培训等领域的应用，培育健康医疗大数据应用新业态。加强健康医疗大数据相关法规和标准体系建设，强化国家、区域人口健康信息工程技术能力，制定分级分类分域的数据应用政策规范，推进网络可信体系建设，注重内容安全、数据安全和技术安全，加强健康医疗数据安全保障和患者隐私保护。加强互联网健康服务监管。

第二十五章　加强健康法治建设

推动颁布并实施基本医疗卫生法、中医药法，修订实施药品管理法，加强重点领域法律法规的立法和修订工作，完善部门规章和地方政府规章，健全健康领域标准规范和指南体系。强化政府在医疗卫生、食品、药品、环境、体育等健康领域的监管职责，建立政府监管、行业自律和社会监督相结合的监督管理体制。加强健康领域监督执法体系和能力建设。

第二十六章　加强国际交流合作

实施中国全球卫生战略，全方位积极推进人口健康领域的国际合作。以双边合作机制为基础，创新合作模式，加强人文交流，促进我国和“一带一路”沿线国家卫生合作。加强南南合作，落实中非公共卫生合作计划，继续向发展中国家派遣医疗队员，重点加强包括妇幼保健在内的医疗援助，重点支持疾病预防控制体系建设。加强中医药国际交流与合作。充分利用国家高层战略对话机制，将卫生纳入大国外交议程。积极参与全球卫生治理，在相关国际标准、规范、指南等的研究、谈判与制定中发挥影响，提升健康领域国际影响力和制度性话语权。

第八篇　强化组织实施

第二十七章　加强组织领导

完善健康中国建设推进协调机制，统筹协调推进健康中国建设全局性工作，审议重大项目、重大政策、重大工程、重大问题和重要工作安排，加强战略谋划，指导部门、地方开展工作。

各地区各部门要将健康中国建设纳入重要议事日程，健全领导体制和工作机制，将健康中国建设列入经济社会发展规划，将主要健康指标纳入各级党委和政府考核指标，完善考核机制和问责制度，做好相关任务的实施落实工作。注重发挥工会、共青团、妇联、残联等群团组织以及其他社会组织的作用，充分发挥民主党派、工商联和无党派人士作用，最大限度凝聚全社会共识和力量。

第二十八章　营造良好社会氛围

大力宣传党和国家关于维护促进人民健康的重大战略思想和方针政策，宣传推进健康中国建设的重大意义、总体战略、目标任务和重大举措。加强正面宣传、舆论监督、科学引导和典型报道，增强社会对健康中国建设的普遍认知，形成全社会关心支持健康中国建设的良好社会氛围。

第二十九章　做好实施监测

制定实施五年规划等政策文件，对本规划纲要各项政策和措施进行细化完善，明确各个阶段所要实施的重大工程、重大项目和重大政策。建立常态化、经常化的督查考核机制，强化激励和问责。建立健全监测评价机制，制订规划纲要任务部门分工方案和监测评估方案，并对实施进度和效果进行年度监测和评估，适时对目标任务进行必要调整。充分尊重人民群众的首创精神，对各地在实施规划纲要中好的做法和有效经验，要及时总结，积极推广。

参考文献

[1] 中共中央、国务院."健康中国2030"规划纲要 [Z].2016-10-25.

[2] 王敏，廖君.陈竺公布"健康护小康 小康看健康"三步走战略 [EB/OL].中国政府网，2007-09-08.

[3] 胡锦涛.高举中国特色社会主义伟大旗帜 为夺取全面建设小康社会新胜利而奋斗——在中国共产党第十七次全国代表大会上的报告 [R].2007-10-15.

[4] 健康中国2020战略研究报告编委会.健康中国2020战略研究报告 [M].北京：人民卫生出版社，2012.

[5] 胡锦涛.坚定不移沿着中国特色社会主义道路前进 为全面建成小康社会而奋斗——在中国共产党第十八次全国代表大会上的报告 [R].2012-11-08.

[6] 习近平在江苏调研时强调主动把握和积极适应经济发展新常态，推动改革开放和现代化建设迈上新台阶 [N].人民日报，2014-12-15.

[7] 李克强.2015年中央政府政府工作报告 [Z].2015-03-05.

[8] 中国共产党中央委员会.中共中央关于制定国民经济和社会发展第十三个五年规划的建议 [Z].2015-11-03.

[9] 习近平出席全国卫生与健康大会并发表重要讲话 [EB/OL].中央广播电视总台网，2016-08-21.

[10] 习近平.决胜全面建成小康社会 夺取新时代中国特色社会主义伟大胜利——在中国共产党第十九次全国代表大会上的报告 [R].2017-10-18.

[11] 李克强对全国推进健康中国行动电视电话会议作出重要批示 [EB/OL].中国政府网，2019-07-25.

[12] 习近平：坚定不移破除利益固化的藩篱、破除妨碍发展的体制机制弊端 [EB/OL].搜狐网，2019-07-24.

[13] 中央文献研究室．十八大以来重要文献选编：上［M］．北京：中央文献出版社，2014.

[14] 李克强．健康也是生产力［EB/OL］．中国政府网，2016－03－09.

[15] 前瞻产业研究院．中国大健康产业战略规划和企业战略咨询报告［R］.2019－02－02.

[16] 华颖．健康中国建设：战略意义、当前形势与推进关键［J］．国家行政学院学报，2017.

[17] 世界卫生组织．世界卫生组织正式记录［Z］．第2号第100页.

[18] 习近平．青年要自觉践行社会主义核心价值观——在北京大学师生座谈会上的讲话［M］．北京：人民出版社，2014.

[19] 习近平．决胜全面建成小康社会　夺取新时代中国特色社会主义伟大胜利——在中国共产党第十九次全国代表大会上的报告［M］．北京：人民出版社，2017.

[20] 中华人民共和国国家教育委员会．医学生誓言［Z］．国家教委高教司［1991］106号附件四，1991.

[21] 习近平．论当代青年的历史重任［EB/OL］．搜狐网，2019－07－25.

[22] 习近平．在北京大学师生座谈会上的讲话［N］．人民日报，2018－05－03.

[23] 习近平．习近平谈治国理政：第一卷［M］．北京：外文出版社，2014.

[24] 毛泽东．毛泽东选集：第一卷［M］．北京：人民出版社，1991.

[25] 中央文献研究室．十八大以来重要文献选编（中）［M］．北京：中央文献出版社，2016.

[26] 习近平对首个“中国医师节”作出重要指示［EB/OL］．新华网，2018－08－17.

[27] 裘法祖：才不近仙者不可为医，德不近佛者不可为医的中国外科之父［EB/OL］．搜狐网，2020－05－14.

[28] 心系患者 忘了自己［N］．人民日报，2020－04－29.

[29] UN Inter－agency Group for Child Mortality Estimation. CHILD SURVIVAL. KEY FACTS AND FIGURES. Levels&Trends in Child Mortality. 2018,(Report 2018).2.

[30] 中国国家卫生健康委员会.2018 年我国卫生健康事业发展统计公报 [R]. 2019 - 05 - 22.

[31] 全民医保建起世界最大基本医保体系 [N]. 人民日报, 2020 - 01 - 17 (7).

[32] 人力资源和社会保障部党组. 让改革发展成果更多更公平惠及全体人民——改革开放 40 年社会保障体系建设的显著成就及其宝贵经验 [J]. 求是, 2018, (19).

[33] 白剑峰. 健康中国 步履稳健 (大数据观察·辉煌 70 年) [N]. 人民日报, 2019 - 06 - 04.

[34] 中华人民共和国卫生健康委员会.2018 年我国卫生健康事业发展统计公报 [R]. 2019 - 05 - 22.

[35] 林火灿. 这四十年, 医疗条件越来越好 [N]. 经济日报, 2018 - 11 - 29.

[36] 中华人民共和国卫生健康委员会. 国家基本公共卫生服务项目一览表 [Z]. 2017 - 08 - 25.

[37] 中华人民共和国卫生健康委员会. 基层医疗卫生体系发展基本情况 [EB/OL]. 国家卫生健康委官网, 2020 - 02 - 10/2020 - 02 - 20.

[38] 中华人民共和国卫生部. 卫生部制定扩大国家免疫规划实施方案 甲肝等 15 种传染病纳入国家免疫规划 [EB/OL]. 国家卫生健康委官网, 2008 - 02 - 18/2008 - 02 - 22.

[39] 中共中央文献研究室. 建国以来重要文献选编 (第 1 册) [M]. 北京: 中央文献出版社, 1992.

[40] 中华人民共和国母婴保健法 [Z]. 第八届全国人民代表大会常务委员会第十次会议通过, 1994 - 10 - 27.

[41] 卫生健康委员会妇幼健康司. 中国妇幼健康事业发展报告 (2019) [R]. 2019 - 05 - 27.

[42] 中华人民共和国国务院. "十三五" 卫生与健康规划 [Z]. 国发 [2016] 77 号, 2016 - 12 - 27.

[43] 卫生健康委. 母婴安全行动计划 (2018 - 2020 年) [Z]. 国卫妇幼发 [2018] 9 号, 2018 - 04 - 27.

[44] 全国人民代表大会常务委员会办公厅. 中华人民共和国第七届全国人民代表大会第五次会议文件汇编 [M]. 北京: 人民出版社, 1992.

[45] 贺诚．为继续开展爱国卫生运动而斗争 在第二届全国卫生会议上的报告［J］．中医杂志，1953（2）．

[46] 全国爱国卫生月［J］．解放军健康，2009，（6）．

[47] 周恩来．中央人民政府政务院关于一九五三年继续开展爱国卫生运动的指示［J］．中医杂志 1953（1）．

[48] 中共中央文献研究室．建国以来重要文献选编（第 8 册）［M］．北京：中央文献出版社，1994.

[49] 毛泽东．毛泽东文集：第八卷［M］．北京：人民出版社，1999.

[50] 黄永昌．中国卫生国情［M］．上海：上海医科大学出版社，1994.

[51] 中共中央档案馆．中共中央文件选集（一九四九年十月——一九六六年五月）第 7 册［M］．北京：人民出版社，2013.

[52] 贺诚．为继续开展爱国卫生运动而斗争 在第二届全国卫生会议上的报告［J］．中医杂志，1953（2）．

[53] 华主席、党中央批准重新成立中央爱国卫生运动委员会［N］．人民日报，1978-04-08.

[54] 全国人民代表大会．《中华人民共和国宪法》第二十一条［Z］．1982.

[55] 国家卫生和计划生育委员会疾病预防控制局（全国爱国卫生运动委员会办公室）［EB/OL］．国家卫生健康委员会官网，2015-2-2/2015-3-2.

[56] 江流．有中国特色社会主义大事典［M］．北京：人民出版社，1994.

[57] 中华人民共和国国务院．国务院关于进一步加强新时期爱国卫生工作的意见［M］．北京：人民出版社，2015.

[58] United Nations Development Programme. UN Human Development Report 2005, International Cooperation at a Crossroads - Aid. Trade and Security in an Unequal World, 2005-09.

[59] Chucks, J. Population Ageing in Ghana. Research Gaps and the Way Forward. Journal of Aging Research, 2010 (07): 1-8.

[60] United Nations. World Population Ageing 2013. New York, 2013.

[61] Weil, David N., "The Economics of Population Aging" in Mark R. Rosenzweig and Oded Stark, eds.. Handbook of Population and Family Economics. New York. Elsevier, 1997, 967-1014.

[62] 中国大陆人口突破14亿 [EB/OL]. 新华网, 2020-01-17/2020-01-30.

[63] 中共中央. 中共中央关于全面深化改革若干重大问题的决定 [Z]. 2013-11-15.

[64] 国家卫生和计划生育委员会. 中国居民营养与慢性病状况报告 (2015年) [R]. 2015-06-30.

[65] 中华人民共和国国家统计局. 2018年国民经济和社会发展统计公报 [R]. 2019-02-28.

[66] Bos, I; De Boever, P; Int Panis, L; Meeusen, R. Physical Activity, Air Pollution and the Brain. Sports Medicine. 2014, 44 (11). 1505-1518.

[67] WHO. 7 Million Premature Deaths Annually Linked to Air Pollution. https://www.who.int/mediacentre/news/releases/2014/air-pollution/en/. 2014-03-25.

[68] 中华人民共和国生态环境部. 2018中国生态环境状况公报 [R]. 2019-05-29.

[69] 中华人民共和国环境保护部 国土资源部. 全国土壤污染调查公报 [R]. 2014-04-17.

[70] 联合国粮农组织. 耕地面积前十大国家 (2005年) [EB/OL]. 联合国粮食及农业组织官网, 2006-12-31/2007-02-26.

[71] 赵曼. 浅论城乡医疗资源配置不均衡的原因 [N]. 中国劳动保障报, 2010-11-23.

[72] 中华人民共和国卫生健康委员会. 2018年我国卫生健康事业发展统计公报 [R]. 2019-05-22.

[73] 中华人民共和国卫生健康委员会. 医师队伍管理情况和执业医师法实施情况报告 [R]. 2019-04-21.

[74] 广州艾力彼管理顾问公司. 2018省域30强排行榜 [R]. 广州: 2019年中国医院竞争力大会, 2019-04-01.

[75] 胡锦涛. 胡锦涛文选: 第二卷 [M]. 北京: 人民出版社, 2016.

[76] 毛泽东. 毛泽东选集: 第三卷 [M]. 北京: 人民出版社, 1991.

[77] 毛泽东. 毛泽东文集: 第六卷 [M]. 北京: 人民出版社, 1999.

[78] 杨念群. 再造"病人"——中西医冲突下的空间政治 [M]. 北京: 中国人民大学出版社, 2013.

[79] 中共中央文献研究室. 建国以来毛泽东文稿(第11册)[M]. 北京:中央文献出版社,1996.

[80] 从"赤脚医生"的成长看医学教育革命的方向——上海市的调查报告[N]. 人民日报,1968-09-14.

[81] 中华人民共和国国务院. 乡村医生从业管理条例[Z]. 国务院令2004年第386号,2004-01-01.

[82] 钱文强. 中国医疗技术进步趋势及其解释[J]. 科技进步与对策,2020(2).

[83] 樊静,马旭东,郭燕红. 中国医疗技术能力与医疗质量水平显著提升[J]. 协和医学杂志,2018,(6).

[84] 幸超. 健康中国背景下移动医疗该何去何从[J]. 黑龙江医学,2018,(2).

[85] 艾慧坚,肖明朗. 2018年十大医疗技术危害[J]. 中国医院院长,2018,(15).

[86] 艾慧坚,肖明朗. 2019年十大医疗技术危害[J]. 中国医院院长,2019,(9).

[87] 代涛. 建设健康中国,医改如何深层次推进?[N]. 光明日报,2016-01-06.

[88] 新中国成立70周年深化医药卫生体制改革相关成就[EB/OL]. 新华网,2019-09-25.

[89] 深化医药卫生体制改革问答[EB/OL]. 中国互联网新闻中心,2009-04-09.

[90] 医疗体制改革[EB/OL]. 百度百科.

[91] 中国医改之路[EB/OL]. 央视网,2014-05-28.

[92] 家庭医生签约服务的发展历程[EB/OL]. 成都市武侯区望江路社区卫生服务中心官网,2017-10-25.

[93] 路云,张闪闪,李世勇. 江苏省基本药物制度实施效果评价与思考[J]. 卫生经济研究,2017(10).

[94] 口罩下的检阅:十七年医改再复盘[EB/OL]. 搜狐网,2020-04-06.

[95] HUBER M, KNOTTNERUS JA, GREEN L, et al. How should we define health? BMJ, 2011.

[96] WHO. World Report on Ageing and Health. Geneva: World Health Or-

ganization [R/OL]. 2015. 2018-02-27.

[97] 世界银行集团，世界卫生组织，财政部，等. 深化中国医药卫生体制改革：建设基于价值的优质服务提供体系. 马尼拉：世界卫生组织西太平洋区域 [R/OL]. 2016. 2018-02-27.

[98] UN 可持续发展目标 [R/OL]. 联合国官网，2018-02-28.

[99] 中共中央，国务院. "健康中国 2030" 规划纲要 [R/OL]. 中华人民共和国中央人民政府官网，2018-06-28.

[100] 迟福林. 以人民健康至上理念推进我国公共卫生体系改革 [J]. 社会治理，2020，4 (48).

[101] 中华人民共和国中央人民政府. 中华人民共和国食品安全法 [R/OL]. 中华人民共和国中央人民政府，2015-04-25.

[102] 中华人民共和国中央人民政府. 中华人民共和国标准化法 [R/OL]. 中华人民共和国中央人民政府，2017-11-05.

[103] 中华人民共和国中央人民政府. 中华人民共和国食品安全法实施条例 [R/OL]. 中华人民共和国中央人民政府，2019-10-31.

[104] 杨中柱. 食品安全是一个永恒的课题 [J]. 江南论坛，2009 (3)：27-29.

[105] 傅小兰、张侃. 中国国民心理健康发展报告. 北京：社会科学文献出版社，2019.

[106] 马丁·塞利格曼. 持续的幸福. 杭州：浙江人民出版社，2012.

[107] 儿童青少年心理健康行动方案 (2019—2022 年) [EB/OL]. 中华人民共和国国家互联网办公室，2019-12-27.

[108] Compton, William C, . 1. An Introduction to Positive Psychology. Wadsworth Publishing. 2005.

[109] 岳小乔，裴苒迪. 建设"美丽中国"习近平提出这么干 [N]. 人民日报，2018-05-19.

[110] 黄娟，杜燕然，万崇良. 试论健康中国与美丽中国的关系 [J]. 创新，2019 (6).

[111] 第一健康报道北京. 健康中国必是美丽中国 [R/OL]. 搜狐官网，2018-02-08.

[112] 健康中国行动推进委员会办公室. 健康中国行动文件汇编 [M]. 北京：人民卫生出版社，2019.

后 记

《健康中国》教程在编委会同仁的共同努力下，历经两年多时间的多次修改完善，终于完成书稿的编写，在此特向编委会各位同仁的辛勤付出，表示衷心的感谢。

《健康中国》教程是山东省高校思想政治工作十大建设计划创新重点项目成果，也是教育部人文社会科学研究专项“新时代健康中国思想研究”阶段性成果。该成果的面世，得到了山东省教育工委思政处陈成标处长、中国高等教育学会郝清杰副秘书长的精心指导和大力帮助，在此特向关心和指导我们研究工作的陈成标处长、郝清杰副秘书长表示衷心的感谢！

《健康中国》教程作为山东省教育工委《形势与政策》课教改立项成果，从框架设计、书稿编写和课堂教学，自始至终得到了潍坊医学院党委副书记张潍华研究员的精心指导和大力支持，多次召集宣传部、教务处、教学评估处等职能部门的负责同志，同马克思主义学院、临床医学院、公共卫生学院、管理学院、心理学院等担任授课任务的教师座谈讨论相关内容，提出了一定要把《健康中国》课程打造成为有特色有亮点、在省内外有重要影响的课程，正是在张潍华副书记的关心和鼓励下，我们课题组成员经过两年的教学探索与实践，最终完成了该书稿。在此特向一直对该项目关心、指导和帮助的潍坊医学院党委副书记张潍华研究员表示衷心的感谢！

参与编写工作的具体分工如下：李笃武、刘明（专题一 健康中国与医学生的使命担当）、李笃武、万祥春（专题二 健康中国建设成就与面临挑战）、李万才、赵洪武（专题三 健康中国与医疗前沿技术）、胡善菊、王庆森（专题四 健康中国视角下的医药卫生体制改革）、王春平、吴学谦（专题五 健康中国与疾病预防）、郎宁、刁传秀（专题六 健康中国与生态文明建设）、王霞、朱宏晋（专题七 健康中国与食品安全）刘建兰、刘晓丽（专题八 国民

幸福与心理健康)、王丹、朱红伟（专题九 健康中国与科学健身）

本书在编写过程中参考了大量学者、专家编写的相关文献资料，同时也查阅、借鉴了大量网络、书刊和报纸的健康相关内容。鉴于编者水平有限，书中难免有疏漏之处，还需要根据国内外健康形势的变化不断进行完善。今后，我们将继续开展健康中国相关研究工作，进一步完善本书内容。

本书编委会

2020 年 10 月